創意
让每一支笔都爱上写作

长辫子老师

诗词中的创意写作课

万物

郭学萍 著

中国致公出版社

长辫子老师——诗词中的创意写作课

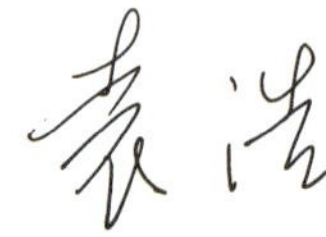

在我熟识的语文教师中，不少人都爱读经典古诗词，郭学萍——长辫子老师就是其中我最熟悉、印象最深的一位。

长辫子老师爱读诗，古典的、现代的、成人的、儿童的……她都视为珍宝。唐宋诗词更是她的至爱，那些让人怦然心动的文字，只要与她相遇，便能让她情思的花朵迸发出别样的精彩。

怎样引领学生走进古诗词世界，领悟诗词的精妙神韵呢？不仅要善于读，还要会联系创意写作，这便是长辫子老师这套《诗词中的创意写作课》带给读者的最新体验。

长辫子老师说，读古诗词不应只是满足于读读、背背，而是要穿越岁月的流光碎影，来到古典诗词的艺苑，和一位位古代大诗人“面对面”交谈，来到他们诗词创作的“现场”，体悟他们当年创作时的心境志趣。

在这套书中，她引导学生变身摄像师，像骆宾王一样，凝视一只鹅，捕捉白鹅的叫声、色彩、动态；变身国画大师，像唐寅一样，寓情于大公鸡，画出雄鸡的昂扬精神；读郑板桥的《潍县署中画竹呈年伯包大中丞括》，她领学生“拜访”时任知县的大诗人，了解百年罕遇的旱灾，体会诗人寝食难安、作画题诗、托竹言志、关心民间疾苦、一心为民的真情。

长辫子老师给学生解读古诗词，不是用现代白话文具体写出诗词文面的意思，而是常常把生活经历和阅读积累合到自己对古诗词的理解之中。她由自己父亲养鹦鹉，有一天鹦鹉趁父亲打开笼子喂食时“逃离”之事，联想到欧阳修《画眉鸟》中对“自由”的抒怀。她由孟郊的《游子吟》，想到母亲冒着酷暑给自己送油桃的事……一件件、一桩桩，娓娓道来，情真意切，令人动容。学生一边读古代诗词，一边听她讲自己的故事，亲切、温润、自然，很容易联系生活实际，产生精神共鸣。

长辫子老师还十分重视从学生言语发展实际出发，引导他们在古诗词阅读过程中，悉心体验，发现其中蕴藏的许多写作秘密，进行梳理、归纳。譬如，他们读苏轼的《猪肉颂》，惊喜领悟这是“吃”出来的佳作；读李白的《紫藤树》，从中发现植物观察的“五觉法”；读岑参的《白雪歌送武判官归京》，从中梳理出写雪“三法”；在杜甫的《登岳阳楼》中，体会到作者的胸襟决定文章境界；从陆游的《病起书怀》中，深深感悟爱国是最动人的主题……凡此种种，让人一看就明白，有助于广大读者在交流表达时学习、运用。

长辫子老师是小学创意写作发起人，在这套书中，她对如何将古诗词阅读体验和创意写作、跨学科学习进行有效结合、深度融合，进行了积极的探索。

在学习贺知章的《咏柳》之后，她引导学生自主编织“创意手工柳树”；学习了袁枚的《所见》，她启发学生创作出千姿百态的“开放式结尾”；她还别出心裁，让学生穿越时空，与北宋时期的欧阳修、苏轼、司马光、王安石齐聚一堂，开了一场各抒己见的“圆桌会议”……

朱光潜先生说“读诗就是再做诗”。长辫子老师这套新著表明，引导学生学习古诗词，既要重视“读”，从读中汲取思想和智慧，受到情感熏陶，享受审美乐趣，也可以从“读”中发现、领悟关于交流表达的一般的常用的方法策略，密切联结学生个体语言经验和真实生活情境进行自主、自由、开放的创意写作，“让每一支笔都爱上写作！”（郭学萍语）

《诗词中的创意写作课》，是对中国古典文化的一种尊敬和坚守，是对文学体验和创意写作教学的一种探索和深化，创意地体现了新课改、新课标的核心精神。值得一读！

（袁浩：全国著名语文特级教师、江苏省中小学荣誉教授、江苏省人民教育家培养工程首批指导专家、江苏省教育学会小学语文专业委员会名誉理事长、中国教育学会小学语文专业委员会顾问。）

人物登场

长辫子老师

创意，让每一支笔都爱上写作！

特长 创意写作 | 诗歌品鉴 | 激发想象

▲“创意写作”领域深耕者

▲“古典文学”漫读者，“创意写作”推荐官

▲擅长针对不同写作困难症开出药到病除的创意良方

晓语

来吧，和诗歌一起回家！

特长 有时治愈 常常帮助 总是慰籍

▲“创意写作”种子成员 1 号

▲诗词讲解员

▲更多时候安静聆听，但发言往往能一语中的

晓文

天刚明，去有文气的地方！

特长 拉近与人的距离 共情感强

▲“创意写作”种子成员 2 号

▲诗词传唱人

▲擅长和不同的人以合适的方式相处和交流，得到写作需要的信息

浩奇

天才的灵感，往往来自好奇的第一步！

特长 发散思维 抓住好奇心深究

▲“创意写作”种子成员 3 号

▲诗词漫游者

▲对一切充满好奇，心中装满无穷无尽的问题

子曰

只要“曰”得多，总能有一句成为经典！

特长 会曰就多曰 行动力强

▲“创意写作”种子成员 4 号

▲诗词鉴赏家

▲勤勤恳恳充实自己，解决大家疑难的学霸一枚

目　录

第一单元 动物奇观

鹅，鹅，鹅
这声音从一千多年前传来
带来初唐的惊喜
带来一个会写诗的孩童

喔，喔，喔
一只头顶红冠的大公鸡
叫醒了清晨
叫醒了蜜蜂

唧，唧，唧
画眉鸟宛转悠扬的歌声
仿佛清亮的雨滴
落在每一片自由的风里
落在我心上

——长辫子老师《我被一首诗叫醒了》

观察，发现动物的细节之美

——骆宾王《咏鹅》

想写好动物，我带你们去找骆宾王！

哇！长辫子老师，班里来了一位新同学呀！

难道今天的写作课，跟这只鹅有关？

这只鹅好可爱啊！你们看它红红的嘴！

长辫子老师，我们怎么才能写好动物呢？

凝视一只鹅

我凝视一只鹅，它的叫声吸引了我。

“鹅，鹅，鹅。”这声音从一千三百多年前传来，依旧洪亮如钟，透着欢喜。

“鹅，鹅，鹅。”这声音由远及近，送入每一位读者的耳中，演绎成经典。

“鹅，鹅，鹅。”这声音唤醒我的耳朵，唤醒初春的池塘，唤醒整个初唐。

我凝视一只鹅，它的姿态吸引了我。

仔细看，它脖颈颀长，曲线优雅，像一位气质极佳的芭蕾舞演员，目光灼灼，眺望远方。这真是一只优雅、快乐的白鹅，它向着天空高歌，像个孩子一样，自得其乐，率性自然。

我凝视一只鹅，它的色彩吸引了我。

这是怎样一对漂亮的小脚掌啊！是我喜欢的橘红色，就像两片在清水中摇曳的红枫。它漂浮在水面上的时候，像一条正在栖息的白色小帆船，在清亮的水波上悠闲地荡漾。雪白、橘红、绿水、清波，这些颜色搭配在一起，构成一幅色彩鲜明的“白鹅嬉水图”。

我凝视一只鹅，它的动作吸引了我。

“浮”字，写出了这只鹅的静态美，说明它在水中悠然自得，不用着力，任由水波推动着它。“拨”字，写出了这只鹅的动态美，说明它在水中用力划水，掀起一层层水波，像弄皱的丝绸。这样动静相生，写出了一种变化美。

我就这样，凝视一只鹅。我被诗人细微入神的观察力，以及精准传神的表达力，深深折服。

无论从哪个角度凝视，《咏鹅》这首诗都堪称一绝。

yǒng é
咏鹅

táng luò bīn wáng
[唐] 骆宾王

é　é　é
鹅，鹅，鹅，
qū xiàng xiàng tiān gē
曲项向天歌。
bái máo fú lǜ shuǐ
白毛浮绿水，
hóng zhǎng bō qīng bō
红掌拨清波。

□首句先声夺人，“鹅，鹅，鹅，”三字三顿，充满强烈的节奏感和喜悦感。

□整首诗听觉与视觉的转换，静态与动态的结合，将鹅的悠然之态完美呈现。

□动物不会说话，但可以通过神态、动作等感受它们的情绪。

□把白鹅仰着脖子叫唤，想象成是在仰天放歌，你能感受到那份惬意与美好吗？

咏鹅

［唐］骆宾王①

鹅，鹅，鹅，曲项②向天歌。

白毛浮绿水，红掌拨清波。

□“白毛浮绿水，红掌拨清波”运用了对偶的修辞手法。

□对偶：指用两个结构相同、字数相等、意义对称的词组或句子来表达相反、相似或相关意思的一种修辞方式。

□儿童视角，是这首诗最打动读者的地方。

□“拨”是鹅用脚掌拨水的动作，在小骆宾王眼里，就像人用桨划水，这是拟人的修辞手法。

①骆宾王（约638—684），婺（wù）州义乌（今属浙江）人。唐代诗人，与王勃、杨炯、卢照邻合称“初唐四杰”。

②曲项：弯着脖子。

转变身份抓细节

想要把动物写得生动形象、鲜活立体，就需要抓住动物的各种细节。这时，你可以通过转变自己的身份，从不同的方面来观察细节。

变身漫画大师

漫画不同于别的绘画风格，其最大的特点就是夸张，会将绘画对象最显著的特点无限放大。当你们观察动物时，首先要学会抓住最显著的特点，并用文字重点描述。

我家有两只看门鹅，是父亲网购回来的。刚孵出一周的看门鹅，全身绒毛是鹅黄色的。一个月后，它俩开始换羽，变成灰黑色的了。两个月后，它们的体形更加雄健，脖子也变得粗长有力。走起路来，脖子和身子一齐左右摇摆，伴随着“鹅鹅鹅”的高亢叫声，一副“生人请勿靠近”的高冷之态。

——长辫子老师《我家的“看门鹅”》

变身摄影大师

动物最可爱的地方在于它们各式各样有趣的体态和动作，所以除了它们外貌上的特点，你还需要用镜头抓住它们的动态，然后用连续准确的动词记录下来。下面，我就继续以看门鹅为例，描写它是怎么追咬表弟的。

看门鹅看家护院，像忠诚的士兵，时刻保持着高度警惕。一旦发现“敌情”，立即严阵以待。当然，它们也常常防卫过了头。今年春节，表弟来我家拜年。两只看门鹅发现表弟面孔陌生，立即冲上去，对表弟进行追咬。表弟吓得从后院逃进屋里。两只看门鹅紧追不舍，表弟抬起脚，想赶跑它俩。谁知其中一只看门鹅奋不顾身地冲上前，用宽硬的黑嘴死死咬住表弟的裤脚。另一只看门鹅则站在一旁，冲着表弟发出洪亮的叫声，好像在说：“你是谁，赶紧离开我家的地盘！”

——长辫子老师《我家的“看门鹅”》

变身心理大师

心理大师拥有通过观察对象外在表现勾画其内心的本领。如果你是一位动物心理大师，观察小动物的时候，你会如何从它们的动作和叫声中去揣摩和想象它们的情绪变化呢？

这白鹅，是一位即将远行的朋友送给我的。我抱着这雪白的“大鸟”回家，放在院子内。它伸长了头颈，左顾右盼，我一看这姿态，想道：“好一个高傲的动物！”

——丰子恺《白鹅》

你好！骆宾王，你的名字简直太帅了！

哈哈，长辫子老师，您的名字也很形象呢！

没想到7岁的你就能写诗，我和同学们都很好奇，能给我们讲讲吗？

我家住在义乌县城北的一个小村子里，门前就有一口池塘。前两天，家中来了一位客人。他看我正在背诵诗文，很好奇，就问了我几个问题，我对答如流，他很惊讶。就在这时，一阵“鹅，鹅，鹅”的叫声传来，客人灵机一动，指着池塘中的大白鹅，让我以鹅作诗。于是，我脱口而出，吟出了这首《咏鹅》。

哇！你真的好厉害啊！请问怎么才能做到出口成诗呢？

其实都是平时留心观察的结果。池塘里的这几只鹅，我每天都会仔细观察，它们的形象早已刻在了我的脑海里。所以，当客人让我以鹅作诗，我才能脱口而出。

动物诗歌名片墙

长辫子老师请你和同学们搜集动物诗歌，做成一张张特色名片，一起贴在教室的一角，变成一面“动物诗歌名片墙”。快来发挥你的创意吧！

动物名片

闻虫

［唐］白居易

暗虫唧唧夜绵绵，况是秋阴欲雨天。

犹恐愁人暂得睡，声声移近卧床前。

诗人躺在床上，听见黑暗处秋虫在唧唧叫个不停，何况又是一个阴沉欲雨的秋夜。这些秋虫好像生怕诗人能暂时睡一会儿，于是故意把声音越叫越响，渐渐靠近诗人的床前。“闻”就是听，诗人听到虫声和雨声，读者听到诗人的心声，岂是一个“愁”字了得！

动物名片

照片粘贴处

文笔如画笔

——唐寅《画鸡》

想知道如何使用色彩吗？我们一起去问问唐寅吧！
田野的色彩真好看啊！
你们画得真好！
学会配色，画面自然就和谐好看了！
看我画的大公鸡，多神气！

用色彩“画”出动物的精神

古人云：“画是无言之诗，诗是有声之画。”从唐代的王维，到明代的王冕，皆诗、书、画俱佳。

风流倜傥、才华出众，是后世许多人对唐寅的印象。而这样的形象，和他画作里的那只大公鸡颇为契合。诗人将画里那只气宇不凡的大公鸡作为自己的化身，可以说再合适不过。

大公鸡体态雄健，日出前啼鸣报晓，古有祖逖“闻鸡起舞”，寓意勇敢吉祥，勤奋努力。唐寅的《画鸡》便是这样一首运用色彩语言的题画诗。

用红色画鸡冠。大公鸡冠子大，要画出威武雄壮的感觉，下笔就要果断，颜色先调朱砂，再在笔的前端调曙红，最后笔尖调胭脂，颜色要浓重些。就这样，经过画家的几笔点染，一只头顶红冠的大公鸡便跃然纸上。红色，不仅象征着吉祥喜庆的意味，还象征着诗人内心蓬勃向上的力量，勇敢顽强的精神，豁达开阔的心态。

用白色画全身。在唐寅笔下，这只浑身雪白的大公鸡，头顶灼灼红冠，有一种舍我其谁的昂扬之气。再联系诗的后两句“平生不敢高声语，一叫千门万户开”，诗人内心的那种自信与力量，势不可当。唐寅曾自制一枚印章：江南第一风流才子。由此不难看出，他写的哪里是一只大公鸡，分明就是他自己呀！

绘画和写作的最高境界，不是“画得像”，而是“传神”。唐寅将大公鸡画进画里，把自己写进诗里。

huà jī
画鸡

míng táng yín
[明]唐寅

tóu shang hóng guān bú yòng cái
头上红冠不用裁，
mǎn shēn xuě bái zǒu jiāng lái
满身雪白走将来。
píng shēng bù gǎn qīng yán yǔ
平生不敢轻言语，
yí jiào qiān mén wàn hù kāi
一叫千门万户开。

首句"口语化"的表达，富有儿歌风味。鲜红的鸡冠，状如火焰，自然天成，无须剪裁。

前两句，状物明确，从局部到整体。局部的红色与大面积的白色，形成强烈的色彩对比。

"走将来"："将"是助词。这里用的是拟人的修辞手法。

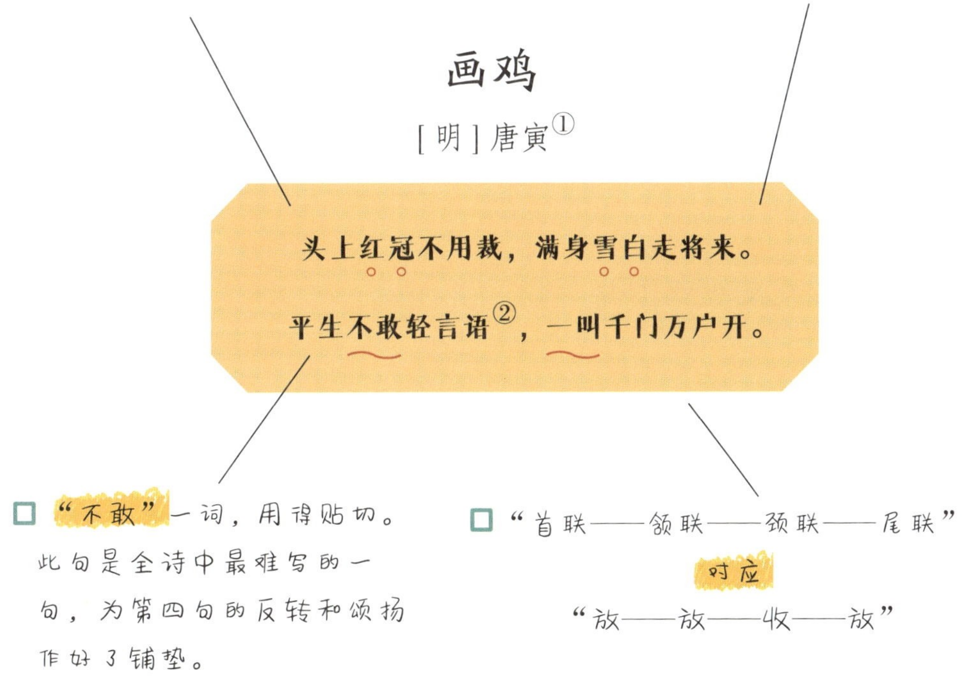

---

①唐寅(1470 1524)，字伯虎，号六如居士，南直隶苏州府吴县(今江苏苏州)人，明代著名画家、书法家、诗人。与祝允明、文徵明、徐祯卿并称"吴中四才子"。

②轻言语：轻易说话。轻：随便，轻易。

妙用色彩绘景色

同样是描写春天，为什么你的作文苍白单调、平淡如水，别人的作文灵动鲜活、丰富多彩？如果你学会运用颜色，你的作文便能色彩斑斓，让人身临其境。

我们需要拥有的，是让色彩活起来的魔力。

让色彩动起来

将颜色活用为动词，可以让色彩描写更加生动，让画面有一种从无色到有色的过程。看看诗人王安石是怎么用颜色的。

春风又绿江南岸

“绿”字将春天万物复苏的景象描绘成鲜明的视觉变化过程，展现出春风吹过后的奇妙效果。

用色彩丰富画面

一幅画有了主色后，你们还需要学会配色，这样才能让你描写的画面更真实生动。我们看看杜甫是怎么妙用色彩的。

两个黄鹂鸣翠柳，
一行白鹭上青天。

两句中连用了“黄”“翠”“白”“青”四种鲜明的颜色，构成了一幅绚丽的图景。

用色彩产生对比

除了让颜色丰富，分清主次也很重要。如果每一种颜色所占的比重一样，那就成了一团糨糊了。

知否，知否，应是
绿肥红瘦。

“绿”代替叶子，“红”代替花，这两种颜色的对比，竟显得如此色彩鲜明，形象生动。这句诗也体现了春去夏来的季节更替。

您就是大名鼎鼎的唐寅——唐伯虎？我以前只是在影视作品中见过您。您的气质和您笔下的那只大公鸡一样，气宇不凡，自有一番风流。

传说中的我放旷不羁，没有高远志向。其实，我一直都是有追求的，否则我怎么会写出《画鸡》？只是命运多舛，伟业难成。后半生穷困不堪，哪有传说中“风流倜傥”的痕迹！

我读过您的一首诗《夜读》，其中有一句：“名不显时心不朽，再挑灯火看文章。”我理解为，如果没有获得一定的功名，您是不会甘心的，所以要拨亮灯火，继续苦读。

我笔写我心。《画鸡》和《夜读》都是当时的真实写照。那时的我意气风发，目标高远，心无旁骛。平日里，我不逛街，不交友，全部心思就在读书上了。后半生，我却独居一隅，以画画、卖画为生。惭愧啊！

您用传奇的一生，给世人提供大量的创作素材，也是一种精彩。

创造一种颜色

每一种颜色都有自己的名字。当我们看到下面这些优美的名字，脑海中会不会浮现出一幅幅美丽的画面？

海天霞	小红	琼琚	柯枢	岱赭	赩赤	鹤顶红	秋海棠
庭芜绿	二绿	葱倩	品绿	漆姑	头绿	翠微	绿青
黄丹	红绯	擒丹	洛神珠	媚蝶	金驼	蟹螯	朱砂

下面请你创造出你想象中的颜色，越多越好，可以在下面的调色盘里填上颜色，再写出名字。

例如：草千里、月光下的松林、木棉在风中飘舞……这些画面感强的名字足以激发大家的想象力。赶紧试试吧！

写物文章的“叙”与“议”

——罗隐《蜂》

采蜜，是春天最紧要的事

寒假，我回乡下父亲身边过年。

父亲居住的地方是一排红砖青瓦的平房，屋前也是红砖砌成的围墙，颇有年代感。每次回到家，都有一种穿越到八十年代的感觉。

围墙外，是父亲开垦出来的一片菜地。立春过后，父亲开始用铲子唤醒这片土地。忽然，从围墙的一处砖缝里飞出一群蜜蜂，站在旁边的我吓得大叫，父亲却漫不经心地说："别怕，你不惹它们，它们也不会惹你。"

果然，父亲继续翻地，蜜蜂就在父亲身边穿梭，竟然真的相安无事。我也平静下来，决定好好观察一下它们。于是我打开手机开始录制视频，调整焦距，透过镜头，仔细观察起这群小精灵。

这是我第一次近距离观察蜜蜂，也是第一次发现：蜜蜂飞出围墙洞口时，并无异样。可是当它们从外面飞回来时，双脚却分别"抓"着一粒金黄色的球状物，像两颗金黄色的米粒。父亲告诉我，这就是花粉。原来蜜蜂并不只是用嘴巴吸取花蜜，还用脚采集花粉。

整个白天，这群蜜蜂一直从围墙洞口飞进飞出，忙碌而专注。

网上查阅的相关资料显示，蜜蜂每酿造一公斤蜂蜜，大约要采集一百万朵花，差不多要飞四十五万公里，是整整十一条赤道的长度。而且工蜂的寿命一般只有几个月，大多死于高强度的劳作。

我的心头不禁一颤：想起散文名家杨朔《荔枝蜜》中的一段话：

> 多可爱的小生命啊，对人无所求，给人的却是极好的东西。蜜蜂是在酿蜜，又是在酿造生活；不是为自己，而是在为人类酿造最甜美的生活。蜜蜂是卑微的，却又是多么高尚啊！

对蜜蜂来说：采蜜，是这个春天最要紧的事。

fēng
蜂

táng luó yǐn
[唐]罗隐

bú lùn píng dì yǔ shān jiān
不论平地与山尖，
wú xiàn fēng guāng jìn bèi zhàn
无限风光尽被占。
cǎi dé bǎi huā chéng mì hòu
采得百花成蜜后，
wèi shuí xīn kǔ wèi shuí tián
为谁辛苦为谁甜？

诗的前两句，描绘了一种常见的自然现象：蜜蜂忙忙碌碌，熙熙攘攘，山峰与平地，每一处有花开的地方，都有它们的无限风光。

作者运用极度的副词、形容词——“不论”“无限”“尽”，以及无条件句式，极言蜜蜂“占尽风光”。

蜂

[唐]罗隐①

不论平地与山尖②，无限风光尽③被占。

采得百花成蜜后，为谁辛苦为谁甜？

诗的后两句，话锋急转：原来蜜蜂看似风光的背后，是无尽的艰辛。它们辛辛苦苦酿出甘甜的蜂蜜，自己却所得甚少。

所谓“正言欲反、欲夺故予”，这种写作手法被罗隐运用得炉火纯青。诗的后二句对前二句反跌一笔，耐人寻味，引人深思，也充分点题，让读者明了这首状物诗的写作目的。

---

①罗隐（833—909），字昭谏，余杭（今浙江杭州）人，唐末诗人，文学家，思想家。

②尖：峰。

③尽：都。

叙与议的结合方法

学习了唐代大诗人罗隐先叙后议的写蜂方法，长辫子老师也写了一篇描写动物的文章，快来看看吧！

一种微小的坚持

坚持有大有小，你相信吗？爱迪生一生发明了许多东西，其中以他坚持不懈发明的电灯最为著名。这就是大的坚持。那么小的坚持呢？别急，看了下面的故事，你就明白了。

我家有一只小乌龟，体形和一元钱币差不多。因为太小，我给它取名“豆豆”。它的背甲是墨绿色的，微微鼓起，看起来像是一个小土坡。背甲上的棱脊并不明显，但是盾片的分界线很清晰。它的尾巴很灵活，像个小鞭子，扫来扫去。它爬起来很快，一点儿也不像《龟兔赛跑》里说的那么慢。

在一个周末的早晨，我闲着也是闲着，便去逗小乌龟。我快步来到阳台。只见小乌龟躺在水里，懒洋洋地晒太阳。我见它和我一样闷得发慌，便灵机一动，想和它做个游戏。我用手把小乌龟翻过来，让它四脚朝天，看它能不能自己翻过身来。只见它伸长脖子、四脚乱划，拼命挣扎，像一个不会游泳的人掉进了大海里。过了一会儿，小乌龟似乎找到了可行的办法。它用脚和头顶住地面，用力往旁边翻，眼看快要成功了，突然像没有力气似的又跌了下去。不过，小乌龟没有懈气，它又开始了挣扎，一下、两下、三下……我在心里为它鼓气。啊！它终于翻过来了！好样的，小乌龟，我为你自豪。

小乌龟通过自己的努力，终于翻过身来了，这就是一种微小的坚持。

同学们，你们能看出不同的叙议结合的方法吗？

先叙后议 —— 在结尾发表观点 —— 重点强调观点

夹叙夹议 —— 一边讲述一边议论 —— 展现观点的形成过程

在记叙中发表议论，表达自己的感悟与思考，能够大大增强文章的理性色彩。通过大家的比较阅读，我们知道了叙与议的结合方法，先叙后议和夹叙夹议在文章中都有各自的作用。当然，是选择“先叙后议”，还是选择“夹叙夹议”，得根据具体情况来定哦！

您好！罗隐先生，您的为人像您的名字一样——低调啊！

哎，不是我想低调，是高调不起来啊！我原名罗横，父母希望我“横”空出世，卓尔不凡。可是我“十上不第”，一气之下改名为“罗隐”，从此隐于尘世。

虽然您考进士十几年连续落榜，但您以诗打出了名气，并且得到大家的广泛认可，这也是一种成功啊！

你说的是《蜂》这首诗吧？这首诗既赞美了蜜蜂勤劳的品质，又对不劳而获者进行了批判。

怪不得有人说您是“唐朝的鲁迅”，您的诗不仅表达了个人观点，也反映了百姓的心声，敢于对当时的社会大胆揭露和批判。

过奖过奖！我会再接再厉，用百姓喜闻乐见的口语化语言写好讥讽诗。

创造一种小动物

创意写作，不仅要动脑，还要会动手。看看，下面是晓语同学创造的“万能猫”，为什么叫这个名字呢？我们一起来听听吧！

我的“万能猫”

万能猫是一只可爱的小猫，那它为什么叫万能猫呢？因为它可以在一百米的高空飞行，能在海洋游泳。而且，它在陆地上被称为“跳远之王”。它一伸手，就能把天上的太阳抓下来；它摆摆尾巴，就可以够到月亮。只要它转，地球也会跟着转，甚至连老鹰都怕它。它有一对翅膀，你可千万不能摸。这对翅膀看着柔软，实际上却比刀片还锋利，是非常厉害的防卫武器。

这种创意是不是很有意思？你也来试着创造一种小动物吧！画一画，写一写。

把情感融入观察的对象中

——欧阳修《画眉鸟》

林间，遇见一只画眉鸟

父亲年近八十岁，身体健朗。他喜欢种菜，种花，养鹅，养鸟。

他养过一只鹦鹉。有一次，鹦鹉趁父亲打开笼子喂食时飞走了。父亲从此不再养鸟。“鸟这类小动物，树林才是它们的归属，家里养不得。”这是父亲丢失鹦鹉之后的感慨。

这让我想起儿子的小时候。有一次，儿子在小区山坡上捡到一只受伤的鸽子，带回家精心饲养。儿子把这只鸽子当成超级宠物，每天都要给它喂食，并在书房里的露台训练它飞翔。

一个月后，这只鸽子的腿伤已经痊愈。我们和儿子商量，把这只鸽子放飞。儿子虽然很不舍，但还是同意了。于是，爱人打开露台的窗户，儿子轻轻捧起这只鸽子，松开手掌，让鸽子飞了出去。

这让我想起一首儿歌《家》：蓝天是白云的家，树林是小鸟的家，小河是鱼儿的家，我们是祖国的花朵，祖国是我们的家。

读着这样的儿歌，想着自己曾和家人一起放飞鸽子的事，再来读欧阳修的《画眉鸟》，自然感触更深。

滁州是个好地方，这里多情的山水、淳朴的民风，足以慰藉欧阳修仕途沉浮的心灵，也给欧阳修的创作注入新的灵感和素材。

想象一下：在一个春日的清晨，诗人在林间漫步。低头有野花，抬头有山林，山林中有鸟，鸟儿的翅膀扇起风，风中有婉转的歌声。

这树林的歌唱家，正是画眉鸟。它的眼圈呈白色，并沿上缘形成一条窄纹，向后延伸至枕侧，形成清晰的眉纹，极为醒目。

画眉鸟不仅喜欢唱歌，还喜欢跳跃，在林间高高低低的树枝上蹦上跳下。

这是笼中鸟不具有的快乐。

huà méi niǎo
画眉鸟

sòng ōu yáng xiū
[宋] 欧阳修

bǎi zhuàn qiān shēng suí yì yí
百啭千声随意移，
shān huā hóng zǐ shù gāo dī
山花红紫树高低。
shǐ zhī suǒ xiàng jīn lóng tīng
始知锁向金笼听，
bù jí lín jiān zì zai tí
不及林间自在啼。

- 第一句，诗人采用“先声夺人”的写法，从画眉鸟的叫声入手。用极为寻常的口吻来描写林间的画眉鸟的特点。

- 画眉鸟的特点之一：行动自由，可以飞来飞去；特点之二：叫声婉转，悦耳动听。

- 第二句，诗人着力描写林间画眉鸟美好的生活环境，为后文反转作铺垫。

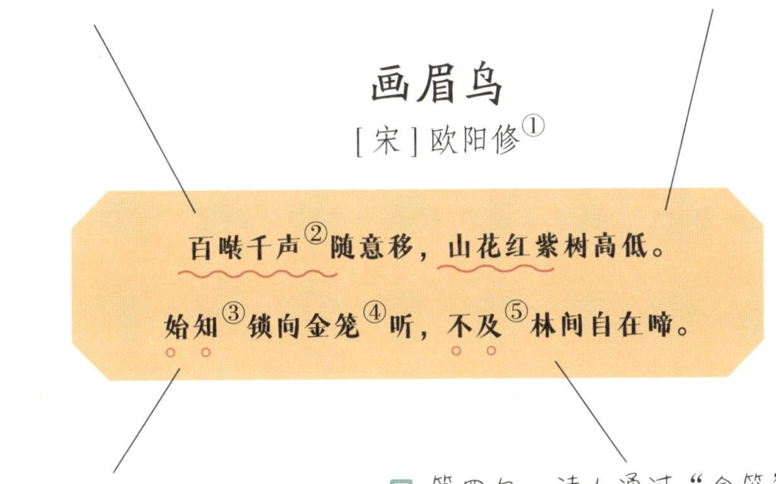

画眉鸟

[宋]欧阳修①

百啭千声②随意移，山花红紫树高低。

始知③锁向金笼④听，不及⑤林间自在啼。

- 通过林中的鸟鸣声和笼中的鸟鸣声对比，道出诗人的恍然大悟。

- 第四句，诗人通过“金笼”与“林间”的对比，表达了自己对“林间自在啼”的喜爱。

- 全诗的主旋律：自由。

---

①欧阳修（1007—1072），字永叔，号醉翁、六一居士，江西庐陵（今江西省吉安市永丰县）人，北宋文学家、史学家。

②百啭千声：形容画眉叫声婉转，富于变化。啭：鸟婉转地啼叫。

③始知：现在才知道。

④金笼：贵重的鸟笼，喻指不愁吃喝、生活条件优越的居所。

⑤不及：远远比不上。

表达喜爱的方法

当我们的写作对象是动物时，怎样表达出对动物的喜爱之情呢？

运用“对比手法”

大作家欧阳修在描写画眉鸟时，运用了对比的手法，将“林间”和“笼中”的画眉鸟进行对比，表达自己对“林间自在啼”的喜爱与向往。

当然，对比手法的运用，还可以增加表达的准确性。看看浩奇对蜂鸟的描写。

不少人见过麻雀，都说麻雀是体形很小的鸟类。其实还有比麻雀小得多的鸟类，那就是蜂鸟。蜂鸟的种类很多，大约有六百多种。其中最小的蜂鸟体重只有两克，和一只大蛾子差不多重。蜂鸟非常美丽，羽毛能发出五颜六色的光泽。它以花蜜和花上的昆虫为食物。蜂鸟飞得很快，有时蜂鸟停在空中一边扇动翅膀一边用长嘴去吸食花蜜，真像一只大蜜蜂。

改变人称

除了用“对比手法”，我们还可以通过改变人称拉近你与描写对象的距离，直观表达出对动物的爱。法国作家儒勒·列那尔写过一篇文章《猪》，原文共两篇，我把第一篇分享给大家：

> 呶呶地叫个不停，那么亲昵，就好像我们和你是一伙儿的。你一边走一边拱着鼻子闻啊闻啊，别人走路靠腿，你还得要鼻子帮忙。
>
> 你的两只大耳朵呼扇呼扇，就像两片甜菜叶子，在那下面，藏着两个黑黑的小眼睛。
>
> 你整天都是大腹便便的样子。
>
> 你的皮毛很亮，上面的鬃毛接近栗色，后面还拖着一截短短的小尾巴，卷卷的。
>
> 总有坏小子在嘲笑你：“多么脏的猪啊！”无论他们说什么，你总是笑呵呵地哼哼，可是他们却总讨厌你，还说你就喜欢油腻的污水。
>
> 这是对你的污蔑。假如他们能给你洗脸的话，你的脸色一定很红润。
>
> 你的不修边幅，都是他们的错。
>
> 等人家铺好了床，你就去睡，不干不净是你的天性。

久仰久仰！您就是“唐宋八大家”之一的欧阳修啊！我在课本里读过您的《醉翁亭记》，还为此专门去了一趟位于安徽滁州的琅琊山，到您笔下的醉翁亭逛了一圈。

长辫子老师好！像你这种“跟着课本去旅行”的做法，值得推崇。

您的学生——大文豪苏轼这样评价您：“论大道似韩愈，论事似陆贽，记事似司马迁，诗赋似李白。”

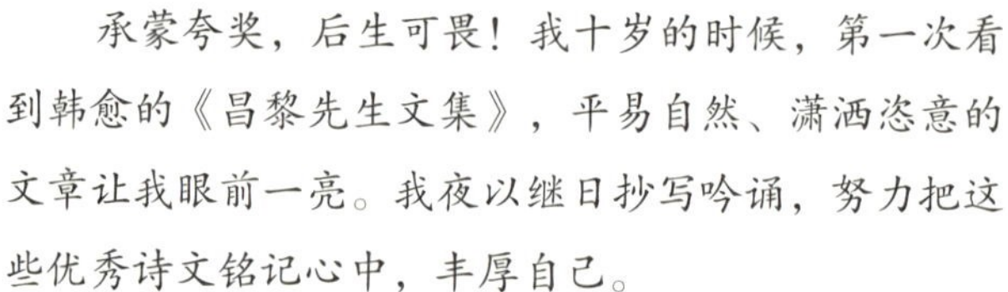

承蒙夸奖，后生可畏！我十岁的时候，第一次看到韩愈的《昌黎先生文集》，平易自然、潇洒恣意的文章让我眼前一亮。我夜以继日抄写吟诵，努力把这些优秀诗文铭记心中，丰厚自己。

诗圣杜甫说：“读书破万卷，下笔如有神。”难怪您能成为“千古文章四大家”！

“图说”动物故事

同学们，除了写作，我们还可以把动物趣事用绘画的形式表现出来，比如晓语和晓文两位同学就一起创作了一本动物绘本故事《猫小白的趣事》：

书名：猫小白的趣事
作者：晓语 晓文

我家有一只小猫，名叫小白。我们都特别喜欢和它玩。

有一天，我们怎么也找不到它了。后来却发现，它在花盆里打滚呢！

我们看着被小白压坏的花草很生气，而小白从花盆里出来的时候，已经变成“小灰”了。

有一次我想逗它玩，便把那扇经常开着的玻璃门关上。

过了好一会儿，只见小白向它的窝儿飞奔而去。“哐！”它撞在了那扇透明的玻璃门上。

亲爱的同学们，快来创作一本属于你和小动物之间的绘画故事吧！

单元学习任务

一、学会梳理

本单元共学习四首描写动物的古诗。请你们尝试着背一背，记一记，并试着填一填下面这张表格。

古诗	朝代	作者	描绘的动物	表达的感情
《咏鹅》				
《画鸡》				
《蜂》				
《画眉鸟》				

二、学会探究

观察是写作的基础。观察动物不能走马观花，要采用科学的方法，发现不同动物的特点，并随时做好记录。当然，在观察过程中还要确保安全。

1. 观察工具

棉签

放大镜

笔、记录夹

2. 观察记录

确定观察顺序：从整体到局部。

选择记录方法：边观察边绘画。

3. 注意事项

不要伤害到小动物，保护动物安全；

不要直接用手接触，注意自己安全。

三、学会表达

写作文要有框架意识，也就是我们常说的谋篇布局，学会分段。下面是一张描写动物的思维导图，你可以试着填一填，并在中间的方框里给动物“画像”。

我的动物朋友

开头

故事

生活习惯

外形特点

第二单元 植物世界

春天是一本打开的诗集——
蓝天是封面，大地是封底
打开眼睛，去看
伸出耳朵，去听
用鼻子去闻一闻
用嘴巴去尝一尝
用手去摸一摸
那些春天的诗句啊
真比满树的柳芽还多
诗中有紫藤
有芦苇，还有——
会讲故事的野豌豆

——长辫子老师《春天是一本打开的诗集》

植物观察中的“五觉法”
——李白《紫藤树》
像你们这样介绍紫藤花，差一点吸引力。今天我们去找诗仙李白，看看他是怎么写紫藤花的。
紫藤花的颜色真好看！
还很香呢！
紫藤花的花朵很像蝴蝶。

仰望一株紫藤

每年春末夏初，校园读书廊边的几棵紫藤便开花了，辉煌一片，梦幻地覆盖住整个长廊。每一穗花都是上面盛开，下面待放，上浅下深，好像那紫色的颜料沉淀下来，汇集在最嫩最小的花苞里。

紫色，在我国的传统文化中，是一种尊贵的颜色。有一句话叫“满朝朱紫贵”，意思是在古代只有高级官员才能穿红色、紫色的官服。除颜色外，紫藤本身还有“紫气东来”“健康长寿”的象征意义。

李白写这首诗的时候，是在贬谪夜郎，经由藤州的途中。古代的夜郎，在今贵州一带。在唐代，那可是偏远的蛮荒之地。诗人在这样的旅途中，遇见一棵紫藤树，各种感官便一下子活跃起来。

李白不愧为“诗仙”，他的文字总给人一种“仙气飘飘”的感觉。我们一般只会说“高大的树木”“粗壮的树木”，李白却只用“云木”二字，就把树木高大粗壮、直插云霄的特点写出来了。

抬头看，紫藤的枝叶与花朵密密匝匝，宛如一道紫色的瀑布倾斜而下。正因为如此，诗人只能听到鸟鸣声，却看不到鸟儿的身影。

诗人由此想到美人被紫藤花香吸引，我却想到孩子们被紫藤花香吸引。每天下课，总有孩子跑到紫藤花下玩游戏，他们的笑声不仅清凉凉的，也香喷喷的。

诗人运用超脱的想象力，以“留美人”作诠释，使香风具体化。

一首小诗，短短二十字，活色生香，声味俱全。

zǐ téng shù
紫藤树

táng lǐ bái
[唐] 李白

zǐ téng guà yún mù
紫藤挂云木，
huā màn yí yáng chūn
花蔓宜阳春。
mì yè yǐn gē niǎo
密叶隐歌鸟，
xiāng fēng liú měi rén
香风留美人。

"云木"，指高耸入云的大树。"挂"，写出紫藤的生长特性。

眼睛看——紫藤的形态。

"阳春"指温暖的春天。在温暖的春天里，紫藤树的花蔓切合时宜，点缀着烂漫的春景。

紫藤树

[唐]李白[1]

紫藤[2]挂云木，花蔓宜阳春。

密叶隐歌鸟，香风留美人。

第三句："隐"字运用了拟人的写法。这里明写啼鸟，实则突出紫藤树的繁茂、幽深。

耳朵听——鸟儿隐约的叫声。

"树、花、叶"的基础上，笔锋一转写风。诗人把香风想象成人，紫藤花的香气，留住美人的脚步。

鼻子闻——紫藤的香气。

①李白（701—762），字太白，号青莲居士，又号"谪仙人"，是屈原之后最伟大的浪漫主义诗人。有"诗仙"之美誉，与杜甫并称"李杜"。

②紫藤：又名"藤萝""牛藤"，豆科大型落叶藤本植物。其攀援茎势若盘龙，可伸展数十丈之高。

“五觉法”写植物

“五觉法”是什么

指运用视觉、听觉、嗅觉、味觉、触觉等多种感官针对某个事物进行观察，从这五个方面描写它的特点。

“五觉法”的作用

“五觉法”操作示例

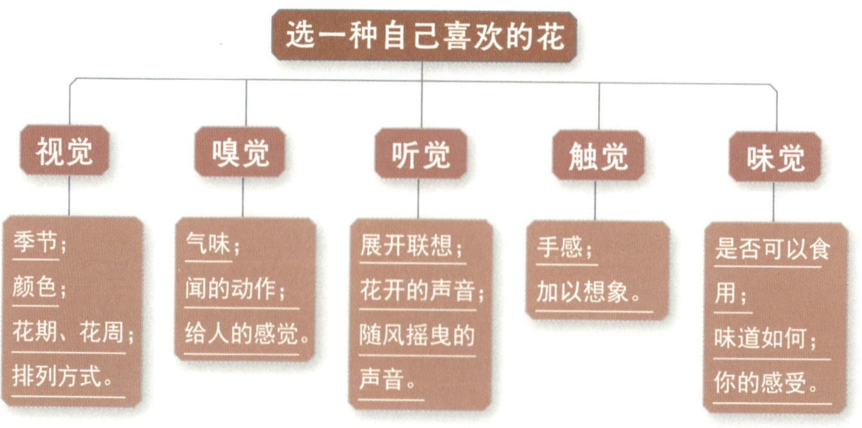

我来说视觉！

正是紫藤花开的季节，一挂挂如流苏般的紫色花穗垂挂枝头。紫藤花的颜色非常漂亮，最里面是嫩黄色的花蕊，花蕊周边的花瓣都是淡紫色的，越往上颜色就越淡，最后变成纯白色。它的每朵花由四五片花瓣组成，前几片比较短小，后面一两片比较大，虽然花瓣排列紧密，但是开放得非常舒展，如果你站在远处看的话，就会觉得紫藤花很像一串串紫色的风铃。

我来说嗅觉！

走在开满紫藤花小径上，一阵阵浓郁的芬芳扑鼻而来，总会招来一群群蜜蜂在花丛间采蜜，惹来一只只蝴蝶在枝叶间尽情地飞舞。我们几个小伙伴在花海里嬉戏，穿梭在一串紫色的玛瑙间。花粉落在我们的头发上、衣服上，我禁不住走到一簇紫藤花前，欣喜地踮起脚尖，把鼻子凑近花瓣，那悠悠的花香顿时在心胸间荡漾。就这样，我深深地陶醉在这芬芳的世界里。

我来讲听觉！

“等闲识得春风面，万紫千红总是春。”春天带来花开，带来万物的欣欣然。尤其是那紫藤的花蔓，一大朵一大朵，风铃一样，在春风中摇曳。仔细听，耳边仿佛响起叮叮当当清亮的风铃声。

亲爱的谪仙人，今天终于见到您了，果然是白衣飘飘，帅哥一枚。

你好呀，长辫子老师，我的诗那么多，你为什么选择这首《紫藤树》讲给大家听？

您用“五觉法”将紫藤描写得绘声绘色。我从《紫藤树》中读出了你的仙人气质，读出了你的理想抱负。

你说的“五觉法”我很赞同。如果在写作时，能让这“五觉”挪移转换，就会产生奇妙的“陌生感”。

“陌生感”是一首好诗的标配。杜甫在他的《饮中八仙歌》一诗中称“李白斗酒诗百篇”，您笔耕不辍，如何保持写作“陌生感”？

山高水远，月白风清，我愿意与之深情对望，心底亦能刹那花开。看似随性而为，也是长期观察、积累的结果。

用“五觉法”写儿童诗

长辫子老师用“五觉法”写了一首儿童诗《树笑起来的时候》：

广玉兰笑起来的时候
笑容像白云一样
一朵一朵的

香樟树笑起来的时候
眼泪是米黄色的
风一吹就扑簌簌地往下落

紫藤花笑起来的时候
笑声是一串一串的
像紫色的风铃一样

我的心啊
就像这一棵棵开满花的树
总是情不自禁地笑起来

你也可以试着写一段。

______笑起来的时候

用比喻把植物写“活”
——贺知章《咏柳》
大家的比喻都很妙哦！我们今天去找一个特别会用比喻的诗人聊聊吧！
一个移动的大花瓶来了！
长辫子老师的笑声又香又脆，就像我们中午吃的青苹果。

大唐人生赢家

744 年，一位八十多岁的老人拄杖徐行。他从长安远道而归，回到浙江绍兴镜湖，这里是他的故乡。

对于热爱故土的中国文人来说，故乡的魅力永远不可替代。因此，对于老者而言，镜湖是起点，亦是终点。

一群孩童看到这位老者，甚是好奇。老人用一口正宗的乡音和他们打招呼，他们却问："您是从哪里来的呀？"

他正是自称"四明狂客"的贺知章，是盛唐诗坛的老前辈。

为什么叫他"老前辈"呢？因为他真的很老。他比大家熟知的诗仙李白大四十二岁，比诗圣杜甫大五十三岁，这资历，老不老？

贺知章不仅诗歌写得好，在官场上也是春风得意。从入职到退休，他整整为国家服务了五十年，从七品官做到三品大员，成了皇帝身边的红人。

据说他告老还乡时，皇帝还亲自给他题了诗。这待遇，在唐朝诗人中可以说是绝无仅有了。

742 年，也就是贺知章八十四岁那年，他在长安紫极宫遇见了无文凭、无官职、无靠山的"三无中年"——李白。贺知章很早就读过李白的诗，极为仰慕。这次偶然相逢，他向李白索要新作的诗来读。当他读完《蜀道难》时，惊讶地对李白说："看来，你就是天上下凡的诗仙呀！"

从此"谪仙人"的雅号在盛唐诗人朋友圈传开了。

这就是贺知章的故事。

yǒng liǔ
咏柳

táng hè zhī zhāng
[唐]贺知章

bì yù zhuāng chéng yí shù gāo
碧玉妆成一树高，
wàn tiáo chuí xià lǜ sī tāo
万条垂下绿丝绦。
bù zhī xì yè shuí cái chū
不知细叶谁裁出，
èr yuè chūn fēng sì jiǎn dāo
二月春风似剪刀。

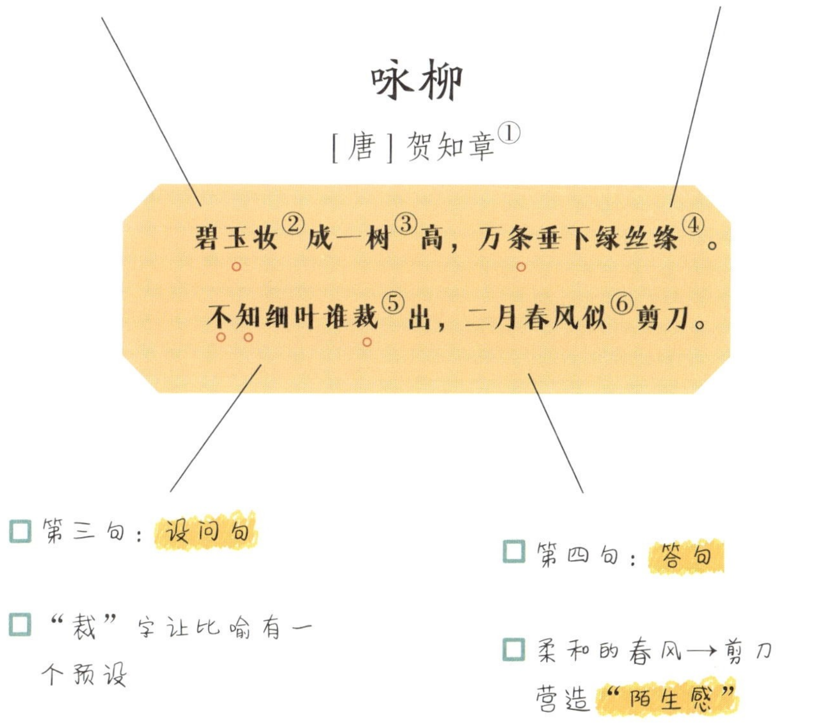

①贺知章（659—744），字季真，越州永兴（今浙江杭州萧山区）人。晚年自号“四明狂客”，与张若虚、张旭、包融并称“吴中四士”。

②妆：装饰，打扮。

③一树：满树。一：满，全。

④绿丝绦：绿色的丝带。绦，用丝线编织的带子。

⑤裁：裁剪，剪裁。

⑥似：如同，好像。

妙用比喻

让比喻更生动

我们来玩一个比喻的游戏吧！群山连绵起伏可以比喻成什么？

群山是凝固的海浪。

海浪翻滚可以怎么写？

海浪是沸腾的群山。

让比喻更“陌生”

不错！相互比喻是一个很妙的用法。那么，你们觉得下面两个有关苹果的比喻句，哪句更有陌生感？

第一句：苹果像一个个红灯笼，照亮了秋天。

第二句：苹果是太阳的孩子，他是一个爱脸红的小胖子。

第一个比喻句，把苹果比作红灯笼，过于普通，很多同学都会这么想。

第二个比喻句，把苹果比作太阳的孩子，更有新鲜感。

让比喻更“熟悉”

你们可别以为只有文学家爱用比喻句，其实，科学家也爱用比喻句呢！为了让人们对太阳和地球的大小有一个感性的认识，他们也会运用比喻，让大家一下就能明白。

假设太阳是一个标准篮球大小的灯泡，直径二十多厘米。闭上眼睛，想象我们把这个灯泡，安在家里客厅的天花板上。它瞬间照亮了整个房间，发出炽热的光，把整个客厅都烤得无法站人了。

按照这个比例，地球只有两毫米多点，像一粒芝麻。当然，这是一粒很圆、很热的芝麻，要是拿放大镜看，上面还满满地覆盖着流动的橙褐色岩浆，像一滴溅出来的热可可——这就是刚形成的地球。

您就是“饮中八仙”之一的贺知章先生？杜甫《饮中八仙歌》的开篇就是：“知章骑马似乘船，眼花落井水底眠。”有这回事吗？

我爱喝酒，这是事实。说我喝醉酒骑马落入井中，有些夸张，那其实是一口枯井，没有水，也不深。哈哈哈哈！

像您这样的大诗人，故事可多啦！我还看过“金龟换酒”的故事，说的也是您。

那是我遇见忘年交李白，请他喝酒，忘记带钱，便随手取下御赐小金龟，想以此来抵酒钱。不过此举被李白拦下了，最终还是他付的酒钱。哈哈哈哈！

听说您比李白大四十二岁，在看了李白的《蜀道难》之后，把他比作天上下凡的仙人。

对对对，他就是“谪仙人”。行为、诗句，皆很夸张，浪漫至极。

看来您不仅是一位非常出名的文学家、一位赫赫有名的书法家，更是一位深藏不露的星探啊！敬仰敬仰！

创意手工柳树

“柳”由柳枝、柳叶等组成，是古代诗人最喜爱的植物意象之一。

诗人或借柳写春景，或借柳抒离情，或借柳喻高洁坚贞之士。刘禹锡在《杨柳枝词》中喟叹：“城中桃李须臾尽，争似垂杨无限时。”桃李一时的鲜艳怎比得上垂杨长绿不衰呢？可见柳是清高坚贞之士的写照。

长辫子老师也喜欢柳树，快来跟着我一起做一株手工柳树吧！

第一步

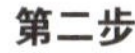

第二步

第三步

完成

杨柳枝词

［唐］白居易

一树春风千万枝，
嫩于金色软于丝。
永丰西角荒园里，
尽日无人属阿谁？

其实，做柳树的材料可多啦！橡皮泥、黏土、皱纹纸、卡纸、废旧的布料等，生活中能找到的材料都可以。你也试试吧！

重视画面和细节
——王维《萍池》
有根不着地，有叶不开花。最爱随风飘，池塘就是家。
我知道！你说的是浮萍吧！
没想到吧，如此不起眼的植物，在诗佛王维的笔下，却能如此诗意盎然。原因就在于他具有敏锐的观察力，以及对美的感受力，所以才能抓住细小的景物，写出刹那间的变化。让我们一起去找他请教一下吧！
是不是训练之后，我们也能写出“靡靡绿萍合，垂杨扫复开”的诗句来？
这绝非一日之功，要慢慢来！

静观一池绿萍

我名字中有一个“萍”字，因此我对王维的《萍池》由衷喜欢。

读这首诗，我的脑海中立刻响起曼妙的古琴声，随后，一滴淡墨落在素净的宣纸上，迅速地洇开去，变成一方宽阔的春池。

在春天的池子里，适合画什么呢？几只最先感受到春水回暖的家鸭？一群游动的锦鲤？一只掠过水面的飞鸟？或者，池边缠绵的迎春花？哦，都不是，诗人只想用焦墨勾勒出一叶扁舟，带低篷的那种。舟上立着一个人，摇着双桨，目视远方。他身后留下一道长长的水痕。

也许你才注意到，原来，那淡墨晕染开来的，竟是一池浮萍！春天是树的世界，花的世界，鸟的世界，有谁像诗人一样，把目光聚焦在池塘中的浮萍上？这就是诗人，他有着与众不同的视角与敏锐，他不仅注意到了这一池浮萍，而且还静静地观察到浮萍由开到合的变化过程。

“靡靡绿萍合”，再读，你一定会情不自禁地放慢语速，慢一点，再慢一点，直到被小船冲开的浮萍一寸一寸地合上。这是一个多么可爱的过程，需要怎样的一份安静与专注，才会有这样一份从容与等待。不是等待花开，不是等待莺啼，而是等待一道绿萍的开合。

有这样一份兴致的，不只是诗佛王维，还有春天的风、池边的杨柳。他们好像约定好了似的，就在绿萍刚刚合上的时候，春风一吹，柳枝一摇，绿萍又被撕开了一条长长的口子，仿佛春池笑起来时咧开的嘴。

于是，我的心呀，和整个春池一起微微摇曳起来。

píng chí
萍池

táng wáng wéi
[唐]王维

chūn chí shēn qiě guǎng
春池深且广，

huì dài qīng zhōu huí
会待轻舟回。

mí mí lǜ píng hé
靡靡绿萍合，

chuí yáng sǎo fù kāi
垂杨扫复开。

萍池

[唐]王维①

春池深且广，会待轻舟回。

靡靡②绿萍合，垂杨③扫复开。

①王维（约693—761），字摩诘，名和字取自《维摩诘经》。祖籍山西祁县，唐朝著名诗人、画家，世称"王右丞"。

②靡靡：缓缓地、慢慢地。

③垂杨：垂柳。

观察细节的三种方式

第一种——总观

请你努力睁大眼睛，注视整个池塘，观察视野里的所有物体。然后尽可能多地写下你看到的所有物体，并记录下你的总体印象和感受。

此方情景，让我想起王维的“池塘深且广”这句诗。
池塘四周，柳树环绕。
芦苇掩映下的小船，也静立不动，时间仿佛在这里静止了。
浮萍铺满池面，仿佛一块巨大的圆形翡翠。

第二种——细察

接着，请你把目光聚焦于浮萍上，静静观察至少五分钟，然后把你看到的讲给小伙伴听，越详细越好。

浮萍是一种非常有趣的小型植物。翠绿色的椭圆形的叶片挤满池塘。没有风，浮萍如画，静静地美丽着。

浮萍为什么会浮在水面上？难道它有魔力吗？我仔细观察，发现这是因为顶端的叶状体上有一个长圆形的小鼓包，这个小鼓包内装满了空气，使浮萍在水上浮着，可以说这是它的“脚”。

第三种——行视

现在，请你边走边看，锻炼视觉的灵敏度，把行走过程中观察到的事物迅速记在脑子里，再说给小伙伴听。这次，“说”和“听”的对象交换一下。

我绕着池塘走了一圈。突然，“扑通”一声，一只青蛙蹿出水面，转眼又消失不见了。浮萍像受到惊吓的孩子，立即向四面散去。过了好一会儿，这些散开的浮萍才慢慢聚合起来，恢复成原样，仿佛什么事情也没有发生过。

沿着石头小径往前走，我发现，浮萍喜欢聚集在靠岸的地方。杨柳低垂，每一根柳枝都离水面有一定距离。为什么诗人会说“垂杨扫复开”呢？宋代大诗人杨万里在《新柳》中已经告诉我们了：“未必柳条能蘸水，水中柳影引他长。”柳条未必垂到了水中，但是水中的柳影将它拉长了。

您就是“诗中有画，画中有诗”的王维先生，果然玉树临风，人和诗一样美好！

你就是喜欢创意写作的长辫子老师，辫子长长，长裙飘飘，果然与众不同！

有人说您是最会“玩”艺术的诗人：能唱、能弹、能画、能写，是一个真正的“全才”。

过奖过奖，盛唐的诗坛群星璀璨，你口中的“全才”数不胜数。

读您的诗“相逢意气为君饮，系马高楼垂柳边”，觉得您豪迈率性；读您的诗“行到水穷处，坐看云起时”，觉得您豁达从容。

人在不同年龄阶段，所感所悟皆不同：前者是《少年行四首》中的诗句，写的是年轻时的意气风发；后者是《终南别业》中的诗句，写的是退隐后自得其乐的闲适情趣。

您的一生在理想与现实之间，亦官亦隐，随性自然，难怪被称为“诗佛”。

给古诗配画

苏轼曾这样评价王维的诗：“味摩诘之诗，诗中有画；观摩诘之画，画中有诗。”所以，诗与画的完美结合是王维诗作的重要特色。

下面是子曰为王维的《竹里馆》所配的画。

竹里馆

［唐］王维

独坐幽篁里，
弹琴复长啸。
深林人不知，
明月来相照。

王维还写过很多诗，找来读一读，并挑选你最喜欢的一首，试着配画。

春天藏在散落的花瓣里，是粉色的！
春天藏在细细的柳叶里，是绿色的。
你们的排比句说得真好！老师带你们去看看《诗经》里的排比句是怎么写的。
春天藏在跃起的鱼里，是欢乐的。
段首排比的层次美
——《蒹葭》
春天藏在……哎哟！

有一种寻觅，百转千回

有一部电影名为《在水一方》，出自《诗经·秦风·蒹葭》：有位佳人，在水一方。电影的主题句回旋反复，道不尽的婉转缠绵。

王国维先生在《人间词话》里写道："昔人论诗，有景语、情语之别。不知一切景语，皆情语也。"《蒹葭》这首诗就是把暮秋特有的景色与人物委婉惆怅的相思感情融为一体，创造了一个扑朔迷离、情景交融的意境，衬托出主人公内心深处的失落与盼望。

我所思慕的佳人就在水的另一边，我要去寻找她。当然，因为在水一方，便隐含着其中的艰难。然而没有艰难的寻求，也就不值得如此盼望，这就是生命的哲学。希望和失望并存，才会让人欲罢不能。

我们在分析小说情节的时候，常常提到一波三折。《诗经》中的诗句，恰恰也是一咏三叹。三次"溯洄从之"和"溯游从之"，可见诗人已穷尽其力。而梦中的佳人依然是朦胧缥缈，忽远忽近。

由此看来，不妨把《蒹葭》的诗意理解为一种象征，把"在水一方"看作是一切可望却不可即的事物。于是，诗歌中的"伊人"不仅指心爱的人，还可以指理想、事业、前途等一切心之所念的东西。

人生没有轻而易举的获得。"溯洄从之，道阻且长"的困境和"溯游从之，宛在水中央"的幻境，它们交替而生，成为人生常有的境遇。

只有经历从"追求的兴奋"，到"受阻的烦恼"，再到"失落的惆怅"这一完整情感流程的洗礼，我们才能于百转千回中，笑看云淡风轻。

jiān jiā
蒹葭

shī jīng qín fēng
《诗经·秦风》

jiān jiā cāng cāng, bái lù wéi shuāng. suǒ wèi yī rén, zài shuǐ yì fāng.
蒹葭苍苍，白露为霜。所谓伊人，在水一方。
sù huí cóng zhī, dào zǔ qiě cháng. sù yóu cóng zhī, wǎn zài shuǐ zhōng yāng.
溯洄从之，道阻且长。溯游从之，宛在水中央。
jiān jiā qī qī, bái lù wèi xī. suǒ wèi yī rén, zài shuǐ zhī méi.
蒹葭萋萋，白露未晞。所谓伊人，在水之湄。
sù huí cóng zhī, dào zǔ qiě jī. sù yóu cóng zhī, wǎn zài shuǐ zhōng chí.
溯洄从之，道阻且跻。溯游从之，宛在水中坻。
jiān jiā cǎi cǎi, bái lù wèi yǐ. suǒ wèi yī rén, zài shuǐ zhī sì.
蒹葭采采，白露未已。所谓伊人，在水之涘。
sù huí cóng zhī, dào zǔ qiě yòu. sù yóu cóng zhī, wǎn zài shuǐ zhōng zhǐ.
溯洄从之，道阻且右。溯游从之，宛在水中沚。

"苍苍""萋萋""采采"：给人冷落萧瑟的感觉。

重章叠句的形式，一唱三叹。

蒹葭①

《诗经·秦风》

蒹葭苍苍②，白露为③霜。所谓伊人④，在水一方⑤。
溯洄从之⑥，道阻且长。溯游⑦从之，宛在水中央。
蒹葭萋萋⑧，白露未晞⑨。所谓伊人，在水之湄⑩。
溯洄从之，道阻且跻⑪。溯游从之，宛在水中坻⑫。
蒹葭采采⑬，白露未已⑭。所谓伊人，在水之涘⑮。
溯洄从之，道阻且右⑯。溯游从之，宛在水中沚⑰。

"道阻且长""道阻且跻""道阻且右"，不仅写出求索过程中难度的逐渐加大，更显示出情感的逐层加深。

"白露为霜""白露未晞""白露未已"，写出了白露从凝结为霜到融化为水而逐渐干涸的过程，表现了时间的推移。

---

①蒹葭：是一种植物，指芦苇，生于水边。
②苍苍：茂盛的样子。
③为：凝结成。
④伊人：那人，所爱的人。
⑤在水一方：在水的另一边，指对岸。
⑥溯洄从之：逆流而上去寻找她。从：寻找，追寻。
⑦溯游：顺流而下。
⑧萋萋：茂盛的样子。
⑨晞：干。
⑩湄：岸边，水与草相接的地方。
⑪跻：（路）高而陡。
⑫坻：江中的小洲或高地。
⑬采采：茂盛鲜明的样子。
⑭未已：未干。
⑮涘：水边。
⑯右：迂回曲折。
⑰沚：水中的小块陆地。

排比段式写春天

冬姐姐走远了，春妹妹的脚步离我们越来越近了。桃花盛开，柳枝发芽，小河解冻，这美好的季节，谁都想把她留下来。

有许多人会问：“春天在哪里呢？”那就跟着我一起去找一找。

春天在这里，在那一片片桃花盛开的花瓣上。虽然春天是无形的，但那粉色的桃花却是有形的，她是春天的使者，她代表着春天。不信的话，去摸一摸桃花那光滑的花瓣吧，我只要一摸桃花那光滑的花瓣，一种春天的温润就会漫布全身，接着我就会小声叫起来：“我找到春天了！我找到春天了！”

春天在这里，在这翠绿的柳芽上。虽然春天是无形的，但这翠绿的柳芽却是有形的，她是春天的使者，她代表着春天。不信？不信的话，去闻一闻柳芽那淡淡的味道吧，一种春天的气息就印在我的心中。

春天在这里，在这冻结的小河里。虽然春天是无形的，但小河里的水却是有形的，她是春天的使者，她代表着春天。不信？去把手伸进那凉凉的河水里，一种春天的清凉就会蹿进我的心里。

春天，有时可能就在我们身边，只要你用心去寻找，就一定能找到。

万物美好，我们在中央！

孔圣人您好！久仰大名！您说：“《诗》三百，一言以蔽之，曰：‘思无邪’。”是什么意思呢？

我说的意思是，《诗经》三百零五首，用一句话来概括，叫作“思想感情纯正无邪。”

您为什么觉得“不学诗，无以言”呢？

我认为《诗经》不仅是一本文学书，也是一部当时的百科全书。这里面军事、政治、农业等，全都有。如果你没有读过，又怎么去和别人交流呢？

您还说过：“兴于诗，立于礼，成于乐。”这又有何深意？

我教育学生时坚持的“诗、礼、乐”三者并重，因为内在的德育与美育，反映于外在的气质与风度。

您的教育理念在当下依然具有现实意义。难怪您被尊为“万世师表”！

藏在《诗经》中的名字

《诗经》是一座华夏文化艺术的宝库，因其含义丰富，词句优美，经常被父母用来给孩子取名，表达一种寄寓和祝福。

屠呦呦
药学家，共和国勋章获得者、中国首位诺贝尔医学奖获得者

其名“呦呦”取自《诗经·小雅·鹿鸣》中的“呦呦鹿鸣，食野之蒿。”

意思是：一群鹿儿呦呦欢鸣，在原野上悠然自得地啃食蒿草。

关于屠呦呦名字的来历和她的名字与事业的巧合，屠呦呦在一次演讲中说道：

1930年12月30日黎明时分，我出生于中国浙江宁波市开明街508号的一间小屋，听到我人生第一次“呦呦”的哭声后，父亲屠濂规激动地吟诵着《诗经》的著名诗句“呦呦鹿鸣，食野之蒿”，并给我取名呦呦。

不知是天意，还是某种期许，父亲在吟完“呦呦鹿鸣，食野之蒿”，又对仗了一句“蒿草青青，报之春晖”。也就是从出生那天开始，我的命运便与青蒿结下不解之缘。

如果让你从读过的《诗经》中挑选一个词语给自己取一个笔名，你会挑选一个什么词？说说你的想法。

我想给自己取一个笔名：如云。

出自《鄘风·君子偕老》“鬒发如云，不屑髢也。”意思是：秀发如云，浓黑又稠密，根本用不着假发来装饰。

单元学习任务

一、学会梳理

在描写植物的古诗中，要努力做到：1.运用“五觉法”仔细观察；2.运用“修辞”生动描绘。回顾本单元的四首古诗，试着填写下面的表格。

古诗	运用的感官	运用的修辞
《紫藤树》		
《咏柳》		
《萍池》		
《蒹葭》		

二、学会探究

这次我们要学习古诗词中常见植物类的意象分析。这是一项很有意义的探究活动，例如，子曰同学对古诗词中的柳树兴趣很浓，他经过研究发现：

柳树的意象研究

柳树的意象常和离别有关，表达作者的离愁别绪，例如《诗经·小雅·采薇》中：“昔我往矣，杨柳依依。今我来思，雨雪霏霏。”

柳树的意象还可以引申为对故人和故乡的思念，例如李白《春夜洛城闻笛》中："此夜曲中闻折柳，何人不起故园情。"

柳树的意象还和"柳絮"有关，常用来表达愁绪，例如贺铸《青玉案》中："若问闲情都几许。一川烟草，满城风絮。梅子黄时雨。"

三、学会表达

语言是植物描写的外衣。如何让文章的语言如植物般美丽，离不开恰当的修辞手法。联系本单元四首古诗，看看是不是这样。

- 观察植物静态时，多运用比喻。
- 观察植物动态时，多运用拟人。
- 赞美抒发情感时，多运用排比。

第三单元 托物言志

我的思想
是一只翩跹的蝴蝶
它落在
向阳的葵花上

风吹过竹林
精卫鸟衔来树枝
所有的坚持
都会闪着迷人的光芒

石灰石经历
无数次的锤打与凿击
只想证明——
清白，是人生最大的尊严

——长辫子老师《我把思想藏在一首诗中》

对比，让人物形象更鲜明

——司马光《客中初夏》

朵朵葵花向阳生

《红楼梦》第七十回，写大观园内的一场以柳絮为主题的“填词大会”。结果，包括黛玉在内，都是悼春伤感之作，只有宝钗例外，她的一句“好风凭借力，送我上青云”写出了暮春柳絮的昂扬之势，众人拍案叫绝。

很显然，对于“世事洞明，人情练达”的薛宝钗而言，这句词便是她自我个性的写照，巧妙地借柳絮之口，委婉地道出自己想挣脱命运束缚的决心。

诗境，即心境。大观园里的小女子的心境，与写出《资治通鉴》的大史学家司马光自然大不相同。读他的《客中初夏》，却是另一番大境界。

看啊，新开的葵花一直朝着太阳，彰显出生命成长的欢喜。这里的“葵花”，有人说是冬葵，一种蔬菜的花朵。也有人说是向日葵。雨后，万物清明，那些葵花的花瓣上，正滚动着一颗颗晶莹透亮的雨滴。

四月，一切都是淡淡的。淡淡的雨，淡淡的风，淡淡的花，就连我的心情也是淡淡的。我不是那因风起舞的柳絮，无须凭借他力直上云霄。我的心就像那灿烂的葵花一样，微笑着，始终向着明亮地方。

如此一首平白如话的小诗，既无险字，也无丽词，似乎一览无余。然而，作为政治家的司马光，其言外之意，弦外之音，不言而喻。

我也喜欢葵花，喜欢一团团明亮的金黄，永远向着太阳歌唱！

kè zhōng chū xià
客中初夏

sòng sī mǎ guāng
[宋]司马光

sì yuè qīng hé yǔ zhà qíng
四月清和雨乍晴，
nán shān dāng hù zhuǎn fēn míng
南山当户转分明。
gèng wú liǔ xù yīn fēng qǐ
更无柳絮因风起，
wéi yǒu kuí huā xiàng rì qīng
唯有葵花向日倾。

“乍”和“转”字：写出南山雨前、雨后的变化，也写出诗人因山色变化而喜悦的心情。

客中[1]初夏

[宋]司马光[2]

四月清和[3]雨乍晴，南山当户[4]转分明。

更无柳絮因风起，唯有[5]葵花向日倾。

“更无”与“唯有”的对比，表现出诗人不会做随风飞舞的柳絮，而要做永远向着太阳的葵花的人生态度。

---

①客中：旅居他乡作客。

②司马光（1019—1086），字君实，号迂叟，陕州夏县（今山西夏县）人。北宋政治家、史学家、文学家，主持编纂了中国历史上第一部编年体通史《资治通鉴》。

③清和：天气清明和暖。

④南山当户：正对门的南山。

⑤唯有：仅有，只有。

两种常用的对比方法

俗话说："不见高山，不知平地。"

对比手法是作文重要的写作方法之一，通过对不同人、事、物的对比描写或说明，以突出其各自的特色。或者将同一人、事、物在不同时空和境况下的情景进行对照，以彰显其变化，从而使其形象更鲜明。

横比法

把具有可比性的不同事物、不同态度、不同的人放在同一场合进行比较，显示出各自不同的特色。

不第后赋菊

［唐］黄巢

待到秋来九月八，我花开后百花杀。

冲天香阵透长安，满城尽带黄金甲。

黄巢是农民起义领袖，他饱读诗书，文武全才，曾经也有过通过科举考试走向仕途的雄心壮志。这首诗是他赴长安参加科举考试落第后所作。

对于这次落第，黄巢非常愤慨，他将自己比为菊花，等到秋天时，百花凋零，我独开放，到那时，满长安都是我的香味。不可谓不霸气！

诗的第二句"我花开后百花杀"，诗人自喻菊花，把它和秋天里的其他花进行对比——别的花都枯败凋零，只有菊花傲霜盛开，一方面显示出菊花顽强的生命力，另一方面也表明了自己的决心和气势。作为新生力量的黄巢，形象鲜明、突出，势不可当。

纵比法

就是把同一事物或同一个人放在不同时期、不同发展阶段进行对比，以现出变化、现出发展。

画眉鸟

［宋］欧阳修

百啭千声随意移，山花红紫树高低。

始知锁向金笼听，不及林间自在啼。

这首诗前面讲过，是大诗人欧阳修被贬滁州期间所作。诗人运用对比手法：前两句写自由自在，在林间任意翔鸣的画眉，后两句写陷入囚笼，失去了自由的画眉，这是一个事物两种境遇的比较。

诗人表面写画眉，实则写自己，通过对比表达自己向往林间画眉的自由生态。看山花烂漫、叶木葱茏，管什么金带紫袍；无限的欣喜快慰如山间清流泻出，洗尽俗尘，只余下悦耳的音韵流转。

在这样的对比中，诗人的形象逐渐丰富、完整。

您好，温国公！您童年时期砸缸救人的机智故事家喻户晓。一提起您，我就忍不住赞叹。

曹冲七岁称象，骆宾王七岁作诗，相比之下，我砸缸救出自己的小玩伴，实在不足挂齿。

我很好奇，您和同时代的欧阳修、王安石、苏轼关系似乎有些剪不断、理还乱。

没有你们想象的那么复杂，大家只是政见不同，所以有些隔阂和矛盾，总体来讲，还是欣赏彼此的才华。

如此说来，正应了那句“君子和而不同”。我很好奇，您为什么要耗费十九年时间编著《资治通鉴》？

我想总结历史上各朝代兴衰得失的经验，让帝王以史为鉴，更好地治国理政。

其实，《资治通鉴》不仅可以给帝王“照镜子”，对我们普通人的启发也很大，以史为鉴，让人生少走弯路。

四位大诗人的“圆桌会议”

苏轼、王安石、欧阳修、司马光都是北宋时期如雷贯耳的大人物，其中苏轼、王安石、欧阳修都是唐宋八大家之一，而司马光以一部《资治通鉴》名垂青史。

四人同在朝廷做官，之间都有或深或浅的交往。想象他们有一天坐在一起，会交流些什么呢？ 选一个你感兴趣的诗人，试着演一演。

背景资料

1. 欧阳修是北宋文坛领袖，以“好贤”著称，他对司马光、王安石、苏轼皆有推荐之恩。

2. 王安石与司马光的关系因政见不同而破裂，但两人依旧互相保持着对对方人格的敬重。

3. 王安石罢相在江宁养老时，苏轼曾到江宁拜访过王安石。有人以此认为两人“一笑泯恩仇”。

对话，让语言表达更生动

——顾炎武《精卫》

奇人与神鸟

今天，长辫子老师要和大家说一个奇人——这位便是明末清初大名鼎鼎的读书人顾炎武。

有一天，顾炎武的朋友登门拜访，发现他又在抄写《音学五书》，不禁好奇地问："我记得这部书稿你已经重抄两遍了，怎么又开始抄第三遍了呢？"

顾炎武微微一笑，说："这是第五遍了！"

朋友觉得更奇怪了，问："为什么呀？"

顾炎武轻描淡写地说："被老鼠咬了。"

"家里有老鼠，你不想办法把老鼠灭了，而是在这里一遍一遍做无用功。"朋友又好气又好笑，忍不住埋怨道。

"不可！不可！"顾炎武连声说道，"我应该感谢这些老鼠，如果不是它们，我怎么会把自己的书稿认真誊改五遍呢？"

顾炎武真是个奇人，他坚持用一种令人不可思议的方法，督促自己更加勤勉，不断精进，让著作臻于完美。

《精卫填海》的故事，最早出自《山海经》，现在又被选入课本中。文中的精卫鸟意志坚强、不畏艰难，矢志不渝。

顾炎武在《精卫》一诗中，和这只神鸟进行对话。

顾炎武问："万事有不平，尔何空自苦；长将一寸身，衔木到终古？"

精卫鸟答："我愿平东海，身沉心不改；大海无平期，我心无绝时。"

这其实哪里是奇人与神鸟对话，分明是诗人和自己内心在对白。

将自己毕生的精力奉献给一个宏伟的目标，这种决心与壮志，不得不让人为之敬佩和敬仰。

jīng wèi
精卫

qīng gù yán wǔ
[清] 顾炎武

wàn shì yǒu bù píng　ěr hé kōng zì kǔ
万事有不平，尔何空自苦；
cháng jiāng yí cùn shēn　xián mù dào zhōng gǔ
长将一寸身，衔木到终古？
wǒ yuàn píng dōng hǎi　shēn chén xīn bù gǎi
我愿平东海，身沉心不改；
dà hǎi wú píng qī　wǒ xīn wú jué shí
大海无平期，我心无绝时。
wū hū　jūn bú jiàn
呜呼！君不见，
xī shān xián mù zhòng niǎo duō　què lái yàn qù zì chéng kē
西山衔木众鸟多，鹊来燕去自成窠。

诗的前四句问精卫：万事皆有不平，你何必自讨苦吃，以微小的身躯衔木填海不止？

诗的五至八句精卫回答：我誓要填平东海，纵然力竭身沉，也绝不改变，大海不平，心无绝期。

精卫

[清] 顾炎武[①]

万事有不平，尔[②]何空自苦；

长将一寸身，衔木到终古[③]？

我愿平东海，身沉心不改；

大海无平期，我心无绝时。

呜呼！君不见，

西山衔木众鸟多，鹊来燕去[④]自成窠。

诗歌前八句采用一问一答的对话形式，明确地揭示了精卫矢志填海、不惜捐躯的崇高精神。

诗的末三句感叹西山衔木之鸟虽多，可是那些鹊、燕之类来来去去，却都只是为自己做窝。

---

①顾炎武（1613—1682），南直隶昆山人，明末清初思想家、学者。

②尔：指精卫，古代神话中记载的一种鸟。相传炎帝的小女儿在东海溺水而死，死后化身为鸟，名叫精卫，飞到西山衔木石以填东海。

③终古：永远。

④鹊、燕：比喻无远见、大志，只关心个人利害的人。

对话描写的四种形式

对话描写一般包括两部分：说话内容和提示语。如何让语言描写生动活泼呢？我们一起来了解常用的四种对话描写形式。

“拉车式”对话

提示语在前，引语在后，引号之前用冒号，这是最常见的对话描写形式，用来突出人物身份、动作、神态、心理活动等特点。

举例

子曰神情紧张地说：“老师，我想上厕所。”

“推车式”对话

提示语在后，引语在前，提示语之后用句号。用来强调人物说话的内容，或者突出先闻其声后见其人的效果。

举例

“是你扔的纸团吗？”长辫子老师问。

“是的。”浩奇站起来，鞠了个躬说。

“挑担式”对话

人物说的话比较长，或者同一个说的话，在意思上前后有转折，就需要在中间停顿一下。使用这种形式的对话一定要注意“说”后面的标点是逗号。

举例

“这件事很难办。”子曰想了一想，说道，“想让长辫子老师不知道我们的秘密惊喜太难了！”

“省略式”对话

这是比较特殊的对话描写形式，无提示语，每个人的对话内容一般单独成行。一般用在熟知人物身份，在只有两个人的场景中，容易了解对话内容的情况下使用，但要慎重运用，避免读者产生误解。

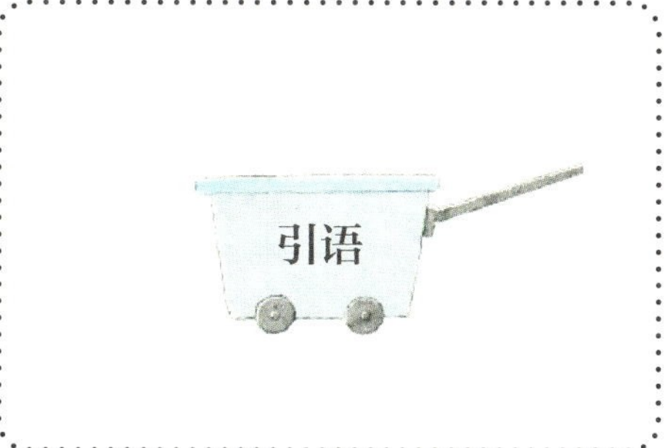

举例

“‘谢鼠咬书’”故事的主人公是谁？”

“顾炎武。”

“在诗中和精卫鸟对话的人是谁？”

“顾炎武。”

顾炎武先生好！您著作等身，仅我知道就有《日知录》《音学五书》《亭林诗文集》等。我们都记得您在《日知录》中写的一句话："保天下者，匹夫之贱，与有责焉。"

这句话的意思是国家的兴盛或衰亡，每个普通人都有一份责任。

"国家兴亡，匹夫有责"这句名言应成为我们每个人的座右铭。那么，您认为，我们学生的责任主要体现在哪些方面呢？

学生时代的责任，就是要勤奋读书。我年轻时，采取的是"四步自督读书"法：第一步，规定自己每天必须读完的卷数；第二步，限定自己每天读完后把所读书抄写一遍；第三步，每读一本书都要做笔记，写下心得体会。第四步，每年春秋两季，都要温习前半年读过的书籍，做到温故知新。

记下了！先生果然非一世之人，您的《日知录》也非一世之书。

与“顾怪”过一天

今天，长辫子老师突发奇想，让大家想象自己和诗人过一天，注意人物对话描写。子曰率先交出一篇小作文《与“顾怪”过一天》，其中一个片段颇为有趣：

“亭林先生好！听说您从小喜欢读课外书，是真的吗？”我好奇地问。

“是啊，我从小对科考项目兴趣不大，却对天文地理比较偏爱，所以别人喊我‘顾怪’。”顾炎武先生笑呵呵地回答。

“听说您自幼聪明过人，十四岁那年就考中了秀才，如果好好复习应考，后面考个举人应该指日可待，可您却在二十七岁那年对外宣布，放弃科考。”我追问道，“您为什么没有继续考下去呢？”

顾炎武哈哈一笑，说：“当时的科举考试迂腐死板，八股文很难写，我反对。当然，有人又说我是‘柠檬精’，因为考不上才这么说的。随他们说去吧，我得继续写我的《日知录》。当中华谋求复兴之时，我自信这部书一定会得到流传。”

“您实在是高瞻远瞩！”

子曰的小作文如一颗石子投入湖中，教室里顿时热闹起来，大家都跃跃欲试。

真情，是文章的灵魂

——郑燮《潍县署中画竹呈年伯包大中丞括》

一枝一叶总关情

说起郑板桥，你也许会想到四个字——难得糊涂。

其实，郑板桥比一般人都清醒。读他的《潍县署中画竹呈年伯包大中丞括》，你会发现，他清醒地知道，作为一名地方官，自己的责任感与使命感。

1742年春，郑板桥被任命为山东范县知县。他带上书童，骑上毛驴，就这样“骑驴上任”了。五年后，他又被改任山东潍县知县。这时的郑板桥已经五十四岁，恰逢百年罕遇的旱灾，郑板桥寝食难安。

在此期间，郑板桥曾画过一幅《风竹图》送给包括，此诗就题写在这幅画上。诗人托竹言志，表达了对民生的忧虑关切之情。

再读“些小吾曹州县吏，一枝一叶总关情”，你就读懂他一心为民的真情。以老百姓为中心，是最温暖的初心。

而我，是一名语文教师，我的心思都在学生身上。

我喜欢我现在办公桌的位置——临窗，正对着走廊。走廊上有孩子的时候，我就看孩子们跳跃的身影，心中升腾起一阵阵快乐。

我深深地知道：没有爱就没有教育。爱，是教育的起点，也是教育的归宿。我把爱、理解与感动，渗透到了教育的一枝一叶中。

孩子们爱阅读，我就陪他们一起读。孩子的成长过程像一本不断变厚的书，多一点心思，多一点投入，就能用阅读抹亮儿童生命的底色。因为我始终相信：读书是一天也不能断流的潺潺小溪，它充实着思想的河流……

我常想：对于教师而言，爱，不是一个宏大空洞的词语，必须把它落实在教育的细枝末节中。

郑板桥以老百姓为中心，我以学生为中心，我们都拥有最温暖的初心。

wéi xiàn shǔ zhōng huà zhú chéng nián bó bāo dà zhōng chéng kuò
潍县署中画竹呈年伯包大中丞括

qīng zhèng xiè
[清] 郑燮

yá zhāi wò tīng xiāo xiāo zhú
衙斋卧听萧萧竹，

yí shì mín jiān jí kǔ shēng
疑是民间疾苦声。

xiē xiǎo wú cáo zhōu xiàn lì
些小吾曹州县吏，

yì zhī yí yè zǒng guān qíng
一枝一叶总关情。

第一句点明诗人身份与周边环境。

“衙斋”说明自己身为官员，不言“官邸”“府第”等，既表明自己的官阶较低，又有谦逊之意。

第二句，诗人由竹叶声响联想到民间疾苦。

萧萧竹声，联想民间发出的疾苦悲诉之音。

“疑”字：诗人的爱民之心与勤政之意，表达了他对百姓的真挚情感。

潍县署①中画竹呈②年伯③包大中丞④括

[清]郑燮⑤

衙斋⑥卧听萧萧⑦竹，疑是民间疾苦声。

些小⑧吾曹⑨州县吏，一枝一叶总关情⑩。

“吾曹”：点出像诗人等这种下级基层官员在全国的数量之广。

第四句：双关句。

一枝一叶＝民众疾苦

总关情＝放在心上。

---

①署：衙门。

②呈：呈献。

③年伯：古称同榜考取的人为同年，称“同年”的父辈为年伯。

④包大中丞括：姓包，名括。大：表示尊敬之意。中丞：清代称巡抚为中丞。

⑤郑燮（1693—1766），字克柔，号理庵，又号板桥，人称板桥先生，为“扬州八怪”重要的代表人物。

⑥衙斋：官衙中供官员居住和休息之所。

⑦萧萧：拟声词，形容草木摇动声。

⑧些小：很小，这里指官职卑微。

⑨吾曹：我们。

⑩关情：牵动情怀。

写出真情实感的三个原则

“感人心者，莫先乎情。”要写好一篇文章，真情实感可以说是文章的灵魂所在。那么，如何才能写出真情实感呢，需要遵守三个原则：

一、真实原则

文章的选材要贴近生活，强调真实。

特别提醒

真实≠不能适当虚构

真实≠生活琐事的简单“拷贝”

大家不仅要学会“选材”，更要学会“提炼”。生活中从来就不缺少感人的事情，只要我们用心观察，用情体悟，就一定能写出感人的文章。

二、细微原则

通过细节表达真情实感，突出真情。

父亲坐在医院的门厅里等着我。

他抬头看到我，便站起来，冲着我笑。我走过去，看到父亲单薄的身子，瘦而且弱，脸上的皱纹在灯光的反射下显得深沉而具体，伤感油然而生。

父亲老了，他在电话中反复向我诉说：“院子里一树的石榴没人吃，我想把它砍了，种上桃树，因为你喜欢吃桃子。”

而现在，父亲颤巍巍地从手提袋里摸出一个绿皮的本本，递给我：“这是我的病历。”他说话的时候像一个无助的孩子。我紧紧攥住病历，尽量忍住不让眼泪掉出来。

——长辫子老师《父亲老了》

三、真诚原则

避免“为赋新词强说愁”的写作心态。

方法引领

用眼观察
用耳聆听
用心感受

我们要常怀着一颗感恩的心，去发现生活中的感动，要通过真人真事，去抒写最真诚的感动。

袁浩，我一直尊称他为师父。我请他为我的新书《诗词中的创意写作课》写序，他非常忙碌，却忙里偷闲，一个字一个字地读完我的每一页书稿，一笔一画地写下序言。怕我看不清楚，他又工工整整地用稿纸重新誊抄了一遍。夜里将近十点钟的时候，他打来电话，很急切地说：“郭学萍，把序言拿出来，从第一行开始，有一些地方需要修改，你用笔记录下来。”然后，他就一处一处地告诉我怎么改，为什么要这样改，改过之后表达就更加精准了……放下电话，感动如潮水一样涌上心头。师父的严谨和细心，那样深刻地印在了我的记忆中。师父就像冬日午后的暖阳，而我就是那株幸运的麦穗，因为有阳光的温暖，内心的河流总有歌声。

——长辫子老师《得益良师》

袁浩是我的恩师，已经八十岁，他对我的鼓舞与帮助，都被我写进了字里行间。

郑板桥先生，您好！很多人不知道您的大名叫“郑燮”。

可能是“燮”这个字笔画多，不好认，也不好写吧！

很多人知道您画的竹子特别绝，却不知道您写的竹子也特别好。您为什么这么爱竹子呢?

我爱竹子，因为它的劲节孤高与我的志趣追求不谋而合。我虽身在官场却屡遭排挤，身体日渐消瘦。有一天，我看到窗外几竿竹子在狂风中摇曳生姿，坚韧不拔，不觉心有所感，便画下一幅《风竹图》。画完之后，竟然感到神清气爽。

看来，竹子的坚挺有节给您带来了不少力量呢。难怪人们常说：“梅兰竹菊，花中四君子。”

说出你名字的故事

每个人都有自己的名字，每个名字都有一个独特的故事。长辫子老师当然也不例外，我来跟你们讲讲自己名字的故事吧！

大家好！

我就是那个从诗歌里走来的长辫子老师。很多人以为我的辫子长，所以叫长辫子老师。其实，长辫子老师是我的笔名。

给自己取这个笔名的时候，我还是短头发。那个时候，我正在给一家杂志写童话连载，题目就叫《书包里的跳跳鼠》。故事的主人公就是长辫子老师，她有着齐眉的刘海，一对乌黑油亮的大辫子拖到脚踝。她喜欢戴红色的贝雷帽，脖子上系着长长的围巾，既飘逸又诗意。她喜欢读诗，写诗，还喜欢教孩子们创作诗歌。

现在你知道了吧！这部童话中的主人公，其实就是以我自己为原型创作的。

现在，大家都叫我长辫子老师，甚至忘记了我本来的名字。

你的名字又有怎样的故事呢？请像长辫子老师这样，讲给大家听。

期待！

学会托物言志的“三化”
——于谦《石灰吟》
啊！今天长辫子老师要做石灰实验。
不会爆炸吧？
哇！好神奇啊！
古代还有以石灰为主题的诗，老师带你们去与诗人见面聊聊！

清白之年

我喜欢一首歌——《清白之年》，作词、作曲都是朴树。其中有这样一段歌词：

人随风飘荡，天各自一方，在风尘中遗忘的清白脸庞。

此生多勉强，此身越重洋，轻描时光漫长低唱语焉不详……

有人说，朴树不是那种读过万卷书，背过十三韵，靠底子创作的音乐人，他全靠燃烧。每当燃烧的时候，他就能把一个个汉字燃烧成一种崭新的语言、句法。

这种燃烧的过程是艰苦卓绝的，所以每次听他的歌，我都会泪流满面。那种浸润在每个汉字中的感情，总会触动我内心最柔软的一角。

尤其是看到歌词中“清白”二字，更让我怦然心动。在我童年时期，对“清白”一词的理解，源于外婆家后院里的一株栀子花。

正是身着白衣青裤的夏季，浓绿油亮的栀子叶中，一朵朵清白色的栀子花次第开放，味道香烈，花瓣柔软而肥厚。我从来都不忍把栀子花从枝头摘下，而是用一双小手轻轻摩挲花瓣。栀子花便是我童年最清白的记忆。

又见清白这个词，是读屈原的《离骚》，诗中有一句：“伏清白以死直兮，固前圣之所厚”。意思是：保持清白节操死于直道，这本为古代圣贤所称赞。

今天再读《石灰吟》，打动我的依然是清白这个词。

相传，于谦少年时期，考中秀才，成为远近闻名的才子。有一天，他读完书，信步走到石灰窑前，看到工人们正在烧石灰，一时感慨万千，挥笔写下这首豪气冲天的《石灰吟》。后来，他成为一代名臣，为官清廉，刚正不阿，最终却因“谋逆罪”被人诬陷、杀害。少年时的一首诗，成了他一生的写照。

人生海海，要如于谦一般清白地活着。

shí huī yín
石灰吟

míng yú qiān
[明] 于谦

qiān chuí wàn záo chū shēn shān
千锤万凿出深山，

liè huǒ fén shāo ruò děng xián
烈火焚烧若等闲。

fěn gǔ suì shēn hún bú pà
粉骨碎身浑不怕，

yào liú qīng bái zài rén jiān
要留清白在人间。

□“若等闲”三字：将石灰石比作古往今来志士仁人的象征，他们无论面临着怎样严峻的考验，都从容不迫，等闲视之。

□首句中的“千”和“万”都是数词，极言次数之多。

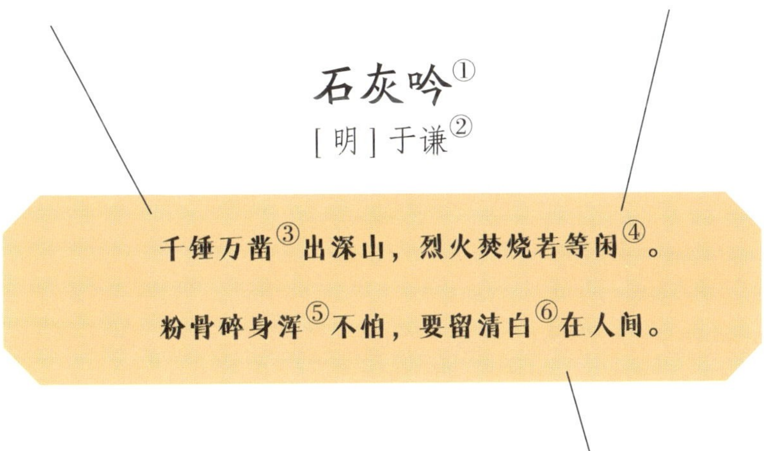

石灰吟[①]

[明] 于谦[②]

千锤万凿[③]出深山，烈火焚烧若等闲[④]。

粉骨碎身浑[⑤]不怕，要留清白[⑥]在人间。

□最后一句直抒胸臆，表明作者的立场——做一个纯洁清白之人。

---

①石灰吟：歌颂石灰。吟：吟诵，古代诗歌的一种形式。

②于谦（1398—1457），字廷益，号节庵，杭州府钱塘县（今浙江杭州）人，明代名臣，与岳飞、张煌言并称“西湖三杰”。

③千锤万凿：无数次锤打凿击，形容开采石灰极不容易。锤：捶打。凿：开凿，凿击。

④若等闲：好像很平常的事情。若：好像。等闲：平常。

⑤浑：全，全然。

⑥清白：石灰洁白的本色，比喻高尚的节操。

运用“三化”，学会托物言志

托物言志，是记叙文的一种表现手法，通过对“物”的描写和叙述，表现自己的志向和意愿。这种手法的运用，能够化平淡为生动，化腐朽为神奇。我们写作时，要学会灵活地运用托物言志的表现手法。

一、化物为志，找准“相似点”

托物言志就是通过对某种事物（动物、植物、静物）的形象进行描绘，来表明自己的精神、品格、思想、感情等。要写好这类文章，就要掌握好“物”与“志”之间的内在联系，化虚为实，找准“相似点”。

墨梅

［元］王冕

我家洗砚池头树，
朵朵花开淡墨痕。
不要人夸好颜色，
只留清气满乾坤。

物：墨梅

志：神清骨秀 高洁端庄 幽独超逸

相似点

物：王冕

志：不与世俗同流合污的节气

上面这个片段，是典型的借物喻人，王冕以墨梅自喻，骨子中的那份骨气、傲气和节气，如幽幽梅香、沁人心脾。

二、化虚为实，找准“描写点”

托物言志中的“志”不是虚无缥缈的概念，也绝不是空泛的口号，它必须通过对“物”进行实实在在地描写，让“物”的特点鲜明、形象，从而为写“志”打下基础。

它不像汉白玉那样的细腻，可以凿下刻字雕花，也不像大青石那样的光滑，可以供来浣纱捶布；它静静地卧在那里，院边的槐荫没有庇覆它，花儿也不再在它身边生长。荒草便繁衍出来，枝蔓上下，慢慢地，竟锈上了绿苔、黑斑。我们这些做孩子的，也讨厌起它来，曾合伙要搬走它，但力气又不足；虽时时咒骂它，嫌弃它，也无可奈何，只好任它留在那里去了。

——贾平凹《丑石》

作家贾平凹采用“先抑后扬”的手法，先描写丑石的“丑”，后交代它是一块陨石，从而表达它默默无闻、不屈于误解、甘于寂寞、与世无争的高贵品格。

三、化浅为深，找准“抒发点”

意高则文胜。如果仅浅浅写出事物的自然属性，没有把它和我们的现实生活、深刻体验联系起来，就只能写出现象而写不出神韵，文章就失去了深度。所以，状物不是写作目标，它是为抒情言志作铺垫。

蝉

［唐］虞世南

垂緌饮清露，

流响出疏桐。

居高声自远，

非是藉秋风。

物：（蝉）叫声响亮

抒发点

志：品格高尚的人，并不需要那些外在的包装，像地位、权势、吹捧等，他本身自然会有很强的昭示力，能够声名远扬。

于谦先生，您好！很多人知道北宋有一个“包青天”，却不知道明代有一位“于青天”。您个性刚直，一生忧国忘身，令百姓爱戴，更令读书人景仰。

为官就必须心系百姓，既然下定了这个决心，就得付出行动。我买了一幅文天祥的画像，挂在自己书房里，每当读书读到困倦时，我便以文天祥的故事来激励自己，让自己坚持下去。

哦！据说您父亲曾梦到已故的文天祥，第二天您便出生了。您的父亲有感于此梦的奇特，更加崇拜文天祥，便给您取名于谦，希望您能像文天祥那样一生谦逊为人。

哈哈！都是民间传说而已。“粉骨碎身浑不怕，要留清白在人间。”我与他，只是心意相通而已。

于谦先生，您做到了。你们身上的浩然正气代代相传，永垂青史。

有你，真好

“有你，真好”是一句有温度的话。凝视这句话，那人、那事、那场景……就会慢慢浮现在眼前。请你拿起笔，在纸上写出一个古代诗人的名字，表达你对他的真挚情感。写的时候，可以假想他就在你眼前，你在用文字和他对话。

浩奇最喜欢的古代诗人是于谦，长辫子老师刚把写作任务说出来，他就迫不及待地动笔了。看看他对于谦说了些什么？

于青天，有您，真好！因为有您，我懂得了“两袖清风”的真正含义。

有一次，您要进京办事，一些同僚劝您：“你要见上司，不说金石玉器，至少也得带上些土特产，总不能两手空空吧！”您听后，哈哈一笑，然后举起双袖，风趣地说：“谁说我什么也没带，我带有两袖清风。”说完，您提笔做了一首诗《入京》，以明志：

绢帕蘑菇与线香，本资民用反为殃。

清风两袖朝天去，免得闾阎话短长。

从此，“两袖清风”便作为为官清廉的成语，千古流传。谢谢于青天，您让我看到了正直的力量。

你最欣赏哪位诗人，你想对他说些什么？

单元学习任务

一、学会梳理

本单元共四首诗，都是借物喻人，托物言志的写法。请分别写出诗歌的本体和喻体。

古诗	本体	喻体
《客中初夏》		
《精卫》		
《潍县署中画竹呈年伯包大中丞括》		
《石灰吟》		

二、学会探究

托物言志类的诗词很多，找一篇你最喜欢的，试着照样子做批注。

卜算子·咏梅

[宋]陆游

驿外断桥边，寂寞开无主。已是黄昏独自愁，更著风和雨。

无意苦争春，一任群芳妒。零落成泥碾作尘，只有香如故。

词人以物喻人，托物言志，明写梅花，暗写抱负。以清新的情调写出了傲然不屈的梅花，暗喻了自己虽人生坎坷却坚贞不屈。是咏梅词中的绝唱。

三、学会表达

举办一次“托物言志诗”诗歌朗诵会，所选的诗歌可以是古诗，也可以是现代诗。

卜算子·咏梅

毛泽东

风雨送春归，
飞雪迎春到。
已是悬崖百丈冰，
犹有花枝俏。
俏也不争春，
只把春来报。
待到山花烂漫时，
她在丛中笑。

青松

陈毅

大雪压青松，
青松挺且直。
要知松高洁，
待到雪化时。

创意
让每一支笔都爱上写作
长辫子老师

诗词中的创意写作课

万象

郭学萍　著

中国致公出版社

长辫子老师——诗词中的创意写作课

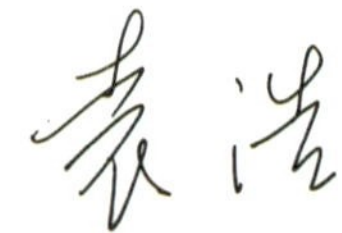

在我熟识的语文教师中，不少人都爱读经典古诗词，郭学萍——长辫子老师就是其中我最熟悉、印象最深的一位。

长辫子老师爱读诗，古典的、现代的、成人的、儿童的……她都视为珍宝。唐宋诗词更是她的至爱，那些让人怦然心动的文字，只要与她相遇，便能让她情思的花朵迸发出别样的精彩。

怎样引领学生走进古诗词世界，领悟诗词的精妙神韵呢？不仅要善于读，还要会联系创意写作，这便是长辫子老师这套《诗词中的创意写作课》带给读者的最新体验。

长辫子老师说，读古诗词不应只是满足于读读、背背，而是要穿越岁月的流光碎影，来到古典诗词的艺苑，和一位位古代大诗人“面对面”交谈，来到他们诗词创作的“现场”，体悟他们当年创作时的心境志趣。

在这套书中，她引导学生变身摄像师，像骆宾王一样，凝视一只鹅，捕捉白鹅的叫声、色彩、动态；变身国画大师，像唐寅一样，寓情于大公鸡，画出雄鸡的昂扬精神；读郑板桥的《潍县署中画竹呈年伯包大中丞括》，她领学生“拜访”时任知县的大诗人，了解百年罕遇的旱灾，体会诗人寝食难安、作画题诗、托竹言志、关心民间疾苦、一心为民的真情。

长辫子老师给学生解读古诗词，不是用现代白话文具体写出诗词文面的意思，而是常常把生活经历和阅读积累合到自己对古诗词的理解之中。她由自己父亲养鹦鹉，有一天鹦鹉趁父亲打开笼子喂食时“逃离”之事，联想到欧阳修《画眉鸟》中对“自由”的抒怀。她由孟郊的《游子吟》，想到母亲冒着酷暑给自己送油桃的事……一件件、一桩桩，娓娓道来，情真意切，令人动容。学生一边读古代诗词，一边听她讲自己的故事，亲切、温润、自然，很容易联系生活实际，产生精神共鸣。

长辫子老师还十分重视从学生言语发展实际出发，引导他们在古诗词阅读过程中，悉心体验，发现其中蕴藏的许多写作秘密，进行梳理、归纳。譬如，他们读苏轼的《猪肉颂》，惊喜领悟这是“吃”出来的佳作；读李白的《紫藤树》，从中发现植物观察的“五觉法”；读岑参的《白雪歌送武判官归京》，从中梳理出写雪“三法”；在杜甫的《登岳阳楼》中，体会到作者的胸襟决定文章境界；从陆游的《病起书怀》中，深深感悟爱国是最动人的主题……凡此种种，让人一看就明白，有助于广大读者在交流表达时学习、运用。

长辫子老师是小学创意写作发起人，在这套书中，她对如何将古诗词阅读体验和创意写作、跨学科学习进行有效结合、深度融合，进行了积极的探索。

在学习贺知章的《咏柳》之后，她引导学生自主编织“创意手工柳树”；学习了袁枚的《所见》，她启发学生创作出千姿百态的“开放式结尾”；她还别出心裁，让学生穿越时空，与北宋时期的欧阳修、苏轼、司马光、王安石齐聚一堂，开了一场各抒己见的“圆桌会议”……

朱光潜先生说“读诗就是再做诗”。长辫子老师这套新著表明，引导学生学习古诗词，既要重视“读”，从读中汲取思想和智慧，受到情感熏陶，享受审美乐趣，也可以从“读”中发现、领悟关于交流表达的常用的方法策略，密切联结学生个体语言经验和真实生活情境进行自主、自由、开放的创意写作，“让每一支笔都爱上写作！”（郭学萍语）

《诗词中的创意写作课》，是对中国古典文化的一种尊敬和坚守，是对文学体验和创意写作教学的一种探索和深化，创意地体现了新课改、新课标的核心精神。值得一读！

（袁浩：全国著名语文特级教师、江苏省中小学荣誉教授、江苏省人民教育家培养工程首批指导专家、江苏省教育学会小学语文专业委员会名誉理事长、中国教育学会小学语文专业委员会顾问。）

人物登场

创意，让每一支笔都爱上写作！

特长 创意写作 | 诗歌品鉴 | 激发想象

▲“创意写作”领域深耕者

▲“古典文学”漫读者，“创意写作”推荐官

▲擅长针对不同写作困难症开出药到病除的创意良方

晓文

天刚明，去有文气的地方！

特长 拉近与人的距离 共情感强

▲“创意写作”种子成员 2 号

▲诗词传唱人

▲擅长和不同的人以合适的方式相处和交流，得到写作需要的信息

来吧，和诗歌一起回家！

晓语

特长 有时治愈 常常帮助 总是慰藉

▲“创意写作”种子成员 1 号

▲诗词讲解员

▲更多时候安静聆听，但发言往往能一语中的

只要“曰”得多，总能有一句成为经典！

子曰

特长 会曰就多曰 行动力强

▲“创意写作”种子成员 4 号

▲诗词鉴赏家

▲勤勤恳恳充实自己，解决大家疑难的学霸一枚

浩奇

天才的灵感，往往来自好奇的第一步！

特长 发散思维 抓住好奇心深究

▲“创意写作”种子成员 3 号

▲诗词漫游者

▲对一切充满好奇，心中装满无穷无尽的问题

目 录

第一单元 气象万千

第二单元 日月星辰

第三单元　千思万绪

第一单元 气象万千

起风的时候
那就顺风而行
风会轻抚着你的长发

下雨的时候
那就撑一把伞
雨会在伞上为你歌唱

飘雪的时候
那就张开双臂
在雪地上愉快地奔跑

人生总有潮起潮落
向前走
明亮的春日就在前方

——长辫子老师《人生总有风雨》

寓“无形”于“有形”
——李峤《风》
看，我收到了风送来的礼物。
虽然看不见它，但比之前放风筝时的春风要调皮呢！
秋风用万能油漆刷，把枫叶刷红，把银杏刷黄。
嗯，今天就让李峤带我们一起“神交”这位看不见的朋友——风！

咏风高手

唐朝是诗歌的盛世，几乎达到了全民皆诗的程度，上至皇帝，下至村夫，都是诗歌的爱好者。

武则天时期，出现了号称写文章最厉害的“文章四友”：杜审言、苏味道、崔融和李峤。

先说说杜审言，从给今人留下的印象来看，大家可能更为熟知他的孙子——“诗圣”杜甫。杜甫常以“吾祖诗冠古”自傲，他的祖父更是恃才傲物，曾夸下海口：“吾文章当得屈、宋作衙官。”意思是比起他的文章来，屈原、宋玉只能做衙官。

至于苏味道和崔融，成语“火树银花”出自前者诗作《正月十五夜》的首联：“火树银花合，星桥铁索开”；后者多为朝廷撰写“命题作文”，作品有《洛出宝图颂》《则天哀册文》等。

最后谈谈本篇的主角李峤，他是第一个大量创作咏物诗的诗人，所咏之物为动物、植物、乐器、建筑、用具等，大多乏善可陈，唯有《风》一首可圈可点。

可是像风这类看不见摸不着的东西，要对它进行直接描写其实很困难。在《风》一诗中，李峤句句不谈“风”却字字都说“风”：风是看不见的，但飘零的秋叶我们看得见；风是看不见的，但盛开的春花我们看得见；风是看不见的，但掀起的巨浪我们看得见。

李峤运用间接描写寓“无形”于“有形”之中，他就是当之无愧的写风高手！

fēng
风

táng lǐ qiáo
[唐] 李峤

jiě luò sān qiū yè
解落三秋叶，

néng kāi èr yuè huā
能开二月花。

guò jiāng qiān chǐ làng
过江千尺浪，

rù zhú wàn gān xié
入竹万竿斜。

全诗两两成偶，以数字“三”“二”“千”“万”对举排列。

前两句表现“风”在不同季节的作用：秋风能令万木凋零，春风能让百花绽放。

风

[唐] 李峤[1]

解落[2]三秋[3]叶，能开二月[4]花。

过江千尺浪，入竹万竿斜[5]。

后两句描写“风”到之处的不同景象：风过江上，则水面波浪滔滔；风入竹林，则竹竿一齐倾斜。

通过“叶”“花”“浪”“竹”四种自然界物象在风力作用下的变化，表现风之柔情与强悍。

---

①李峤（645—714），字巨山，赵州赞皇（今河北赞皇）人，唐朝宰相。

②解落：吹落，散落。

③三秋：农历九月，指秋季。

④二月：农历二月，指春季。

⑤斜：倾斜。

一节关于“风”的童诗写作课

学完了李峤的这首《风》之后，长辫子老师准备带大家用学到的技巧各显身手去寻找风，并且将这位看不见的朋友写进诗中。

一、风经过的地方，能看到他的“模样”

风是一个透明的小男孩

长辫子老师

风正在和我捉迷藏，
我看到了他，
花儿微微在点头，
风就悄悄藏在她身后。
树枝轻轻在摇晃，
风正在树后东张西望。

寻找风离不开观察，我们将眼睛看到的真实情景，通过拟人的手法表现出来，就可以变成一首生动又形象的诗。

二、风经过的地方，能听到他的“声音”

寻找风离不开想象，我把风想象成录音高手，在每个他经过的地方都记录下他的声音，真实而充满生活气息。

录音高手

子曰

风是一个录音高手，
他随身带着一个录音机。

当他从树林间穿过，
树木正在“沙沙沙”地交谈，
风的声音就是“沙沙沙”。

当他把孩子的帽子摘下，
孩子发出“咯咯咯”的笑声，
风的声音就是“咯咯咯”。

三、风经过的地方，能闻到他的“气味”

风经过蔷薇

晓语

五月，
风喜欢在
校园围墙边闲逛。

每次，
我经过这里
风都会把香气送到我鼻尖。

四、风经过的地方，能品到他的“心情”

孤独的风

晓文

风是孤独的。

当孩子们玩耍时，
他只能在一旁默默地欣赏。

当孩子们读书时，
他只能趴在窗口痴痴地看。

风不甘心孤独，
去别的地方找朋友去了。

看来大家都找到了自己的方式来写“风”，只要用心，每一个人都能把风发现！

您好，李峤先生！您的《风》用语自然、形象生动，真可谓是描写风的千古佳作！

谢谢长辫子老师的肯定！实在是盛名难副，我也曾两朝为相，写过一百多首咏物诗，可惜大家只记住了这首《风》。

常言道“一诗定诗名”！陈子昂先生凭着一首《登幽州台》“圈粉无数”，张若虚先生凭借一首《春江花月夜》“孤篇盖全唐”，高鼎先生凭着一首《村居》“一诗封神”，而《风》一诗成就了您的名垂青史！

谢谢鼓励！想当初，我也曾以“文翰显时”被列入初唐时期的“文章四友”，或许名气不比“初唐四杰”大，长辫子老师你知道我们“四友”都是哪些人吗？

您太谦虚了！当然知道！“文章四友”是指苏味道、崔融、杜审言，还有您！你们可都是当时的“学霸”，向你们学习！

四季的风“走”进教室

今天的创意写作课，长辫子老师让同学们把自己想象成不同季节里的某一种事物，想象不同风“吹”来时，自己会有怎样的变化。可以做一做、说一说，还可以写一写。

春风喇叭

◎晓语

我们应该感谢春风，
是她——
为大家送来，
粉嘟嘟、甜滋滋的春天。

夏风喇叭

◎晓文

夏日的午后，
静静的荷塘，
没有一丝风。
荷花露出笑脸，
她就是夏日，
无言的风。

秋风喇叭

◎浩奇

秋风是个美发师，
他把梧桐树的头发染黄，
不好看！
干脆剃得精光，
梧桐树哭了。
“呜呜——呜呜——”

冬风喇叭

千变万化的“雨”
——秦观《春日》
形容春雨
珍贵。瞧，花儿受到春雨的滋养，都竞相开放了！
古人不是说春雨贵如油吗？这么多滴雨是多少油啊……
走！老师带你们去见一个特别会写春雨的人。
雨滴落在水面上，细细密密的，像绽放的水花。
这些雨打在我手心里痒痒的！

“山抹微云”秦学士

在说秦观前，不得不先说说他的恩师——苏轼。

苏轼比秦观大十二岁，林语堂称他是“难能可贵的乐天派”“社牛天花板”，他的朋友圈非常大，朋友五花八门，上至皇帝、太后，下至街头邻居，应有尽有。其中被置顶的，大概会是这么四个人：黄庭坚、秦观、晁补之、张耒。他们都出自苏轼门下，并称“苏门四学士”，被苏轼打包集体宣传。

反观秦观，他的朋友圈人数有限，被置顶的人想都不用想，非老师苏轼莫属。有意思的是，他们虽然是师生关系，但和苏轼“乐天派”的性格完全相反，秦观是“不可救药的悲观派”。

苏轼在人生失意时，仍然乐天知命，诗作不断。被贬黄州，他能够写出《猪肉颂》，不急不慢地介绍猪肉的烹制方法；被贬惠州，他能够写出《惠州一绝》，并且豪迈地表示“日啖荔枝三百颗，不辞长作岭南人”。要知道，这些地方在当时可都是蛮荒之地啊！

秦观比苏轼小一轮，却比苏轼早一年去世。他长着一脸络腮胡子，但与粗犷的外表相反，他有着一颗极其敏感脆弱的心，仿佛一面透亮的镜子，一碰就破，一击就碎。就连春日里的一场滋润大地的雨，他眼中所见的却是“含泪芍药”和“无力蔷薇”。

由此可见，在创作路线上，秦观和苏轼“豪放派”的词风也完全相反，他属于“婉约派”，颇有点柳词之风。

当然，在这一点上，秦观自己是承认受到柳永影响的。他写过一首很著名的词《满庭芳·山抹微云》，开篇便是“山抹微云，天连衰草”。苏轼读了这首词，将他与柳永做对比，称道“山抹微云秦学士，露花倒影柳屯田”。

自此，“山抹微云秦学士”的名头就在唐代的诗坛传开了。

chūn rì
春日

sòng qín guān
[宋]秦观

yì xī qīng léi luò wàn sī
一夕轻雷落万丝，
jì guāng fú wǎ bì cēn cī
霁光浮瓦碧参差。
yǒu qíng sháo yào hán chūn lèi
有情芍药含春泪，
wú lì qiáng wēi wò xiǎo zhī
无力蔷薇卧晓枝。

雷是“轻雷”，雨是“万丝”，仅用四个字，诗人就表现出春雷的**珍贵**和春雨的**绵密**。

“浮”字用得巧妙，读来似乎眼见阳光在刚刚被雨洗过的碧瓦间温柔浮动，奠定全诗情感基调。

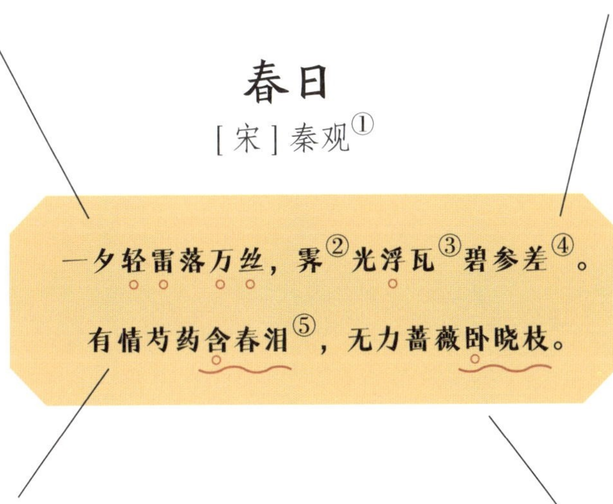

春日

[宋]秦观①

一夕轻雷落万丝，霁②光浮瓦③碧参差④。

有情芍药含春泪⑤，无力蔷薇卧晓枝。

“含”“卧”二字用拟人的手法刻画出雨后芍药、蔷薇的娇弱，展现诗人的**惜花之情**。

“含春泪”的芍药和“无力”的蔷薇，诗人寓情于景，抒发自己心中仕途坎坷的失意困顿。

---

①秦观（1049—1100），字少游，号淮海居士，今江苏高邮人，北宋婉约派词人。

②霁：雨后放晴。

③浮瓦：日光照在瓦上。

④参差：高低错落的样子。

⑤春泪：雨点。

怎样描写“雨”

“雨”是诗文中一种常见的意象，根据不同的背景，它也会被赋予不同的含义。然而，万变不离其宗，“雨”有着属于自己的特点。那么，如何找到切入点，将“雨”这一意象写活？

一、观察特点，写出自然之雨的变化

大家可以从声音、动静，甚至气味等方面观察“雨”的特点，如果用你观察到的特点将四季的“雨”形容成不同年龄的人，你会把它们分别想象成什么？

春雷响，万物长，春雨是一个温柔的小姑娘。

一夕轻雷落万丝，霁光浮瓦碧参差。

——[宋]秦观《春日》

来得急，去得快，夏雨是一个性急的大男孩。

卷地风来忽吹散，望湖楼下水如天。

——[宋]苏轼《六月二十七日望湖楼醉书》

秋已至，雨微凉，秋雨是一个多愁善感的女子。

相逢不语，一朵芙蓉著秋雨。

——[清]纳兰性德《减字木兰花·相逢不语》

雨凄凄，天气寒，冬雨是一个历尽沧桑的老人。

旅病愈归归未得，孤城零雨自沾衣。

——[明]欧大任《冬雨病滞城中送猷弟还家》

二、发挥想象，写出心中之雨的内涵

很多作者将自己的心情融入“雨”中，通过拟人、通感等多种修辞手法发挥想象，表达自己的心情、境界和志向。雨中有欢欣，雨中有哀怨，雨中有雅趣，雨中有禅思，雨为生命留下了广阔的抒情空间。

在古代文人心中，“听雨”是一种淡泊闲适的雅趣。

春水碧于天，画船听雨眠。

——[唐]韦庄《菩萨蛮(其二)》

徘徊了一会儿，窗外雷声作了，大雨接着就来，愈下愈大。那朵红莲，被那紧密的雨点，打得左右攲斜。在无遮蔽的天空之下，我不敢下阶去，也无法可想。

……

雨势并不减退，红莲却不摇动了。雨点不住地打着，只能在勇敢慈怜的荷叶上面，聚了些流转无力的水珠。

我心中深深地受了感动——

母亲呵！你是荷叶，我是红莲。

心中的雨点来了，除了你，谁是我在无遮拦天空下的荫蔽？

——冰心《荷叶与红莲》

您好！秦观学士，听说您是大文豪苏轼的得意门生？

恩师苏轼是继欧阳修之后主持北宋文坛的领袖人物，当时受他指导和荐拔的人很多，我很荣幸成为其中一员。得意门生不敢当，幸得老师垂青，我和黄庭坚、晁补之、张耒被誉为“苏门四学士”。

但您与您老师的性格完全不一样，诗文风格也有明显的不同，今人称您老师为豪放派，您为婉约派，您对此有什么想法？

我与老师诗文风格确实颇为不同。老师的诗文题材广阔、纵横恣肆，表现出充沛的激情和丰富的想象力，这方面我可真是望尘莫及。但我也有自己独特的语言风格，结构含蓄缜密，韵律婉转和谐，语言圆润清丽。由此看来，用“豪放”“婉约”二词区分倒为贴切。

不愧是苏老师的学生，一语道出两个派别的显著特点。除了语言风格，您的诗文在意境的创造上也多有独到之处呢！

没有多么高深的技巧，不过是我手写我心罢了！我燃烧整个生命在写作，我吞下伤心血泪在写作，写出的诗句引起大家的共鸣，他们自然而然就能进入我创造的诗文意境之中了。

有趣的汉字诗

今天的创意写作课，长辫子老师要教大家写汉字诗，为了让大家看明白，以“雨”字为例。

第一步： 了解汉字的演变规律，了解它的“音、形、义”特点。

甲骨文的“雨”字上端一横表示天空，下面数目不同的小竖点表示雨点。金文以后字形逐渐有了变化。无论怎么变，代表着雨点的几个小点始终没变。

第二步： 结合自己的生活经验，用诗的形式写出自己对某一个汉字的理解。

雨

长辫子老师

看
雨点儿
正从天空落下来
啪嗒……啪嗒……
啪嗒……啪嗒……

我伸出手
学着树叶的样子
把雨点儿接住
春天的雨
挠得我手心痒痒
夏天的雨
带给我一份清凉

我最害怕
秋冬两季的雨
赶紧把厚厚的衣服
一件一件穿上
雨点儿
自己也怕冷
它们只好纷纷躲进
一首首诗中

第三步： 自由创作。如果能为你的汉字诗配上汉字画，那就更好了。

即景类作文“三步走”

——刘禹锡《浪淘沙（其七）》

“诗豪”的冲天豪气

我们知道，很多诗人都有雅称。如诗仙李白、诗圣杜甫、诗佛王维、诗魔白居易、诗鬼李贺、诗豪刘禹锡，等等。刘禹锡为何被称为“诗豪”呢？

他的诗风“豪”——雄浑壮阔，豪气冲天。

有人说，刘禹锡是在李白与苏轼之间，承上启下的过渡诗人。他的诗适合高声吟诵，如果配上摇滚乐唱出来，一定更带劲儿。

在他笔下，植物是豪迈的。读“唯有牡丹真国色，花开时节动京城”（《赏牡丹》），仿佛眼见牡丹盛开时节，惊动了整个京都的摄人心魄的美。

在他笔下，动物是豪迈的。“晴空一鹤排云上，便引诗情到碧霄”（《秋词》），感受他诗中的秋天，没有萧瑟凄凉，有的只是直冲云霄的豁达进取。

在他笔下，景物是豪迈的。读“八月涛声吼地来，头高数丈触山回”（《浪淘沙（其七）》），感觉耳边有雷霆万钧之声，眼前有排山倒海之势。

他的性格“豪”——刚毅坚强，洒脱豪迈。

纵观刘禹锡的一生，绝大部分时间都是在贬谪的途中。他就像一位孤勇者，再大的风暴也击不沉他那颗豪迈的心。

“沉舟侧畔千帆过，病树前头万木春”（《酬乐天扬州初逢席上见赠》），这是刘禹锡回赠白居易的诗，在他眼中，一叶沉舟怎么能抵挡千帆竞发，一树之病怎么能阻得住万木争春？

回想起他被贬安徽和州，居半间茅屋，仅能容一床一桌一椅，他依然怡然自得。于是，一篇名扬千古的《陋室铭》喷薄而出：山不在高，有仙则名。水不在深，有龙则灵。斯是陋室，惟吾德馨……

二十多年的贬谪之路从未消磨刘禹锡的豪情，他还是从前的那个少年。

不汲汲于富贵，不戚戚于贫贱。他当得起“诗豪”一称！

浪淘沙（其七）

lànɡ táo shā　qí qī

táng　liú yǔ xī
[唐] 刘禹锡

bā yuè tāo shēnɡ hǒu dì lái
八月涛声吼地来，

tóu ɡāo shù zhànɡ chù shān huí
头高数丈触山回。

xū yú què rù hǎi mén qù
须臾却入海门去，

juǎn qǐ shā duī sì xuě duī
卷起沙堆似雪堆。

首句由远及近写潮来之势，仅“吼”一字顿时把大潮写活了，突出涛声逼近的气势与声音。

“吼地来”VS“触山回”：描写出潮涨潮落的全过程，语气上的急转，更衬托出潮势的盛大。

浪淘沙[①]（其七）

[唐] 刘禹锡[②]

八月涛声吼地来，头高数丈触山回。

须臾[③]却入海门[④]去，卷起沙堆似雪堆。

第三句从动态描写转入对潮去之后的静态描写。

末句表面上看不是写潮水，实际上紧扣首句的“吼地来”，以退潮后留下的又一奇景，衬托出八月浪潮奔涌的壮观场面。

①浪淘沙：唐教坊曲名，后用为词牌名。

②刘禹锡（772—842），字梦得，唐朝时期文学家、哲学家，有“诗豪”之称。

③须臾：指极短的时间。

④海门：江海汇合之处。

三步写好“____即景”

即景，是观察眼前一种自然现象或一处自然景观，并重点观察景物的变化。写下观察所得，就是“____即景”类作文。

第一步，交代是什么“景”

“景”分为雨、雪、日出等自然现象，和田野、沙漠等自然景观，所以第一步需要先交代你写的“景”属于哪种类别。

第二步，写出“景”的动态感

瀑布和海潮分分秒秒都在变化呀，用照相机只能拍出静态图吧？

把照相机换成能拍出连贯画面的摄像机，就能戴上同款“诗人滤镜”迅速地捕捉，准确地描写！“吼地来”“触山回”，感官联动，声形兼具！

大家提到的“五觉法”很不错，要是觉得写不出高阶感官变化，也可以简简单单按照时空变化、观察角度变化等逻辑顺序来写，同样能写出动态感。

第三步，升华情感，借景抒情

虽是写景，却不能只写景。你可以代入你的情感，将你对景的喜恶、你当下赏景的情绪等都融于对景的描写中。你还可以运用联想和多种修辞，恰当地使用表现手法让你笔下的景更生动、更具体。看看同样的文题《窗外即景》，浩奇和子曰交出了怎样的答卷。

秋天到了，我推开窗户，看见银杏树的叶子落下来，好像一只只在草地上休息的黄蝴蝶。一只小刺猬的背上扎着许多红红的果子，它一边跑一边掉，也不知道回家的时候还能剩下多少个果子。

这是“童话版”窗外即景，运用想象的表现手法，将现实情节置于一个“童话”场景中。

太阳刚照到我的房间，我起床推开窗户，只见对面屋顶上是一片耀眼的白霜，而楼下摆小吃摊的阿婆已忙得热火朝天了。雾很大，路上的行人还不是很多，可阿婆的摊点上已经有了几位吃客，他们和老阿婆一样都是“赶早”人，生活的担子压着他们。

这是“现实版”窗外即景，寄情于景，既是眼前景，又是人间情。

您好！大诗豪，每次看到您，我就会想到您的好朋友——柳宗元。

是啊，我们一起考试，一起做官，一起改革，一起被贬。我们还申请相互交换流放的地方，大家都称我们为“刘柳”组合。

“相互交换流放的地方”，这个操作我有点听不明白，能展开讲讲吗？

我二十一岁时，柳弟二十岁，我俩同榜考中进士。因为我俩都参与了“永贞革新”，所以一起被流放十年。十年后好不容易奉诏回京，却因为我的一首小诗，我俩再次被贬。柳弟被流放的地方在柳州，我被流放的地方在条件更艰苦的播州。柳弟想到我尚有八十岁老母亲需要照料，于是冒着获重罪的危险，上书皇帝，请求和我交换流放地。皇上被感动了，把我的流放地改成了条件好一点的连州。

原来如此，再想想后来柳宗元客死柳州，您倾注心血整理他的遗作《柳河东集》，并把他的孩子视如己出抚养长大也就不意外了。

我们惺惺相惜，同病相怜，互相扶持，早已是生死之交了。

听了您二人的故事，我想借用李白的《赠汪伦》赞美你们的友情——桃花潭水深千尺，不及千古刘柳情。

动起来的风景

今天的创意写作课，教大家一起制作可以动起来的风景——走马灯。并以此为素材，完成一篇创作。

1. 取出圆形的卡纸，对折成六份，在边缘折痕处用剪刀剪出豁口并按照折痕向下折叠；

2. 将圆纸片上有折痕的叶片向上折起；

3. 取出按扣，安在圆纸片中心上；

4. 用白纸沿着圆纸片的边沿卷成竖直的灯罩，用双面胶粘贴好；

5. 把长铁杆插在木板上，下端放置一截蜡烛，注意蜡烛要短一些；

6. 最后把做好的上半部分扣在支架的铁杆上，一个简易的走马灯就做好啦！

写雪“三法”
——岑参《白雪歌送武判官归京》
看来你们对雪
有不同的感悟，
我们今天就学一
篇写雪的佳作！
哇，这
雪人，真可
下雪了，感觉
眼前的世界都
变亮了。
看我施
这片雪就
快清理完。

那年塞外，那一场雪

作为边塞诗中的旗手，岑参的“忽如一夜春风来，千树万树梨花开”可谓妇孺皆知。有人问，为什么称岑参为边塞诗旗手？

其一，他曾两度出塞。岑参当时在安西都护府里做官，相当于今天新疆军区里的一个参谋官，他几次随军出塞，就像从朝鲜战场归来的魏巍，写出《谁是最可爱的人》那样质朴深情的通讯一样，岑参也是以自身经历写边塞诗。

其二，他写诗的成就颇高。唐代边塞诗有三种主题：描写边塞风光生活，描写个人豪情壮志，以及描写边塞战争残酷。岑参是描写边塞风光生活这类主题中最有特色，也最有成就的一位诗人。

他的代表作《白雪歌送武判官归京》一诗，乐观昂扬、壮美浪漫，把满枝白雪想象成万树梨花。在这样的一个盛大的场面中，紧接着就是一场盛大的离别。所有人都在推杯换盏，如同寻常的酒宴。但是谁都知道，远行之人终将离去，送行之人继续留下，看孤烟落日、风沙茫茫，这是他们用生命驻守的地方。这场离别的盛宴上，没有婉约的诗意情趣，只有豪迈的畅饮悲欢；没有清淡的红泥火炉，只有肆意的对酒当歌。这是独属于塞外的情怀，宽阔得让人几乎忘记了战马嘶鸣、刀光剑影。

环境锻炼人，岑参自出塞后，在鞍马风尘的战斗生活里，他的诗境空前开阔，也奠定了他边塞诗词雄奇瑰丽的主要风格。甚至连之后的送别诗都写出了边塞诗的味道，比如他曾在《送人赴安西》一诗中写道：“小来思报国，不是爱封侯。”

那年塞外，那一场雪，可能落满了岑参的整个人生。

一起读古诗

bái xuě gē sòng wǔ pàn guān guī jīng
白雪歌送武判官归京

táng cén shēn
[唐] 岑参

běi fēng juǎn dì bái cǎo zhé, hú tiān bā yuè jí fēi xuě.
北风卷地白草折，胡天八月即飞雪。
hū rú yí yè chūn fēng lái, qiān shù wàn shù lí huā kāi.
忽如一夜春风来，千树万树梨花开。
sàn rù zhū lián shī luó mù, hú qiú bù nuǎn jǐn qīn bó.
散入珠帘湿罗幕，狐裘不暖锦衾薄。
jiāng jūn jiǎo gōng bù dé kòng, dū hù tiě yī lěng nán zhuó.
将军角弓不得控，都护铁衣冷难着。
hàn hǎi lán gān bǎi zhàng bīng, chóu yún cǎn dàn wàn lǐ níng.
瀚海阑干百丈冰，愁云惨淡万里凝。
zhōng jūn zhì jiǔ yìn guī kè, hú qín pí pá yǔ qiāng dí.
中军置酒饮归客，胡琴琵琶与羌笛。
fēn fēn mù xuě xià yuán mén, fēng chè hóng qí dòng bù fān.
纷纷暮雪下辕门，风掣红旗冻不翻。
lún tái dōng mén sòng jūn qù, qù shí xuě mǎn tiān shān lù.
轮台东门送君去，去时雪满天山路。
shān huí lù zhuǎn bú jiàn jūn, xuě shàng kōng liú mǎ xíng chù.
山回路转不见君，雪上空留马行处。

白雪歌送武判官归京

[唐]岑参[①]

北风卷地白草折，胡天八月即飞雪。

忽如一夜春风来，千树万树梨花开。

散入珠帘湿罗幕，狐裘不暖锦衾薄。

将军角弓[②]不得控[③]，都护铁衣冷难着。

瀚海阑干[④]百丈冰，愁云惨淡万里凝。

中军置酒饮[⑤]归客，胡琴琵琶与羌笛。

纷纷暮雪下辕门，风掣[⑥]红旗冻不翻[⑦]。

轮台东门送君去，去时雪满天山路。

山回路转不见君，雪上空留马行处。

□开篇以春花喻冬雪，取喻新、设想奇。

□四处细节描写展现了雪后军营生活的苦寒。

□“百丈冰”和“万里凝”都运用了夸张的手法，表现出冰雪覆盖之广，及诗人愁绪之广。

□“暮雪”与“红旗”，一白一红，一动一静，互相映衬，描绘一幅奇异的边疆景象。

---

①岑参（715—770），荆州江陵（今湖北江陵）人，唐代边塞诗人。

②角弓：一种以兽角做装饰的弓。

③控：拉开弓弦。

④阑干：纵横交错的样子。

⑤饮：宴请。

⑥掣：拉，扯。

⑦翻：飘动。

向岑参学写雪景

在《白雪歌送武判官归京》中，有丰富多彩的写雪手法，值得写作时借鉴。

一、用修辞写景色

忽如一夜春风来，千树万树梨花开

雪花　　比喻　　梨花

瀚海阑干百丈冰，愁云惨淡万里凝

"百丈冰"夸张　奇寒无比　"万里凝"体现　愁苦的浓重

二、用感官写特色

“散入珠帘湿罗幕，狐裘不暖锦衾薄。将军角弓不得控，都护铁衣冷难着。”这一组细节描写，像是四组特写镜头，从身体各个部位的触觉表现出戍边战士生活的苦寒。大家想一想，还有哪些感官上令人眼前一亮的描写？

“千树万树梨花开”一句，不仅给人以视觉上的美感，而且似乎有嗅觉上的扑鼻清香，用通感的修辞营造出了壮美的意境。

我最有感触的是“纷纷暮雪下辕门，风掣红旗冻不翻”一句，视觉上仿佛看见了皑皑白雪中的一面鲜艳红旗，让人肃然起敬、心潮澎湃！

三、用留白写回味

全诗最后一句让我想起“诗仙”李白的“孤帆远影碧空尽，唯见长江天际流”一句，都运用了留白的手法，让人回味无穷。

“雪上空留马行处”，真妙！让人不禁遐想，刚才走过的，究竟是什么人呢！

您好，岑参先生！您可是盛唐边塞诗人的中流砥柱！

我写边塞诗源于我两次出塞的经历。想当年，我二十多岁及进士第，在三年守选期里，我渡黄河、游王屋、赴晋州、观骊陵、至蒲关，最后回到长安杜陵。在三年后又正式出塞，这番游历对我的成长帮助很大。

您确实是阅历丰富，听说您还曾去西域做过武官？

在下有不少志同道合的好友，像高适、杜甫、颜真卿等人都是我的好朋友，我们一起喝酒、写诗、练武，我能有机会去西域也正是颜真卿的推荐。

难怪有人说您一生喝最野的酒，写最狂的诗，交最牛的朋友！一提起“西域”二字，我的脑里满是瑰丽的风景和神奇的传说，不知您如何看待这段经历呢？

哈哈，现实是漫天黄沙，极寒天气，风餐露宿，想念家乡和亲人……不过，生活是这么一回事，只要你不觉得苦，也就不苦了。

开心的时候，写诗；不开心的时候，也写诗。不愧是诗人！

雪花形状的故事

今天的创意写作课，长辫子老师拿起粉笔——

首先，她在黑板上画了一条竖线，一边画一边描述：

熊猫在雪地上画了一条竖线，小猴子看见了，可高兴了，他说："这是一根很高很高的竹竿，我顺着这根竹竿爬上去，就能摘到天庭里的蟠桃。"

接着，她在黑板上画了一条横线，一边画一边描述：

熊猫在雪地上画了一条横线，小马看见了，可高兴了，他说："这是一条很长很长的小路，沿着它跑过去，就能吃到鲜嫩的青草。"

最后，长辫子老师放下手中的粉笔，对大家说：

熊猫还会在雪地上画什么呢？拿出你们的创意写作纸，想一想，画一画，说一说：雪花背后还会发生什么样的故事？

单元学习任务

一、学会梳理

请结合本单元诗歌内容，简要写出不同气象特点。

古诗	气象	特点
《风》		
《春日》		
《浪淘沙（其七）》		
《白雪歌送武判官归京》		

二、学会探究

请根据长辫子老师提供的观察表，观察一种自然景观（或自然现象），并试着填一填。

观察时间		观察地点	
自然景观（自然现象）		观察顺序	
景物变化			

三、学会表达

打开古代诗词作品，到处听得到雨声。以杜甫和李商隐为例：杜诗中“雨”的意象出现了两百多次，李商隐诗中“雨”的意象出现了七十多次。雨带给诗人的，有喜悦，有悲伤，有感慨，有哀叹……试着以“古诗中的雨”为主题，选出你最喜欢的一首诗或一句诗，配上解说词，讲给大家听。

喜悦：好雨知时节，当春乃发生。（杜甫《春夜喜雨》）

悲伤：清明时节雨纷纷，路上行人欲断魂。（杜牧《清明》）

感慨：夜阑卧听风吹雨，铁马冰河入梦来。（陆游《十一月四日风雨大作》）

哀叹：南朝四百八十寺，多少楼台烟雨中。（杜牧《江南春》）

第二单元 日月星辰

我面向太阳
就能忽略
身后的阴影

理想
就是大漠上空
那一钩明月

每个人
都有自己的星空
和以自己为主角的故事

只有不间断地
读书——
故事才会持续生长

——长辫子老师《每个人都有自己的日月星辰》

好标题的“五大标准”
——韩偓《晓日》
庄子说的“日出而作，日入而息，逍遥于天地之间，而心意自得”，我现在好像能体会到了！
真好，
像看到太阳
的轮廓了！
想飞上天，和太阳肩并肩。
那今天我们就学习一首晚唐诗人韩偓笔下的日出诗！
那你得加快速度，还有十五分钟就是预测的日出时间了。

心潮澎湃观“晓日”

韩偓这个名字大家可能有些陌生。

作为晚唐时期的一位诗人，他的存在感可以说非常低了，但他有个非常著名的姨夫，是晚唐诗界大咖——李商隐。

李商隐有一个“谜”之行为——写诗没有标题。比如脍炙人口的“春蚕到死丝方尽，蜡炬成灰泪始干”就出自《无题》一诗。

韩偓聪明好学，十岁能诗，得到姨夫李商隐赞誉。但和李商隐相比，韩偓的每首诗都有标题，比如他描写自己登泰山观日出的这首《晓日》，诗题仅仅是简单的两个字，便让读者仿佛看到了黎明时分，诗人立于日观峰上等待日出所看到的生机勃勃的画面。

同样是泰山观日出，清代散文家姚鼐在《登泰山记》中也有一段描写：

> 稍见云中白若摴蒱数十立者，山也。极天云一线异色，须臾成五采。日上，正赤如丹，下有红光，动摇承之。

在姚鼐的笔下，天边的云彩形成一条线，呈现出奇异的颜色，一会儿又变成五颜六色的。太阳升上来了，红得像朱砂一样，下面有红光晃动摇荡着，托着它。

你会不会像长辫子老师这样，把晚唐的诗和清代的文放在一起阅读。

无论岁月如何变迁，那轮“晓日”依旧光辉。

晓日

xiǎo rì

[唐]韩偓

táng hán wò

tiān jì xiá guāng rù shuǐ zhōng
天际霞光入水中，
shuǐ zhōng tiān jì yì shí hóng
水中天际一时红。
zhí xū rì guān sān gēng hòu
直须日观三更后，
shǒu sòng jīn wū shàng bì kōng
首送金乌上碧空。

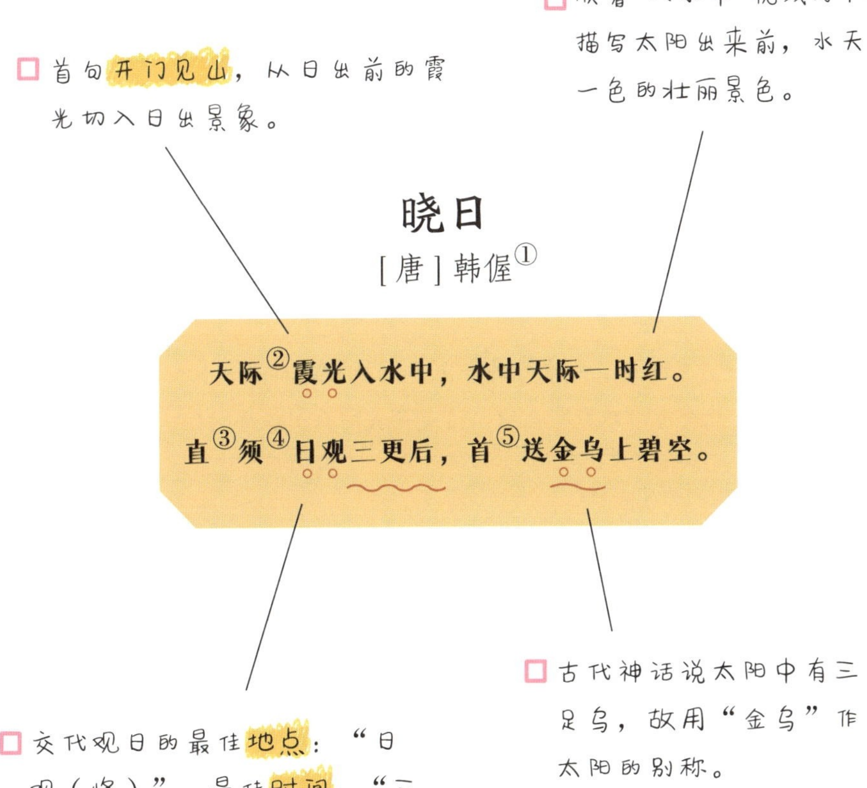

首句开门见山，从日出前的霞光切入日出景象。
顺着“入水中”视线向下，描写太阳出来前，水天一色的壮丽景色。
交代观日的最佳地点：“日观（峰）”，最佳时间：“三更后”。
古代神话说太阳中有三足乌，故用“金乌”作太阳的别称。

晓日

[唐]韩偓[1]

天际[2]霞光入水中，水中天际一时红。

直[3]须[4]日观三更后，首[5]送金乌上碧空。

---

①韩偓（844—923），字致尧，自号玉山樵人，晚唐诗人。

②天际：天边。

③直：只要。

④须：等到。

⑤首：第一。

好标题是文章成功的一半

大家写好作文后，可以从切题、新颖、精练三个维度去检查自己的文题是否够好够吸引人。不管是诗词还是文章，标题都非常的重要，需要不断打磨，才能让人们一眼就有继续探知的兴趣。

第一个维度：切题

这是至关重要的一点，如果文章标题不切题，就很可能会有“跑题”之嫌，这可是我的血泪教训啊！

第二个维度：新颖

一方面是立意的新颖，即用概括本质规律、反转思考、发掘主干等方式确立文章的主题思想；另一方面是用词的新颖。关于用词，大家有想到自己写作过程或是阅读他人习作的经历吗？

我想到《风，可以穿越荆棘》，标题中“风”与“荆棘”本是大自然中的两种事物，被拿来作为“生命”和“挫折”的譬喻，把“遭遇挫折时要战胜挫折”的文意新颖又准确地表达出来了！

运用修辞

我自己曾经写过一篇文章《我是谁？》，是用设问式的标题，也可以激起读者的好奇心。

巧用符号

我喜欢诗词，所以我常常化用诗词名句做标题，例如《苔花如米小，也学牡丹开》，写的是在平凡岗位上努力工作、奉献的人。

化用诗词

文如其人，题目则如人的双眸，好的题目可以透过它洞悉文章的灵魂。以上大家举例的运用修辞、运用符号、借名拟题都是值得借鉴的方式，除此之外，还有借用歌名、运用谐音、活用动词、逆向思维等方式，大家在写作时针对自己叙述的内容，选择合适的拟题切入点，就都能拟出最满意的标题！

第三个维度：精练

大家如果觉得文题要做到新颖太难了，也可以选择精练的维度。今天结识的诗人韩偓，他的诗歌大多以地点为题，《深院》《野塘》《并州》《南亭》……标题越是精练，越能让人目光集中，同样能吸引读者的注意力。

您好，玉山樵人，犹记得您姨夫李商隐盛赞您“十岁裁诗走马成”，可谓众人惊叹！

我的姨夫，仅是《锦瑟》一诗中“此情可待成追忆，只是当时已惘然”一句，就不知道赚去了多少人的眼泪！比起他的成就，我简直是鲜为人知。

您姨夫的诗风文辞清丽、意韵深幽，他确实有非常高的文学成就。但您也有独特的文学价值，您喜欢书写个人的小情绪，对生命的细枝末节体察入微。您有一首名为《已凉》的诗我就非常喜欢，“碧阑干外绣帘垂，猩色屏风画折枝。八尺龙须方锦褥，已凉天气未寒时”，准确地捕捉到了人在秋冬之际的真实感受。

谢谢你能背出我的诗！唐朝是诗歌的盛世，我这种文风比起李白、杜甫等大诗人诗中的豪放胸襟与气魄，大概确实不容易被大家记住吧！

每位诗人身上都有时代的烙印，在您之后，李璟、李煜等诗人开始逐渐登上历史舞台，词的春天来了，而您的作品正是唐诗和宋词之间的桥梁。

“日”的儿童诗

今天的创意写作课，长辫子老师让大家围绕“日”字写出一首首有趣的儿童诗。

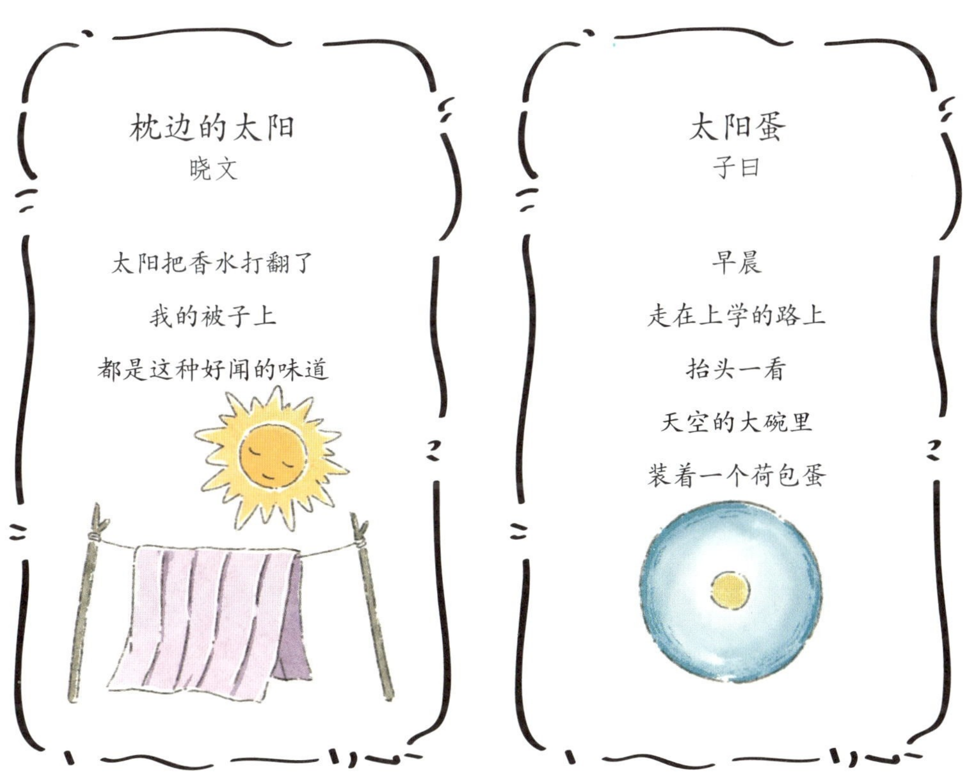

枕边的太阳

晓文

太阳把香水打翻了

我的被子上

都是这种好闻的味道

太阳蛋

子曰

早晨

走在上学的路上

抬头一看

天空的大碗里

装着一个荷包蛋

试着分析上面两首小诗分别运用了哪种起标题的方法，再试着自己选择不一样的命题方式来创作一首有关“日”的小诗。

想象，杰出的写作本领

——李贺《马诗》

游吟诗人李贺

有人是天生的段子手，比如英语教师董宇辉，他堪称现场小作文高手，出口即是信手拈来的诗词歌赋和真诚浪漫的生活见解。

在一千二百多年前，有一位同样称得上金句高手的人，他就是“诗鬼”——李贺！先看看下面几句：

“黑云压城城欲摧”（《雁门太守行》）

“雄鸡一声天下白”（《致酒行》）

“天若有情天亦老”（《金铜仙人辞汉歌》）

但是，李贺的才华与其说是天赋，不如说是勤奋使然。

传说，每天天蒙蒙亮，他就骑着一匹瘦驴，带着一个破旧的锦囊，离开家，四处游走，寻找灵感。一路上，毛驴走得很慢，因为他观察得很细，所有景物、人物、事物都在他的观察范围内。沿途的观察所得都被他记录在纸片上，再投入锦囊。一天游历结束，他再从锦囊中取出纸片，进行整理，常常忙到深夜。因为劳累过度，李贺身体十分瘦弱，年纪轻轻，头上就生出了白发。母亲心疼他：“孩子，像你这样搞创作，是要把心呕出来不可啊！”

了解了李贺的创作经历，再读他的诗句，体味诗中丰富的想象和天马行空的浪漫情怀，是不是更有感触？

原来，每一个金句，都是诗人苦心孤诣、千锤百炼的结晶。

mǎ shī
马诗

táng lǐ hè
[唐]李贺

dà mò shā rú xuě
大漠沙如雪，
yān shān yuè sì gōu
燕山月似钩。
hé dāng jīn luò nǎo
何当金络脑，
kuài zǒu tà qīng qiū
快走踏清秋。

□ 将沙地比喻为雪地，既有塞外战场上刀光剑影带来的寒意，又饱含诗人心中怀才不遇、壮志难酬的凉意。

□ 把弯弯的月亮比喻成钩子，一种武术器械，可见诗人对征战塞北的向往。

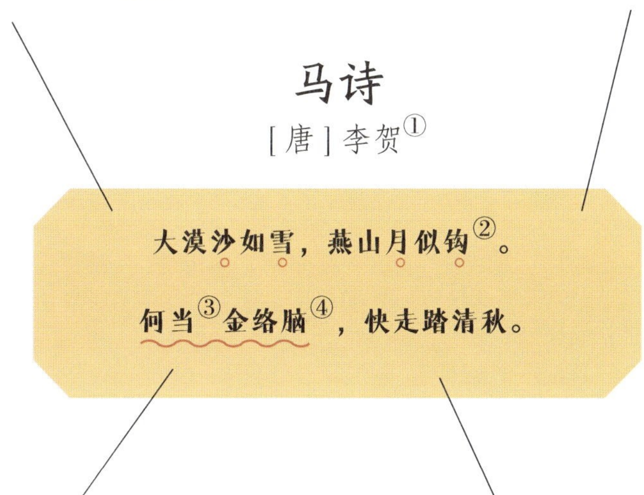

马诗

[唐] 李贺[①]

大漠沙如雪，燕山月似钩[②]。

何当[③]金络脑[④]，快走踏清秋。

□ “何当金络脑”，借马抒情，其实这个问题的答案诗人心中很清楚，只是，意难平。

□ “踏清秋”三字，搭配新奇，冠以“快走”二字，暗示出骏马轻捷矫健的身姿。

---

①李贺（791—817），字长吉，有“诗鬼”之称。

②钩：古代的一种兵器，形似月牙。

③何当：何时将要。

④金络脑：用黄金装饰的马笼头。

关于月亮的想象

天黑了，长辫子老师带着晓语、晓文、浩奇、子曰四人，来到户外上一堂关于月亮的想象写作课，大家都充满了期待。

一、古代诗人关于月亮的想象

大家自由举例，说说古代诗人分别把月亮想象成什么？

古朗月行

[唐] 李白

小时不识月，呼作白玉盘。
又疑瑶台镜，飞在青云端。
仙人垂两足，桂树何团团。
白兔捣药成，问言与谁餐？
蟾蜍蚀圆影，大明夜已残。
羿昔落九乌，天人清且安。
阴精此沦惑，去去不足观。
忧来其如何？凄怆摧心肝。

李白把月亮想象成白玉盘、瑶台镜。

马诗

[唐] 李贺

大漠沙如雪，燕山月似钩。
何当金络脑，快走踏清秋。

李贺把月亮想象成古代的一种钩状兵器。

满江红·中秋寄远

[宋] 辛弃疾

快上西楼，怕天放、浮云遮月。但唤取、玉纤横笛，一声吹裂。谁做冰壶浮世界，最怜玉斧修时节。问嫦娥、孤令有愁无？应华发。

云液满，琼杯滑。长袖起，清歌咽。叹十常八九，欲磨还缺。但愿长圆如此夜，人情未必看承别。把从前、离恨总成欢，归时说。

辛弃疾把月亮想象成用玉斧斫磨过的冰壶，完美无瑕。说不定比现代比赛用的冰壶更滑呢！

二、小朋友们关于月亮的想象

想象的方式来源于生活，又高于生活，充满情趣。大家提及的古诗中，诗人是根据月亮的形状展开想象。如果让大家自由延展思路，或是想象月亮的味道，或是用月亮承载自己的情绪……大家会交出一篇怎样的作品呢？

月亮牌枕头
弯弯松松软软
不然
怎么总能把我送进
一个个甜美的梦乡呢
——晓语

黛色的夜幕中
挂着长长的一串月亮糖葫芦
又脆又香
像是一个个红枣串起来的
我想摘一颗下来
送给亲爱的妈妈品尝
晓文

您就是"骑驴找诗"的李贺先生？听说您七岁就能即席赋诗，有人问您长大的理想，您的答案是："作诗！"

立志成为诗人后，我就走上了一条艰辛的道路。记得当时家人劝我说："'诗仙''诗圣''诗豪'，甚至连'诗囚'都有了，诗坛很难有你一席之地了啊，孩子，换一条路走吧！"

但您还是另辟蹊径，博得了"诗鬼"之名。我很好奇，为什么大家称您为"诗鬼"呢？

原因很多，主要原因有三。其一，我太瘦，且瘦得脱相。其二，我诗风奇诡，有的诗读了让人脊梁飕飕冒凉气。其三，我为了找灵感，经常骑着一匹瘦驴在乱坟岗转悠，给人神出鬼没之感。这大概就是"诗鬼"之称的来由吧！

您诗风奇诡，却也不乏许多满怀爱国激情、雄心壮志的佳作，诸如"男儿何不带吴钩，收取关山五十州"等句，古往今来不知引发了多少热血男儿投笔从戎、矢志报国的情感共鸣！

好男儿谁没有一个英雄梦呢！

月亮晚上做什么

今天的创意写作课，长辫子老师给大家读了一篇童话故事，书名叫《月亮晚上做什么》，一起来听听吧！

白天，
月亮睡大觉。
晚上，
月亮干什么呢？
一起床，
她就忙着画出成千上万颗星星，
汇成亮闪闪的银河。
她播下美梦的种子，
把噩梦关进壁橱里。

晚上，月亮还会干什么呢？你也可以把自己当作一名作家，写一写；更可以把自己当作一名画家，画一画……无论哪种形式，让你的想象飞起来！

大家来看这个谜语：白天草丛待，夜晚空中游。一盏小灯笼，挂在身后头……
我知道，是萤火虫！
可惜它们的寿命非常短暂。
我小时候曾经亲眼见过这种生物，再见到它我要好好研究一番。
从大家的讨论中，我听出了大家看萤火虫时不同的心境。想要学习更多的方式来以外显内，我们去向杜牧学习吧！
谜
如何以外显内
——杜牧《秋夕》

热血青年——杜牧

有一句古话："一种风流吾最爱，六朝人物晚唐诗。"

说起晚唐诗人，自然避不开人称"小李杜"的李商隐和杜牧。同李商隐多愁善感的诗风不同，杜牧的诗歌往往带着一股热血，散发出豪迈的英气。

杜牧，字牧之，他的名和字中都有一个"牧"字。"牧"的本义是放牧，后来引申为治理、管制。"牧之"合起来，有治理万民之意。如此可见，这名字寄托的大概是杜牧的爷爷杜佑对他的殷切期望吧！

杜牧出生于宰相之家，爷爷杜佑不仅是三朝宰相，而且知识渊博，家中藏书万册，还是个修编过《通典》的大史学家。不过，杜牧虽然出身好，个人理想也很远大，但在晚唐残山剩水的社会气象中，他的政治抱负很难实现。因此，作为热血青年的小杜，就只能在诗歌中表达忧国忧民的爱国情怀。

他有时直抒胸臆，如《登池州九峰楼寄张祜》中"谁人得似张公子，千首诗轻万户侯"，用反问句加强肯定语气，意思是张祜有千首诗摆在那里，即使不被重用，他的人格魅力和才情都是别人不能比的。

他有时借古讽今，如《泊秦淮》中"商女不知亡国恨，隔江犹唱后庭花"，听到有歌女在唱着代表亡国之音的《后庭花》，便触景生情，想到了千疮百孔的晚唐王朝，不禁深感忧虑和悲叹。

他有时借景抒情，如《山行》中"停车坐爱枫林晚，霜叶红于二月花"，通过"霜叶"和"二月花"的对比，不仅写出了色彩的鲜艳，也写出霜叶的耐寒，和经得起风霜考验的特质。

请再读一读他的《秋夕》，你觉得它应该属于哪一类抒情方式，又表达了杜牧怎样的情感？

qiū xī
秋夕

táng dù mù
[唐]杜牧

yín zhú qiū guāng lěng huà píng
银烛秋光冷画屏，
qīng luó xiǎo shàn pū liú yíng
轻罗小扇扑流萤。
tiān jiē yè sè liáng rú shuǐ
天阶夜色凉如水，
wò kàn qiān niú zhī nǚ xīng
卧看牵牛织女星。

“银烛”“画屏”，都是非常精美的物品，一方面可以看出居所布置的华贵，另一方面也反衬出主人公处境的孤寂、寒凉。

“轻罗小扇”，因其因形似圆月，且宫中多用之，也称宫扇。由此，可猜出本诗地点是在深宫之中。

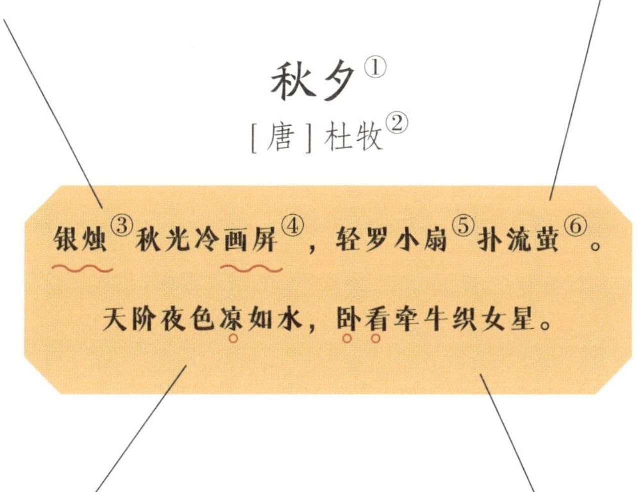

秋夕[1]

[唐]杜牧[2]

银烛[3]秋光冷画屏[4]，轻罗小扇[5]扑流萤[6]。

天阶夜色凉如水，卧看牵牛织女星。

一个“凉”字，既是秋夜的实景，也是宫女内心寒凉的映照。

夜深仍不得眠，是因为牛郎织女的故事触动了主人公的心弦，哀怨与期望交织的复杂感情溢于言表。

---

①秋夕：秋天的夜晚。

②杜牧（803—852），字牧之，号樊川居士。

③银烛：精美的银色蜡烛。

④画屏：画有图案的屏风。

⑤轻罗小扇：轻巧的丝质团扇。

⑥流萤：飞动的萤火虫。

以外显内写故事

古诗有字数限制，讲究“收”——把一件事收敛在一首诗中。今天这节课，我们来研究诗人是怎么通过以外显内用不多的字数写故事的！

外：动作、神态、语言……

▼

内：心理、情绪、感情……

方法一：用动作细节刻画心理

据我了解，萤火虫一般生活在野外草丛等荒凉的地方，但在这里，深宫中还有萤火虫飞动，宫女还去扑打，真是神奇！

你的了解是正确的，深宫有流萤可以推测出宫女生活的凄苦，而宫女去扑打的动作可以感受到她的寂寞与无聊。

那“夜色”已经“凉如水”了，为什么宫女还要“卧看”呢，也是因为生活太寂寞了吗？

一方面是出于久居深宫的无聊，另一方面或许是出于对牛郎织女这种美好爱情的向往吧。

方法二：用神态描写映衬内心

除了从诗中学到的动作描写外，最直观的莫过于反映内心的神态描写了。内心是喜、怒、哀或者乐，各种不同的情绪都会在面部的神态中表现出来。

方法三：用语言描写表现情绪

大家也可以在生活中观察，当你内心的情绪不同，想法不同，甚至是心境不同时，你的语言方式会有哪些不一样的地方？

> 他向往着去少林寺当和尚。可是我们却告诉他，当和尚不能吃荤。他说："用肉汤拌饭可以吗？""不可以。""那么棒冰可以吃吗？"他小心地问，是问"棒冰"，而不是冰激凌，甚至不是雪糕。"那山上恐怕是没有棒冰的。"我们感到非常抱歉。
>
> ——王安忆《我们家的男子汉》

短短几句话，一个向往少林寺却惦记着美食的小男孩跃然纸上，可爱又率真。从大人对他有些抱歉的可爱语气中，也可以看出作者对这位小男子汉的尊重与喜爱。

杜牧您好，您的爷爷杜佑是宰相，父亲杜从郁也是唐代有名的谏官，您说得上是名副其实的官宦子弟。

官宦子弟只是祖辈的荫蔽，重要的是我作为一个个体，应该为国家尽到我个人最大的力量。

说得真好！难怪您能写出《阿房宫赋》这样切中时弊的传世佳作。

《阿房宫赋》是我二十出头年纪写的文章了，当时满腔热血，想通过对阿房宫兴建及其毁灭的描写，总结秦朝统治者骄奢亡国的历史教训，并向唐朝统治者发出警告。

每一个正直的文人，都应当拥有忧国忧民、匡时济世的情怀！向您致敬！

诗人的特色“身份证”

我们每一个人都有自己的身份证，身份证上标注有详细的个人信息：姓名、性别、民族、出生日期、住址、居民身份证号码、签发机关、有效期等重要信息。

子曰同学脑洞大开，为他喜欢的小杜同学设计了一张特色“身份证”。看了他的作品，我们就知道了为什么称杜牧为“杜紫薇”，原来他写过一首七言绝句《紫薇花》呀！

看到这，你是不是也来了兴趣？那就请大家各展奇才，为我们喜欢的诗人做一张特色“身份证”。做好后集中张贴在教室的一角，做成一面“诗人墙”，是不是很有创意？

如何把抽象的道理说清楚

——朱熹《观书有感（其一）》

“北斗星”长在脸上的人

提起北斗星，你的脑海中是不是立即闪现出一把银勺的形象？这把银勺是由七颗星星组成，在天空中很容易辨识。而朱熹的右脸颊，就有这样一组“北斗七星”，在他靠近眼角的部分，有七颗黑痣，上面四颗，下面三颗。

朱熹不仅相貌奇特，他小时候的表现也异于常人。传说，他幼时曾问父亲：“太阳依附在什么上面？”父亲回答：“太阳依附于天。”小朱熹继续问父亲：“天依附于什么？天的上面又有什么？”一席话问得父亲无言可对。

一个小毛孩，居然在问关于“世界的本原”的问题，怎能不让人惊讶？朱熹后来能成为“理学”的代表人物，也就在意料之中了。

朱熹不仅喜欢“寻理”，还喜欢“辩理”。五月下旬的一天，在鹅湖寺大堂，朱熹作为“理学”代表，和作为“心学”代表的陆九龄、陆九渊，展开了激烈的学术之辩，这就是著名的“鹅湖之辩”。

当然，朱熹还喜欢“说理”。他不是直接把道理说给你听，而是将自己大大小小的道理嵌在景物描写之中，两首《观书有感》便是最典型的代表。

《观书有感》中的主角就是在乡下随处可见的小池塘。小时候，我家老屋的西边就有一个小池塘，塘水清澈明亮，蓝天、白云都倒映在水塘中，让人觉得水塘好深好深，好像水塘里有另一个世界。

就是这样平平无奇的小池塘，朱熹居然能把他的眼前之景和读书之道融合在一起。一般人看到塘水清澈，就止于塘水清澈。朱熹却能由塘水清澈想到“问渠那得清如许，为有源头活水来”，这大概就是哲学家和一般人的区别——他不仅能看到“相”，还能看到“理”。

或许只有把自己当作哲学家一般去不断追寻真理，内心的小池塘才能永远清澈。

观书有感（其一）

guān shū yǒu gǎn (qí yī)

[宋]朱熹

sòng zhū xī

半亩方塘一鉴开，

bàn mǔ fāng táng yí jiàn kāi

天光云影共徘徊。

tiān guāng yún yǐng gòng pái huái

问渠那得清如许，

wèn qú nǎ dé qīng rú xǔ

为有源头活水来。

wéi yǒu yuán tóu huó shuǐ lái

池塘方方，半亩地大小，却像一面镜子那样的澄澈明净。

"天光云影"，天的光和云的影子倒映在塘水之中，不停地变动，犹如人在徘徊。

观书有感（其一）

[宋] 朱熹①

半亩方塘一鉴开，天光云影共徘徊②。

问渠③那得④清如许，为有源头活水来。

因为塘水如果没有一定的深度，即使很"清"也映照不出"天光云影"的情态，所以此处的"清"也包含了"深"的意思。

"源头活水"，比喻知识是不断更新和发展的，只有不断学习、运用和探索，才能使自己永葆先进和活力，就像水的源头一样。

①朱熹（1130—1200），字元晦，号晦庵，南宋时期理学家、思想家、哲学家、教育家、诗人。

②徘徊：来回移动。

③渠：它，第三人称代词，这里指方塘之水。

④那得：怎么会。那，同"哪"，"怎么"的意思。

把抽象道理说清楚的三种方法

我们都有这样的体验：不喜欢听抽象的大道理。但是，如果能把道理说得形象生动，情况就不一样了。今天，长辫子老师和大家分享三种方法：

第一种：把抽象的道理蕴含在景物中

朱熹的《观书有感》表面上看是在描写天空倒映在池塘里的美丽景象，其实是为了说明终身学习、持续读书的重要性。

苏轼的《题西林壁》表面看是在描写庐山变幻莫测的风景，其实是为了说明不同的视角，得到的是不同的眼界与风景。

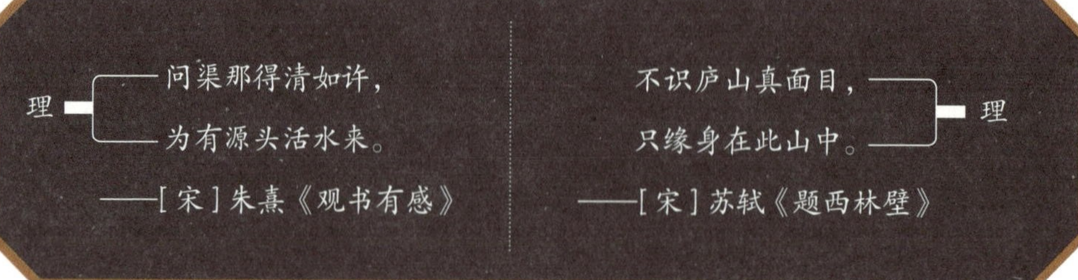

第二种：把抽象的道理蕴含在事物中

无论是借景喻理，还是借物喻理，都要准确把握所写之物的特点、品质、精神，和要讲的道理之间要有共通之处。

龚自珍的《己亥杂诗（其五）》用“落花”比喻自己一生爱国、报国的心志，即使零落成泥也不改其志。

物——落红不是无情物，

理——化作春泥更护花。

——[清] 龚自珍《己亥杂诗（其五）》

第三种：把抽象的道理蕴含在叙事中

我想起前不久一场“采草莓”的春游。那次我走在队伍的最后，剩下的草莓可想而知。回去之后，我在自己的日记中记下了这件事——

在我的想象中：那些草莓红得像血，外皮光滑，被阳光一照，格外夺目。草莓上还有一些露珠，映出草莓的红色，漂亮极了！这些草莓就算放在珍宝堆里也绝不会逊色。可是我今天看到的草莓：要么是硬得发白未成熟的草莓，要么是熟过头的长了毛的一碰就流水的坏草莓，有的半腰鼓出一块，还有的像一根弯曲的棍子，不分粗细，只是弯曲，而且都不甜，还有点酸。这真是一次不成功的春游，但我也从这次春游中悟出一个道理：人虽不能分三六九等，木却分花梨紫檀，一个名字的东西，也未必都一样。想象是美好的，现实往往不尽如人意。

通过细节描写刻画四类品质不好的草莓。

先叙后议的叙事方式，言简意赅，引人深思。

朱文公先生好！说起来，我们可是做教育的同行呢！我很好奇：为什么您的字和号中，都有一个“晦”字？

我字元晦，号晦安，确实都有一个“晦”字。这是因为我的名字——朱熹，“熹”字有炽热光明的意思，我觉得这个名字过于高调了，所以就借有昏暗之意的“晦”字中和一下啦！

您真是谦逊又低调，可这依旧无法遮盖住您的理学光芒。后人将您则与孔子并提，称为“朱子”！

我从小就是孔子的超级粉丝，立志要成为像孔子一样的大圣人，听你一说也算是得偿所愿。但我虽然被尊称为理学大家，这只是因为我站在了前人的肩膀上。

站在前人的肩膀上确实可以吸收不少的经验，但并不是说您的成功就是轻松容易的，您博览群书，总结了以往的思想，建立了庞大的理学体系，功绩为后世所称道！

漫画里的人生感悟

长辫子老师从今天学习的诗人朱熹身上，学到了用哲学家的眼光来看待日常生活。要想把抽象的道理说形象，还有很多好办法，她准备用“漫画+文字”的方式，记录下自己的人生感悟。

大家在日常生活中，也一定会有各种感悟。像长辫子老师一样，用“漫画+文字”的方式，记录下你的人生感悟。

单元学习任务

一、学会梳理

请结合本单元诗歌内容，简要写出不同天象特点。

古诗	天象	特点
《晓日》	太阳	
《马诗》	月亮	
《秋夕》	星星	
《观书有感（其一）》	天光	

二、学会探究

有一篇很有趣的小古文《日月星》，请自主对照注释，尝试理解。

日月星

日①则有日，夜则有月，夜又有星。三者之中，日最明，月次之，星又次之。日中②则昃③，月盈④则食⑤，天地盈虚⑥，与时消息⑦，而况于人乎？

【注释】

①日：白天。②中：中午。③昃（zè）：太阳偏西。④盈：满。⑤食：亏。⑥虚：空虚。⑦消息：消亡。

三、学会表达

自古以来，月亮都是诗人最喜欢吟咏的对象，组织一次“月亮的别称”主题分享会。

月亮的别称

玉盘：比喻圆月。李白《古朗月行》：“小时不识月，呼作白玉盘。”

婵娟：指代明月。苏轼《水调歌头》：“但愿人长久，千里共婵娟。”

碧华：皎洁的月亮。李贺《古悠悠行》：“白景归西山，碧华上迢迢。”

第三单元 千思万绪

沧海虽大
却没有——
诗人的志向远大

幽州台上清泪洒
谁的胸怀
能把我的理想装下

巴山的雨
一直下，一直下
下了一千多年

我们始终
在不断告别的路上
用文字书写人间万象

——长辫子老师《不眠的思绪》

宏大主题“炼成记”
——曹操《观沧海》
想写好宏大主题，我们去借鉴下曹操是怎么做的！
我带了照相机，帮你多拍几张留作纪念！
哇！奇幻游轮项目实在是太好玩了，可惜我只有一双眼睛，看不够啊！
你也可以试着用文字记录下来。
得是怎样的文采才能写出这么壮观的场面呢？

从诗词中看曹操

1954年，毛泽东创作了一首词《浪淘沙·北戴河》，原文如下：

大雨落幽燕，白浪滔天，秦皇岛外打鱼船。一片汪洋都不见，知向谁边？

往事越千年，魏武挥鞭，东临碣石有遗篇。萧瑟秋风今又是，换了人间。

这首词的最后几句，说的就是一代枭雄曹操。但今天且不说作为政治家的曹操，也不说文学作品对他的描写有何不同，我们只来说一说他的文学成就。

先看他的《短歌行》，像一则“招聘广告”。广告词的前两句就是“对酒当歌，人生几何”，诗人一边喝酒，一边向人才发出召唤，酒杯一端，何等豪迈。再看最后四句“山不厌高，水不厌深，周公吐哺，天下归心”，既有文采，又有诚意，表达了自己求贤若渴，统一天下的雄心。

再看他的《观沧海》，像一篇“获奖感言”。这首诗是曹操北征乌桓胜利后，行军到海边，途经碣石山，登山观海，一时兴起所作。是啊，得胜回师，那份踌躇满志的喜悦之情，抑制不住。这个时候，即使萧瑟的秋风，撩起海上的波浪，诗人也只会感受到生命的怒放，这便是文学。文学书写的不全是眼中景，更多的应是心中境，也就是诗人此时内心昂扬澎湃的某种精神。

最后看他的《龟虽寿》，像一篇励志佳作。不管是人至暮年，还是青少年时期，在读到“老骥伏枥，志在千里；烈士暮年，壮心不已”时，内心都会不由自主澎湃起来。

无论身处何种境遇，人生都是需要努力的。

guān cāng hǎi
观沧海

dōng hàn cáo cāo
[东汉]曹操

dōng lín jié shí yǐ guān cāng hǎi
东临碣石，以观沧海。
shuǐ hé dàn dàn shān dǎo sǒng zhì
水何澹澹，山岛竦峙。
shù mù cóng shēng bǎi cǎo fēng mào
树木丛生，百草丰茂。
qiū fēng xiāo sè hóng bō yǒng qǐ
秋风萧瑟，洪波涌起。
rì yuè zhī xíng ruò chū qí zhōng
日月之行，若出其中；
xīng hàn càn làn ruò chū qí lǐ
星汉灿烂，若出其里。
xìng shèn zhì zāi gē yǐ yǒng zhì
幸甚至哉，歌以咏志。

开篇“观”字统领全文，余下景象描写皆由此而来。

汹涌的海水、耸立的山岛、繁杂的树木、丰茂的百草……视角由远及近，景观从轮廓到具体。

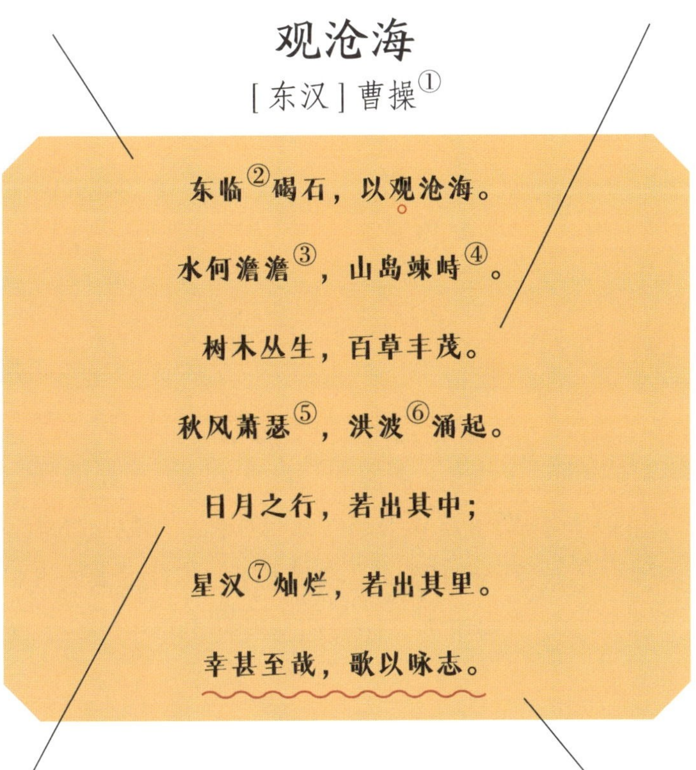

观沧海

［东汉］曹操①

东临②碣石，以观沧海。

水何澹澹③，山岛竦峙④。

树木丛生，百草丰茂。

秋风萧瑟⑤，洪波⑥涌起。

日月之行，若出其中；

星汉⑦灿烂，若出其里。

幸甚至哉，歌以咏志。

由实写过渡到虚写，展开丰富的想象描绘大海吞吐日月的画面，包蕴星汉的宏伟气魄和博大胸怀。

最后两句是乐府歌结束用语，不影响全诗内容与感情。

---

①曹操（155—220），字孟德，小字阿瞒。东汉末年杰出的政治家、军事家、文学家、书法家。

②临：登上，有游览的意思。

③澹澹：水波摇动的样子。

④竦峙：高高地挺立。

⑤萧瑟：树叶被秋风吹动的声音。

⑥洪波：汹涌的波浪。

⑦星汉：银河，天河。

宏大主题的选材方式

“宏大主题”，指的是文章的中心思想和主旨宏伟阔达，需要我们对现实社会和个人理想有一定思考后，抒发自己的观点。一篇完成度高的“宏大主题”作文，一定如曹操的诗文这般，字里行间饱蘸浪漫主义的激情和胸怀天下的进取精神。那么，从选材角度着手，怎样才能写好“宏大主题”呢？

一、写大江大河

《观沧海》一诗中，“观”字统揽全篇，全诗的实写、虚写皆由此而来。诗人借大海的雄伟壮丽，抒发自己渴望建功立业、统一中原的雄心壮志。诗人的胸襟与宽广的大海达到了意象上的一致与和谐。所以，如果觉得一个宏大的命题难以着手，不妨找一个相似的本体来借喻，能让抽象的思想变得更生动、更形象，也让文章更具吸引力。让我们看看杜甫和王勃是怎样表述自己的抱负的——

风急天高猿啸哀，渚清沙白鸟飞回。
无边落木萧萧下，不尽长江滚滚来。

——［唐］杜甫《登高》

豫章故郡，洪都新府。星分翼轸，地接衡庐。襟三江而带五湖，控蛮荆而引瓯越。物华天宝，龙光射牛斗之墟；人杰地灵，徐孺下陈蕃之榻。

——［唐］王勃《滕王阁序》

二、写大事件

每篇文章都会有中心思想和主旨，需要通过具体的事例来表现，而时事和历史上的大事件就是最好的载体。

爱国	霍去病“匈奴未灭，何以为家”、周恩来“为中华之崛起而读书”……
时代发展	新中国成立、“两个一百年”奋斗目标……
……	……

大家平时也可以多积累，需要运用的时候就不会发愁啦！

三、写大人物

从小到大，古今中外，我们也认识过很多大人物，如果能把这些大人物的故事灵活运用在自己的文章中，再与自身经历或理想相结合，可以让自己的文章更完整，内容更丰富。看看子曰同学的考场之作《语文学习是诗意的》——

看完《岳飞传》，我的心里就像打翻了五味瓶，真是酸、甜、苦、辣、咸，五味俱全，我仇恨侵略者，痛恨贪图富贵的大奸臣秦桧，更加崇拜“精忠报国”的大英雄——岳飞。看完书后再背他的《满江红》，“怒发冲冠，凭栏处。潇潇雨歇……莫等闲，白了少年头，空悲切。”浩然正气与英雄气概油然而发！

幸会！您以一己之力终结了汉朝北方的乱世，后世称您为“一代枭雄”——曹操！

哈哈，“枭雄”一词甚是妥帖！但如我这般成就大业者，往往不拘小节，想必你们对我的评价会是两极分化吧？

如您这般传奇的人物，有争议实属正常。据说您还有“狼爸”之称，课本里《曹冲称象》这篇课文的主人公曹冲，就是您教育出来的优秀儿子之一。

阿冲自幼聪慧过人，有“神童”之名，我甚感欣喜！只可惜天妒英才，他十三岁便早夭了。不过，我其他的儿子们也都是很优秀的。

是的，中国文坛上有“建安三子”一说，就是指您与您的儿子曹丕、曹植。您是建安文学的主将和开创者，曹丕是一位理性的诗人，曹植更是被推尊到文章典范的地位。我大胆化用您对孙权的赞叹，“教子当如曹孟德”！

为“动物画像”配解说

如果把三国中的人物都变成动物，你觉得他们分别和哪种动物最像？只有读得越深，思考才会越深，然后为自己的画像配一段解说的文字噢！

我最喜欢的三国人物是诸葛亮，他就像一只聪明伶俐的狐狸，足智多谋，神机妙算，料事如神。

“子龙一身都是胆也”，这是刘备对赵云的评价。他也担得起如此评价，有勇有谋，就像一匹马，吼一声，天地颤抖。一杆银枪，被他使得风驰电掣；一把宝剑，被他耍得神出鬼没。龙马精神，是中华民族自古以来所崇尚的奋斗不止、自强不息。用马形容赵云，再恰当不过了。

如何进行作品推广

——陈子昂《登幽州台歌》

陈子昂的作品“推广术”

对诗人来说，每一首诗都像自己的孩子。如果是普通人，大多不愿意让自己的孩子“过度曝光”，但诗人恰恰相反，他们绝不希望自己的作品“养在深闺人未识”。我们熟悉的很多大唐诗人都是天生的作品推广高手，善于利用各种方法营销自己的诗作，陈子昂就是其中之一。

作为一名后知后觉的少年，陈子昂是“浪子回头”的典型代表，在他十八岁以前，未曾好好读过书，却在十八岁以后，开始了头悬梁、锥刺股的求学之路。只可惜两次入京应试，皆铩羽而归，让屡战屡败的陈子昂一度怀疑人生。

“我可不想让我的满腹诗文烂在肚子里！我一定要寻找机会让天下人知晓！”落榜后的陈子昂开始寻找机会。

有一天，他正走在街上，发现有一位老者开价百万出售一张古琴。陈子昂觉得机会来了，他一掷千金，买下这张古琴。围观者议论纷纷，陈子昂则不慌不忙，开始了他的即兴演讲：

大家好，我叫陈子昂！我饱读诗书，怀揣梦想，来到这偌大的长安城，却英雄无用武之地。今天我只用一张古琴，一点雕虫小技，就引得大家如此瞩目。可惜我一身报国才学无法施展……

简短的演讲结束，陈子昂举起古琴，愤然摔落在地。瞬间，弦断琴裂，惊呆众人。陈子昂顺势拿出早已准备好的“个人作品”宣传单，分发给众人。

大家这才发现，陈子昂的诗文果然出色，其中“感时思报国，拔剑起蒿莱”这样的名句迅速传遍整个长安城。

这场充满创意的作品“推广术”，让陈子昂顺利火出圈。

登幽州台歌
dēng yōu zhōu tái gē

[唐]陈子昂
táng chén zǐ áng

qián bú jiàn gǔ rén
前不见古人，
hòu bú jiàn lái zhě
后不见来者。
niàn tiān dì zhī yōu yōu
念天地之悠悠，
dú chuàng rán ér tì xià
独怆然而涕下。

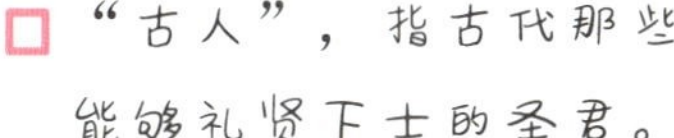

“古人”，指古代那些能够礼贤下士的圣君。

“来者”，与“古人”相对，指后世那些重视人才的贤明君王。

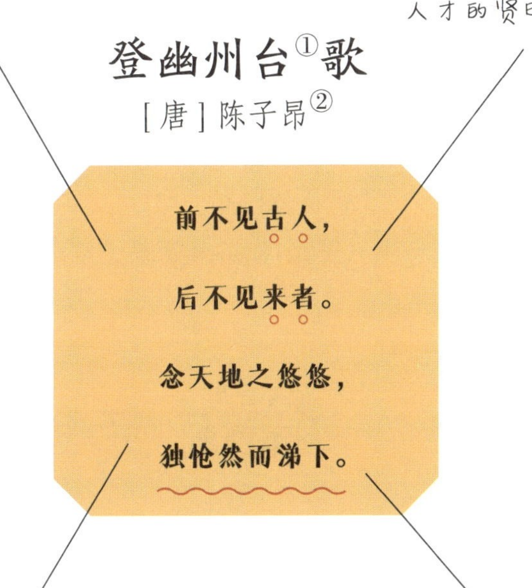

登幽州台[①]歌

[唐]陈子昂[②]

前不见古人，
后不见来者。
念天地之悠悠，
独怆然而涕下。

“悠悠”，时间的久远和空间的广大扑面而来。

与登楼眺望的景观前后映照，表现出诗人孤单悲苦的心绪，格外动人。

---

①幽州台：即黄金台，又称蓟北楼，故址在今北京大兴，是燕昭王为招纳天下贤士而建。

②陈子昂(659—700)，字伯玉，初唐诗文革新人物之一，因曾任右拾遗，后世称陈拾遗。

作品推广的四术

今天，长辫子老师让大家一起讨论“作品推广”的四术。

一、“热点制造”术

陈子昂的作品推广就属于这类方式。再补充一位外国作家毛姆，最初他的作品无人问津，以至于连生活都成问题。有一天，陷入困境的毛姆用仅剩的钱在各大报刊上刊登了一则《征婚广告》，正是这则精心策划的征婚广告，毛姆成功成为红极一时的作家。

征婚广告

本人喜欢音乐和运动，是个年轻又有教养的百万富翁。希望能和毛姆小说中女主角完全一样的女性结婚。

征婚人：×××

×年×月×日

二、“声乐传播”术

写作是为了记录、交流和表达，是让外界认识我们的一种方式。但在现代社会，为了让别人了解我们，还可以借助多媒体的手段进行传播。同一主题的作文，最终我们可以写成诗、谱成曲，甚至是排成戏。

梁俊老师带着一群山里孩子唱清代诗人袁枚《苔》一诗，就是古代诗词与现代音乐的完美结合！试试看，以《苔》为题，你可以创编成一篇小小说吗？

三、“毛遂自荐”术

白居易的《赋得古原草送别》一诗，就是白居易“毛遂自荐”之作。相传，白居易十六岁这一年来到京城长安，他把这首诗投献给当时的大诗人顾况阅读。顾况见他年轻，还拿他的名字开玩笑说：“长安米贵，白居不易。”但当他看到“离离原上草，一岁一枯荣”这两句诗时，惊为天人，连声说：“小小年纪能做出此诗，你想以此在长安城居住，是很容易的事啊！”

四、“结集推广”术

早在唐代之前，中国文人便有了保存文稿、编撰文集的传统。唐代诗人中最有“文集”意识的是白居易，他精心编纂了七十五卷诗文全集，存诗多达三千首，并抄录五份，藏在各地。

宋代诗人陆游的“作品”意识也很强，他一生创作的近万首诗都被他自己编入《剑南诗稿》中。

老师建议大家平时多读、多写，每个学期结束，把自己的作品装订成册，添加封面、封底和目录，做成一本属于自己的“作品集”。

陈子昂先生，您是初唐诗文革新人物之一，更是初唐的风骨！你的字“伯玉”非常衬您的人格形象，能先同我们说说“伯玉”二字的来历吗？

“伯玉”二字是我父亲给我起的：“伯”出自“伯仲叔季”，是老大的意思；“玉”，是气质如兰、温润如玉之意，盼我能成为谦谦君子。

您也确实不负他的期待，连您“伯玉摔琴”的自荐行为，都摔出了千古佳话。

见笑了，这也是无奈之举啊！在我所处的时代，选拔人才，既需要考试，也需要有人推荐。我从四川来到长安，没有任何引荐的门路，只能是另辟蹊径。

我们这个时代有句俗语，“酒香也怕巷子深”。像您这样有才华的读书人，连作品“推广术”都如此与众不同！《登幽州台》一诗中，一、二两句都是五个字，三、四两句都是七个字，就连格律也都很有创意！

因为这首诗的体裁是古体诗，不受格律的束缚，也不要求对仗、平仄，篇幅长短不限，形式比较自由。

用作品展示自己

每个人都是一本书，父母是我们的出版人，生日是我们的出版时间，身份证是我们的书号。我们都是历经长达十个月的制版、装订，才终于面世，这就注定每一本书是不一样的。看看长辫子老师做的第一本“自传”，书名就叫《长辫子老师》。

书信，一种温柔的表达方式
——李商隐《夜雨寄北》
慢邮店
想知道回信要注意哪些方面吗？我们去问问李商隐。
慢邮，是很慢很慢的那种吗？岂不是和古人鸿雁传书一样了。
五年后的自己会是什么样的呢？希望那时的我能回信告诉我。
慢邮，收信时间可以由自己定。
我想给五年后的自己写一封信！

云中谁寄锦书来

李商隐的童年时期，用“身世悲惨”来形容也不为过。他早年丧父，作为家中长子，他用替别人抄书、磨米赚钱的方式养家。

李商隐的青年时期，用“夹心饼干”来形容很贴切。当时，牛、李两党相争，他被夹在中间，无所适从，里外难做人。不久便被排挤出朝廷，独自在四川一带漂泊。事业上毫无建树的他，郁郁寡欢。

忽然有一天，他收到妻子王氏从长安寄来的家书。李商隐拆开信封，急切地读了起来。只见王氏在信中写道：

义山，别来一切可好？工作上的事情，尽力就行，不要太为难自己。你不在家的日子，我每日读读诗书，写写诗文。不知道你什么时候能回来？

李商隐收到信的那一天，正下着雨。抬眼望去，远处绵延高耸的巴山也仿佛沉浸在一片雨雾之中。他用剪刀剪去燃焦的烛芯，脑海中全是和妻子在一起时的点点滴滴，便提笔回道：

亲爱的，收到你的来信，既开心又想念。你问我什么时候回去，其实我也不知道。今天晚上的雨下得很大，雨水涨满了池塘，仿佛我对你的思念。不知道我什么时候能回到你身边，和你秉烛夜谈……

这封信寄出没多久，几天后，风停雨歇，一轮红日驱散弥漫在巴山上空的云雾。李商隐顺江而下，踏上了北归长安的旅程。

yè yǔ jì běi
夜雨寄北

táng lǐ shāng yǐn
[唐]李商隐

jūn wèn guī qī wèi yǒu qī
君问归期未有期，
bā shān yè yǔ zhǎng qiū chí
巴山夜雨涨秋池。
hé dāng gòng jiǎn xī chuāng zhú
何当共剪西窗烛，
què huà bā shān yè yǔ shí
却话巴山夜雨时。

从首句“问”字可以看出，本诗是诗人写给远方亲人的一封回信。

可以猜测，也许此前诗人收到妻子盼望丈夫早日回归故里的来信，因此在次句中，诗人告诉妻子自己身居的环境“巴山”和自己凄冷孤独的心情。

夜雨寄北[1]

[唐]李商隐[2]

君[3]问归期未有期，巴山夜雨涨秋池。

何当共剪西窗烛，却话巴山夜雨时。

“何当”是诗人内心的祈愿：什么时候才能回到家乡，在西窗下同你共剪烛花。

“共剪……”“却话……”是由当前苦况所激发的对于未来欢聚的憧憬。诗人的思归之情，溢于言表。

---

①寄北：写诗寄给北方的人。

②李商隐（813—858），字义山，号玉溪生。晚唐著名诗人，和杜牧合称“小李杜”，与温庭筠合称为“温李”。

③君：是尊称，这里指妻子。

怎样写回信

读了李商隐的《夜雨寄北》，大家意犹未尽。

古人把一封回信写得如此情深意长，值得学习。

书信往来，是一种很好的思想交流方式。除了用书信，古代诗人间还有相互赠诗的传统，这种方式叫“唱和诗”。比如白居易的《醉赠刘二十八使君》，以及刘禹锡的回诗《酬乐天扬州初逢席上见赠》。

一、回信的格式和写信的格式相同

长辫子老师请同学们根据《夜雨寄北》的内容，用李商隐妻子（王氏）的口吻写一封回信。

我觉得信中除了倾诉相思之情，还可以问他何时才能返回家园。

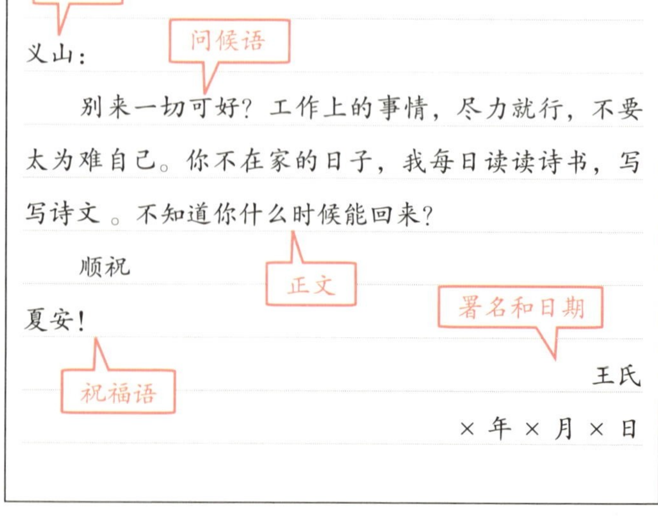

义山：

别来一切可好？工作上的事情，尽力就行，不要太为难自己。你不在家的日子，我每日读读诗书，写写诗文。不知道你什么时候能回来？

顺祝

夏安！

王氏

× 年 × 月 × 日

二、回信的内容要基于来信的内容

长辫子老师将《夜雨寄北》改成一封回信。

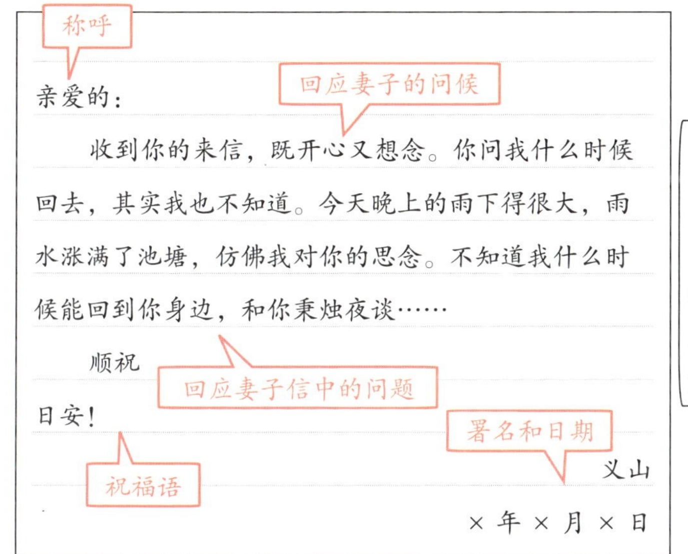

亲爱的：

收到你的来信，既开心又想念。你问我什么时候回去，其实我也不知道。今天晚上的雨下得很大，雨水涨满了池塘，仿佛我对你的思念。不知道我什么时候能回到你身边，和你秉烛夜谈……

顺祝

日安！

义山

× 年 × 月 × 日

我觉得信中李商隐想到了和妻子在一起时的美好时光，不禁思绪万千。

三、回信的结尾有不同的祝福语

基于不同的回信对象、不同的回信内容，甚至是不同的心情、时令，等等，都可以选择不同的祝福语作为回信的结尾。下面列举几种常见情形，同学们可以自行选择，也可以再搜集补充些。

对长辈	敬请福安、敬颂崇祺、恭祝健康长寿
对师长	敬请教安、恭请教祺、恭请海安
写给友人	日安、时安、敬安、福安、学安、近祺
按时令	敬颂春祺、即颂春安、顺问春安

您好！义山先生！我很好奇，您为什么写了那么多诗，却大多没有起标题？

哈哈，这是后人的误解！我以“无题”为名的诗大概有十几首，看起来是数量很多，但与我一生六百余首的创作量相较，其实也不过是少数罢了。

原来如此，有人说您的《无题》诗，是想表达感情中的某些纠结，是这样吗？

不完全是，如果都是表达感情中的复杂情绪，岂不太单一？我命名为“无题”，往往是我想表达的内容比较复杂，很难用一个具体的标题来准确概括。

所以，故意不让主题可辨，大概也是您的一种表达手法？

我的无题诗与其说是叙事，不如说是自言自语式的抒情。虽然带有强烈的个人情感，但诗作既然问世，就交给后人自行解读好了。

创意书信

在信息化高度发展的今天，很多人习惯借助电子社交媒体进行问候、交流、沟通，手写书信的人越来越少。可是，如果我们做一份“创意书信”，让它具有普通电子邮件替代不了的功能，一定会让对方怦然心动。这不，晓文就打破常规的书信样式，创作了一封项链书信。

这是晓文写给妈妈的信，做成了项链书。

怎么写离别
——周邦彦《虞美人》
大家的观察都很不错，我们向周邦彦学习如何写好离别吧！
那个大哥哥行色匆匆，他有可能是出差。
那个大姐姐哭得好伤心啊，让我想起我第一次离开爸爸妈妈时的情形了。
我们找不同的观察对象进行描述吧！
那个小男孩眉飞色舞，也许是去参加夏令营。看来离别也不完全都是伤感的呢。

一窗灯影、两愁人

有时候我们喜欢一样东西，并不是因为它是完美的，或是实用的，而仅仅因为，它所具备的某个点，恰好准确无误地击中了你。

周邦彦的这首《虞美人》正是如此，仅尾句“又是一窗灯影、两愁人”，就足够动人。读来脑海中会浮现出李商隐在《夜雨寄北》中描述的情景——“何当共剪西窗烛，却话巴山夜雨时”。

“什么时候，相爱的两个人，能在摇曳的烛光下，在滴答的雨声里，说着絮絮叨叨的情话，任素白的窗纸映出一对动人的剪影。”这是李商隐身居异乡巴蜀，在写给远在长安妻子的信中，吐露的心思与盼望。而这种盼而不得，便成了周邦彦词中所说的“一窗灯影、两愁人”。

这里的“两愁人”，当然是两个黯然相对的有情人。他俩在这样一个细雨绵绵的夏日，看窗外万千雨点，落在浮萍上，溅起无数细点，仿佛碎梦一般。黄昏不懂离人愁，你希望它来得慢一些，它却偏偏很快爬上你凝愁的眉间。燕子却好像懂得离人的心思，在朱门前徘徊低飞，婉转缠绵。杯里的宜城酒浮泛着香絮般的白沫，两人相对共饮，却饮不尽离别的忧愁。

思绪纷纷，如云般缠绕。此刻的执手相拥，此刻的抵额相看，又怎可慰藉即将到来的别离？又怎能抹得去那些匍匐于心底深处的意乱心烦？

夏日太窄，放不下这样一个离别的深宵。

虞美人
yú měi rén

sòng zhōu bāng yàn
[宋]周邦彦

lián xiān xiǎo yǔ chí táng biàn　xì diǎn kàn píng miàn　yì shuāng yàn zi shǒu zhū mén　bǐ sì xún cháng shí hou　yì huáng hūn
廉纤小雨池塘遍。细点看萍面。一双燕子守朱门。比似寻常时候、易黄昏。

yí chéng jiǔ fàn fú xiāng xù　xì zuò gēng lán yǔ　xiāng jiāng jī sī luàn rú yún　yòu shì yì chuāng dēng yǐng　liǎng chóu rén
宜城酒泛浮香絮。细作更阑语。相将羁思乱如云。又是一窗灯影、两愁人。

开篇点明时空状态，时间是从白天绵延到黄昏，空间是户外。

“一双燕子守朱门”，与下片的“一窗灯影、两愁人”遥相叠印。

虞美人

[宋]周邦彦①

廉纤②小雨池塘遍。细点看萍面③。一双燕子守朱门④。比似⑤寻常时候、易黄昏。

宜城酒泛浮香絮⑥。细作更阑⑦语。相将⑧羁思⑨乱如云。又是一窗灯影、两愁人。

下片时空发生转换，时间绵延到夜将尽，空间则转为室内。

纵览全篇，词人仅仅是描绘了寻常景物、人事，然而情感氛围的渲染烘托却是妙笔生花。

---

①周邦彦（1056—1121），字美成。精通音律，有“词中老杜”之称。

②廉纤：纤细连绵。

③萍面：池塘的水面生满了浮萍。

④朱门：红漆大门。

⑤比似：比起。

⑥香絮：形容酒面浮沫，又名“浮蚁”。

⑦阑：将尽。

⑧相将：相共，共同。

⑨羁思：离愁别绪。

三个维度写离别

池塘、莲花、浮萍这些并不是什么很特别的景物，周邦彦怎么就能营造出浓厚的离别感呢？

别着急，我们可以从以下三个维度分析，怎么才能像周邦彦一样写好离别——

一、聚焦当下

此地	“池塘”“朱门”→写离别时的地点，可以按空间顺序、方位顺序等进行描述。
此景	“廉纤小雨”“酒泛浮香絮”→写离别时的场景，用由远及近、由内到外、由整体到局部等方式完善离别的场景构建。
此人	“一窗灯影、两愁人”→写离别时的人，可以用直接描写写人的情绪、人的面部神态、人的动作、人的语言，等等，也可以用侧面描写，用类似“双燕守朱门”等意象表现有情人即将分别。

二、回忆过往

在当下离别场景的叙述中加入对过往的回忆，可以更清楚地表达内心的百转千回，比如一位已经毕业的同学写给长辫子老师的信——

时光匆匆，转眼已经小学毕业八年，看着放学时如潮水般一浪一浪向校门外涌出的孩童，恍然如昨。整个小学记忆犹如巨大夜空中散布着的满天星斗，其中最亮的一颗，一定是您——我们的“长辫子老师”。

您真的披着两条又黑又粗的大辫子！每当听见教室走廊响起高跟鞋特有的错落的“嗒嗒”声，我们便知道是您来了。不一会儿，您果然如一朵绚目的彩云般翩然而至，那身独特的民族风打扮，总让您在人群中显得格外突出。

您最大的爱好便是读书，不但自己爱读书，还开设了专门的阅读课，培养我们对读书的浓烈兴趣……

这是一位毕业生写给长辫子老师的信，她在信中回忆了许多往事，重点描写了长辫子老师的着装特点——民族风，以及爱读书的特点——带着学生一起读。着重描述了阅读带给自己的成长与收获。字里行间包含着对老师的深情、挚爱与思念。

三、展望未来

离别时的情绪一定要是悲伤的吗？我要是送别我的朋友，就送他一句“天下谁人不识君”，哈哈哈哈哈！

我觉得像你说的这种安慰和勉励就很好！

送别是可以包含很多情感的，安慰和勉励都属于其中一种，包含在对未来的展望中。除此之外，还有惦念、祝福，等等。

美成先生好！有人说，如果把宋词比照唐诗的话，苏东坡的风格就像词中的李白，潇洒豪迈，语出天然。而您则像词中的杜甫，炼字精到，对仗工整。

我的风格大概源自我“玩”音乐的经历，我曾在朝廷音乐部门做过管理者，这些经历对我写词的创作很有影响。

难怪您还自创了不少词牌曲调，《兰陵王》《尉迟杯》《六丑》……我特别喜欢《兰陵王·柳》中的两句：“登临望故国，谁识京华倦客？”

我很多自创的词牌，是化用了典故、唐诗等。文学艺术嘛，都是互通的。

因此，也有人说您“创调之才多，创意之才少”，您认同这个观点吗？

这点我是认同的，无论在什么时代，“创意”都是可遇不可求的稀缺资源。在历史的长河中，我只是一粒小小的沙子。

词中万象

周邦彦的词“富艳精工”，不仅有音律之美，还有画面之美。下面是晓语、晓文、浩奇为三段词配的图。看看谁的画更契合词的意境？也可以试着为最后一段配上自己的画！

闲碾风团消短梦，静看燕子垒新巢。

——《浣溪沙·水涨鱼天拍柳桥》

春天好闲情！一边喝茶一边看燕子搭新窝。

叶上初阳干宿雨，水面清圆，一一风荷举。

——《苏幕遮·燎沉香》

初升的太阳把荷叶上的积水晒干，清清的池塘里，微风托举着片片荷叶。

又睹霜前篱畔，菊散余香，看看又还秋暮。

——《留客住·嗟乌兔》

深秋时节，篱笆前寒霜满地，菊花谢了，香味仍在。

粉墙低，梅花照眼，依然旧风味。

——《花犯·小石梅花》

单元学习任务

一、学会梳理

请结合本单元诗歌内容，简要写出不同诗歌表达的不同思绪。

古诗	事情	表达怎样的思绪
《观沧海》	观海	
《登幽州台歌》	登台	
《夜雨寄北》	遥寄	
《虞美人》	话别	

二、学会探究

本单元古诗中有不少成语，请以小组合作的方式进行研究，并把研究的成果用文字记录下来，布置一次教室阅读橱窗。

成语积累卡	
成语	前不见古人，后不见来者
解释	指空前绝后。
出处	［唐］陈子昂《登幽州台歌》：“前不见古人，后不见来者。”
造句	我想这真是大唐的声音了，是大繁华，却没有浮夸的得意；是“前不见古人，后不见来者”的凄怆与喜悦。

三、学会表达

请选择本单元你喜欢的一位诗人，给他写一封信。

尊敬的 ________：

　　您好！

（署名）

（日期）

创意

让每一支笔都爱上写作

长辫子老师

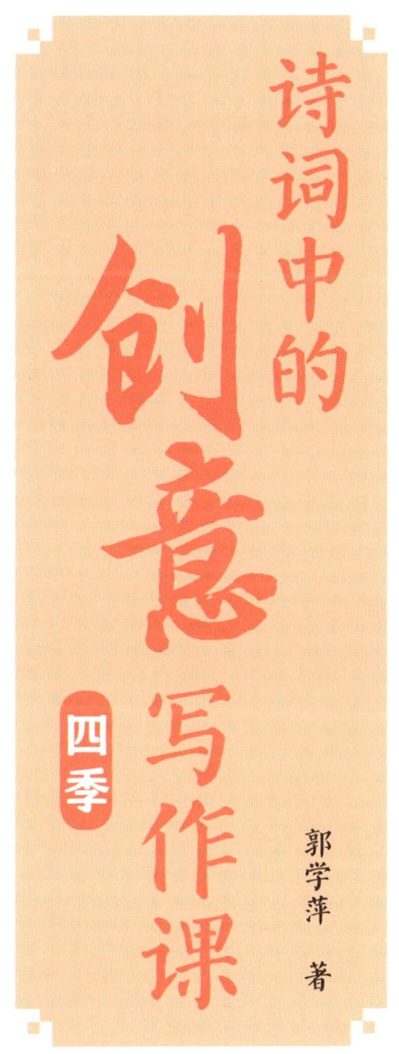

中国致公出版社

长辫子老师——诗词中的创意写作课

在我熟识的语文教师中，不少人都爱读经典古诗词，郭学萍——长辫子老师就是其中我最熟悉、印象最深的一位。

长辫子老师爱读诗，古典的、现代的、成人的、儿童的……她都视为珍宝。唐宋诗词更是她的至爱，那些让人怦然心动的文字，只要与她相遇，便能让她情思的花朵迸发出别样的精彩。

怎样引领学生走进古诗词世界，领悟诗词的精妙神韵呢？不仅要善于读，还要会联系创意写作，这便是长辫子老师这套《诗词中的创意写作课》带给读者的最新体验。

长辫子老师说，读古诗词不应只是满足于读读、背背，而是要穿越岁月的流光碎影，来到古典诗词的艺苑，和一位位古代大诗人“面对面”交谈，来到他们诗词创作的“现场”，体悟他们当年创作时的心境志趣。

在这套书中，她引导学生变身摄像师，像骆宾王一样，凝视一只鹅，捕捉白鹅的叫声、色彩、动态；变身国画大师，像唐寅一样，寓情于大公鸡，画出雄鸡的昂扬精神；读郑板桥的《潍县署中画竹呈年伯包大中丞括》，她领学生“拜访”时任知县的大诗人，了解百年罕遇的旱灾，体会诗人寝食难安、作画题诗、托竹言志、关心民间疾苦、一心为民的真情。

长辫子老师给学生解读古诗词，不是用现代白话文具体写出诗词文面的意思，而是常常把生活经历和阅读积累合到自己对古诗词的理解之中。她由自己父亲养鹦鹉，有一天鹦鹉趁父亲打开笼子喂食时“逃离”之事，联想到欧阳修《画眉鸟》中对“自由”的抒怀。她由孟郊的《游子吟》，想到母亲冒着酷暑给自己送油桃的事……一件件、一桩桩，娓娓道来，情真意切，令人动容。学生一边读古代诗词，一边听她讲自己的故事，亲切、温润、自然，很容易联系生活实际，产生精神共鸣。

长辫子老师还十分重视从学生言语发展实际出发，引导他们在古诗词阅读过程中，悉心体验，发现其中蕴藏的许多写作秘密，进行梳理、归纳。譬如，他们读苏轼的《猪肉颂》，惊喜领悟这是“吃”出来的佳作；读李白的《紫藤树》，从中发现植物观察的“五觉法”；读岑参的《白雪歌送武判官归京》，从中梳理出写雪“三法”；在杜甫的《登岳阳楼》中，体会到作者的胸襟决定文章境界；从陆游的《病起书怀》中，深深感悟爱国是最动人的主题……凡此种种，让人一看就明白，有助于广大读者在交流表达时学习、运用。

长辫子老师是小学创意写作发起人，在这套书中，她对如何将古诗词阅读体验和创意写作、跨学科学习进行有效结合、深度融合，进行了积极的探索。

在学习贺知章的《咏柳》之后，她引导学生自主编织“创意手工柳树”；学习了袁枚的《所见》，她启发学生创作出千姿百态的“开放式结尾”；她还别出心裁，让学生穿越时空，与北宋时期的欧阳修、苏轼、司马光、王安石齐聚一堂，开了一场各抒己见的“圆桌会议”……

朱光潜先生说“读诗就是再做诗”。长辫子老师这套新著表明，引导学生学习古诗词，既要重视“读”，从读中汲取思想和智慧，受到情感熏陶，享受审美乐趣，也可以从“读”中发现、领悟关于交流表达的常用的方法策略，密切联结学生个体语言经验和真实生活情境进行自主、自由、开放的创意写作，“让每一支笔都爱上写作！”（郭学萍语）

《诗词中的创意写作课》，是对中国古典文化的一种尊敬和坚守，是对文学体验和创意写作教学的一种探索和深化，创意地体现了新课改、新课标的核心精神。值得一读！

（袁浩：全国著名语文特级教师、江苏省中小学荣誉教授、江苏省人民教育家培养工程首批指导专家、江苏省教育学会小学语文专业委员会名誉理事长、中国教育学会小学语文专业委员会顾问。）

人物登场

创意，让每一支笔都爱上写作！

特长 创意写作 | 诗歌品鉴 | 激发想象

▲“创意写作”领域深耕者

▲“古典文学”漫读者，“创意写作”推荐官

▲擅长针对不同写作困难症开出药到病除的创意良方

晓语

来吧，和诗歌一起回家！

特长 有时治愈 常常帮助 总是慰藉

▲“创意写作”种子成员 1 号

▲诗词讲解员

▲更多时候安静聆听，但发言往往能一语中的

晓文

天刚明，去有文气的地方！

特长 拉近与人的距离 共情感强

▲“创意写作”种子成员 2 号

▲诗词传唱人

▲擅长和不同的人以合适的方式相处和交流，得到写作需要的信息

浩奇

天才的灵感，往往来自好奇的第一步！

特长 发散思维 抓住好奇心深究

▲“创意写作”种子成员 3 号

▲诗词漫游者

▲对一切充满好奇，心中装满无穷无尽的问题

子曰

只要“曰”得多，总能有一句成为经典！

特长 会曰就多曰 行动力强

▲“创意写作”种子成员 4 号

▲诗词鉴赏家

▲勤勤恳恳充实自己，解决大家疑难的学霸一枚

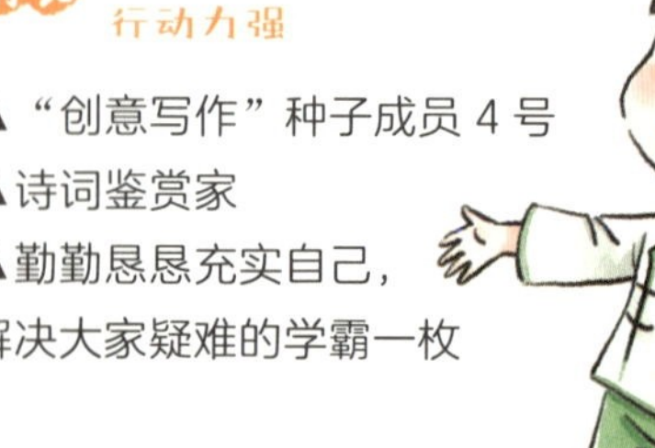

目录

第一单元 花香四野

一簇簇粉色的小花
开在春天枝头
好像细细碎碎的诗句
落进我的眼里

我踮起脚尖
聆听——
一朵小花粉色的心思
和你不知道的秘密

世界在我身后安静下来
总有一些偶然的相遇
让人措手不及
却又令人欢喜不已

——长辫子老师《和一朵花窃窃私语》

花儿背后有故事

——崔护《题都城南庄》

桃花缘

所谓一诗定诗名，崔护就以《题都城南庄》这首诗，为自己赢得了不朽的诗名。说起这首诗，背后还隐藏着一段“才子佳人”的纯情故事，情节婉转动人，我愿称之为“桃花缘”。

唐代，有一位青年叫崔护，相貌英俊，文才出众。有一年，他来到都城长安参加科考，结果名落孙山。

适逢一个晴朗天气，午后春日的暖照，让心情愁闷的崔护深感慰藉，于是放下书卷，独自闲步。不知不觉来到都城南边的一座山庄。房舍占地一亩左右，园内桃花盛开，灿若云霞。

崔护走近柴门，叩门轻唤，想讨口水喝。吱呀一声，柴门打开，走出一位美丽的姑娘。她布衣素服，眉目中透出一股清雅之气。姑娘发现来者并无恶意，便将其引入草堂落座，自往厨房张罗茶水。崔护礼貌地接过茶水，又十分客气地询问姑娘的姓氏及家人。姑娘淡淡地说：“小女绛娘，随父蛰居于此。”

崔护不再多问，默默喝完茶水。眼看着太阳已经偏入西边的山坳，崔护只好起身，道谢后，恋恋不舍地向姑娘辞别。姑娘左手轻扶柴门，右手向崔护频频挥动，粉粉的脸蛋，仿佛一朵粉粉的桃花，令人怦然心动。

回到家中，崔护继续埋头苦读，很快便把这件事忘记了。

第二年，又是一个春暖花开的晴日，崔护触景生情，不禁想起去年春天的城南旧事，于是故地重游，再次叩门轻唤，却没能见到那位美丽的姑娘。他很遗憾，便提笔在门上留下一首诗《题都城南庄》。

桃花背后的故事，变成一首美丽的诗。

题都城南庄

[唐]崔护

去年今日此门中，
人面桃花相映红。
人面不知何处去，
桃花依旧笑春风。

第一句交代两处场景：
相同地点——“此门中”。
不同时间——“去年”和“今日”。

第二句中的“人面”指姑娘的脸。
姑娘两颊绯红，充满笑意，和盛开的桃花，相映成趣。

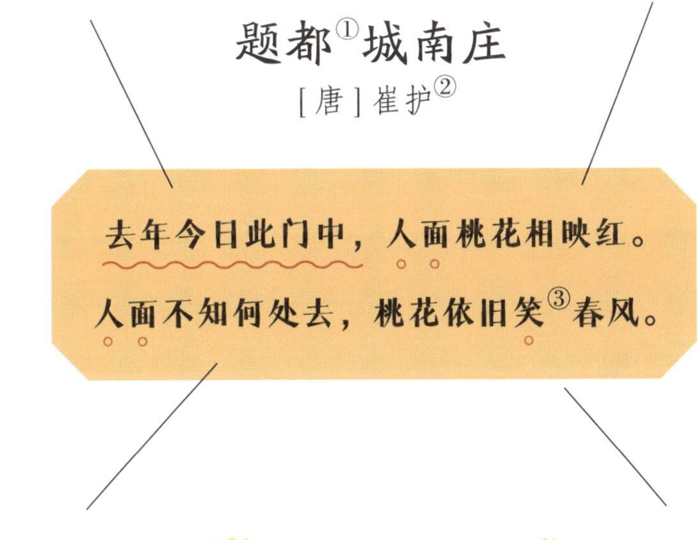

题都[1]城南庄

[唐]崔护[2]

去年今日此门中，人面桃花相映红。
人面不知何处去，桃花依旧笑[3]春风。

第三句中的“人面”指代姑娘。

“笑”：拟人的修辞手法，形容桃花盛开的样子。

---

①都：指唐朝都城长安。

②崔护（772—846），字殷功，唐代博陵（今河北定州）人，诗风精练婉丽，语言清新。

③笑：形容桃花盛开的样子。

给故事多一个“转折”

今天，我先给大家讲个笑话：

一位老太太做寿，她的儿孙们请来明代著名才子，也就是《画鸡》这首诗的作者——唐寅，为老太太题诗。全家老小，以及亲朋好友争着来看。唐寅挥笔写下：“这个婆娘不是人！”引得在座者个个目瞪口呆。于是，他笔锋一转：“九天仙女下凡尘。”主客们顿时转忧为喜。不待大家情绪安定，唐寅又写出第三句：“儿孙个个都是贼！”大家听了，怒目而视。不料，唐寅妙笔回天，紧接着写出第四句：“偷得蟠桃（pán táo）献至亲”，众人听了，开怀大笑。

短短四句，却一波三折，情节不断反转。

难道这就是“文似看山不喜平”？

如果我们能在叙事类作文中巧妙地设计出“一波三折”的情节，可以让你的故事更吸引人。

大家还记得贾岛的《寻隐者不遇》和叶绍翁的《游园不值》这两首古诗吗？这两首诗都是叙事诗，都是写“寻人不遇”的故事。诗人的心情随着事情的发展，起起落落，一波三折。如果用曲线图来表示，应该怎么画？

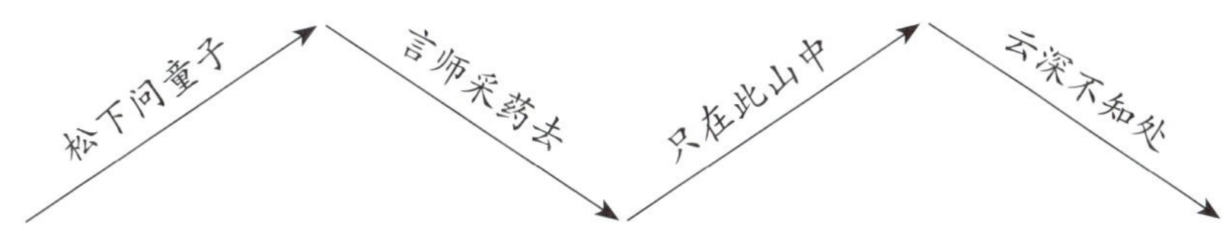

“松下问童子”，这时诗人满怀憧憬，心情曲线 (qū xiàn) 是往上走的。
“言师采药去”，寻人不遇，希望转为失望，诗人的心情曲线由上往下回落。
“只在此山中”，失望中又生出希望，诗人的心情曲线由下往上。
“云深不知处”，刚刚生出的一点希望又破灭了，诗人的心情曲线再次由上往下回落。

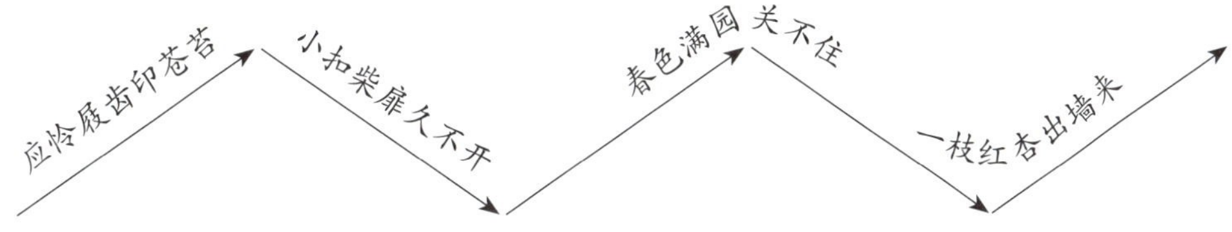

“应怜屐齿印苍苔，小扣柴扉久不开”，这是诗人寻人不遇，沮丧的心情。

“春色满园关不住，一枝红杏出墙来”，这是诗人寻人不遇，却遇见一株红杏，顿时转悲为喜。

诗人们的高明之处就在于，短短四句，不仅写清楚了一件事，还把事情的发展过程写得一波三折。

您好，崔护！果然是一个风度翩翩美少年。我正在读您的故事《桃花缘》。这是真的吗？

既然是故事，就当故事看吧，不要计较真与假。

《诗经·周南·桃夭》首句写道：“桃之夭夭，灼灼其华。”可谓“开千古辞赋咏美人之祖”，也对后世大量以桃花为题材的诗词作品产生了深远的影响。您的这首《题都城南庄》也是受此诗影响吗？

是的。《诗经》是我的必读书目，里面的每一首诗，我都熟记于心。待创作时，就会内化成自己的语言。

很想知道，您后来有没有找到绛娘？

这个，哈哈哈，每一位读者都可以根据自己的想象，把《桃花缘》续写下去。

让我来编，我一定会让您几番坎坷之后，和绛娘久别重逢，并终成眷属。

把古诗改编成多幕剧

在学完崔护的《题都城南庄》后，长辫子老师让同学们试着把这首诗改编成多幕剧。目前，第一幕和第二幕剧情已定，请大家尝试续写第三幕剧情。

第一幕

时间：去年

地点：都城南庄一户宅院门口

人物：诗人、姑娘

主要情节：寻春遇艳——去年今日此门中，
人面桃花相映红。

第二幕

时间：今日

地点：都城南庄一户宅院门口

人物：诗人

主要情节：重寻不遇——人面不知何处去，
桃花依旧笑春风。

第三幕

时间：

地点：

人物：

主要情节：

?

植物的“左图右史”

——杨万里《小池》

从三首诗中寻觅荷的一生

诗人都是高明的记录员，他们会用诗歌记录下植物的一生。

今天，我就从杨万里的《小池》《晓出净慈寺送林子方》，以及苏轼的《赠刘景文》，来寻觅“荷”的一生。

初夏——小荷才露尖尖角，早有蜻蜓立上头。

初夏，阳光薄薄的，像透明的糖果纸，包裹着万物。地里的麦子长得肥绿肥绿的，风一吹，就像一湖绿水，漾起涟漪。鲜绿的荷叶卷着，像细嫩的牛角，被叶柄顶出水面。这个时候，若有一只蜻蜓立在它上面，眼前的画面便会立即生动起来。

盛夏——接天莲叶无穷碧，映日荷花别样红。

盛夏的阳光，仿佛炙热的情感，滚烫灼人。这个时候，人们尽量躲在空调房里，只有荷花迎着烈日，傲然怒放。有一句老南京方言：“红配绿，气得哭。”意思是：穿衣服时，红和绿这两种颜色不能搭配在一起，太俗气。然而，“映日荷花”却恰恰打破了这一说法，演绎成经典的画面。

初秋——荷叶已无擎雨盖，菊残犹有傲霜枝。

初秋，风中有了凉意。原本挨挨挤挤的荷叶，纷纷收起绿色的伞。荷塘一下子变得空阔起来，清亮的湖水倒映着枯黄、凋萎的荷叶，呈现出另一番诗意的景象。

诗人之所以能成为诗人，就在于他们拥有一颗敏锐的心，拥有一双善于观察的眼睛，拥有准确使用语言文字描述观察所得的能力。

而这些，靠的是日久天长的练习。

xiǎo chí
小池

sòng yáng wàn lǐ
[宋]杨万里

quán yǎn wú shēng xī xì liú
泉眼无声惜细流，
shù yīn zhào shuǐ ài qíng róu
树阴照水爱晴柔。
xiǎo hé cái lù jiān jiān jiǎo
小荷才露尖尖角，
zǎo yǒu qīng tíng lì shàng tou
早有蜻蜓立上头。

小池

［宋］杨万里[①]

泉眼[②]无声惜细流，树阴照水[③]爱晴柔[④]。

小荷才露尖尖角[⑤]，早有蜻蜓立上头。

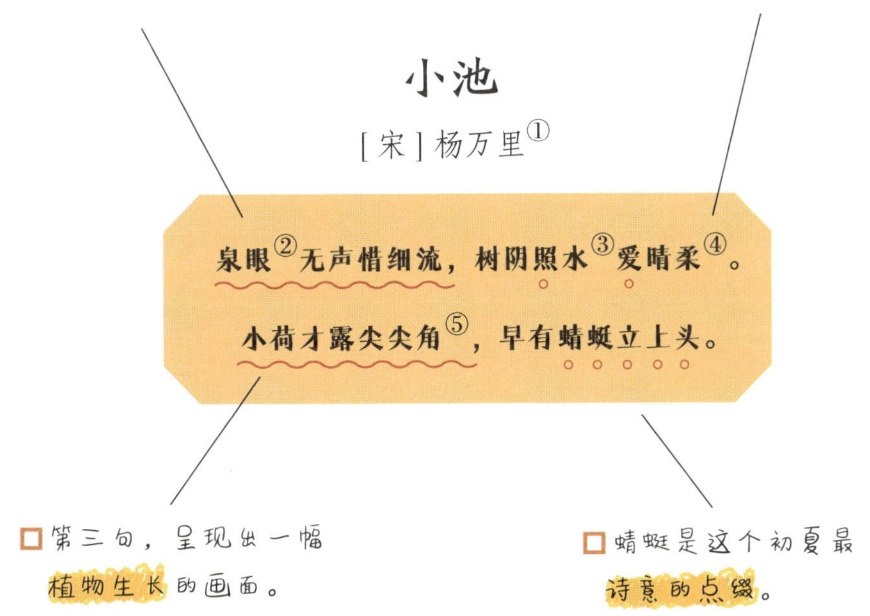

---

①杨万里（1127—1206），字廷秀，号诚斋，吉州吉水（今江西吉水）人。南宋大臣，著名文学家、爱国诗人，与陆游、尤袤、范成大并称“南宋四大家”。

②泉眼：泉水的出口。

③照水：映在水里。

④晴柔：晴天里柔和的日光。

⑤尖尖角：初出水面还没有舒展的荷叶尖端。

用“画说”的方式记录观察所得

我们每人除了要带一双善于观察的眼睛，还要带一支用于记录和绘画的笔哦。今天，我们就来学习用“画说”的方式记录观察所得。

第一步：学会脑内“构图”

如何用文字“画”出荷塘一角？首先要学会构图。

构图就是选取你想表现的主体，进行位置编排，区分主次。比如我们要描写荷塘一角，是着重写荷花，还是重点描写荷叶？在写之前，这些问题都需要我们在头脑内先确定好。

如果重点描写荷花，那么有关荷花的形态、色泽、数量等笔墨就要稍微浓一些，以它为主，我们还可以安排一点荷叶、莲蓬作为辅助，衬托出荷花不染尘埃。把主次分清，整个框架就出来了。

第二步：进行细节填充

有了构图框架，我们接着要往里面补充更多细节。我们可以确定这幅“画”里的荷花的数量，它们的形与色，动与静，它们与周围事物的联系，比如荷塘上的暑气、闻起来的气味、花瓣上的光影等。

细节越丰富，这幅荷塘一角的“画作”就越具体、完整。

第三步：用修辞“上色”

有了完整的“画面感”，最后一步我们需要为这幅“画”增添色彩，使它更生动、鲜明。大家可以灵活使用各种修辞手法，如比喻、联想、想象等，充分调动你们的五感，用你的笔去写它们的颜色，去“闻”它们的气味，去“听”荷塘的声音，想象花朵与叶子、池水的故事。

这样，一幅结构小巧、色彩鲜活的“画”就完成了。

请你根据上面这幅画，写一段荷塘景色吧！

您好，诚斋先生！宋代以词作为主，却也有不少诗作杰出者，您便是其一。您的诗浅显清新，又透着一股活泼之气，称得上别树一帜。

谢谢长辫子老师，过奖了！

您有一颗不老的童心。在您的诗中，所遇的人、事、物，没有时光易变的沧桑感，总是一派欣欣然。

我喜欢观察，生活里的小细节，那些寻常的事物，总能被我敏锐地捕捉到。并且越看越欢喜，越看越美好。

我读过您描写月季的一首小诗："月季元来插得成，瓶中花落叶犹青。试将插向苍苔砌，小朵忽开双眼明。"我很好奇，月季花真的可以插枝而活吗？

是的呢！瓶里的月季花，花儿落了，叶子却仍青碧。将月季插在苍苔斑斑的石阶下，原来的小蓓蕾忽然就绽放了，令人眼前一亮，这意外的惊喜，实在令人心情大好啊。

“图说”荷的成长史

什么叫“左图右史”？这里的“图”可以是手绘图，也可以是拍的照片；这里的“史”指的是用文字记录的植物生长史。植物的“左图右史”就是我们常说的“植物自然笔记”。看看长辫子老师一组关于“荷”的观察日记，是不是很有创意？

4月20日 星期三 晴

今天，朋友送我一株荷，我将它种在陶盆里。这株荷经过一个春季的酝酿，已经生出两片新叶。

6月13日 星期一 雨

六月，荷的生长速度令人吃惊。仅一个星期，高高伸出水面的荷叶已增至八片。缸里红色的金鱼似乎管不了这么多，依旧悠闲自在地游来游去。我却有些焦急，因为虽然荷叶长得很茂盛，但始终看不到一个花苞。

10月18日 星期二 晴

新旧荷叶不断更迭，现在只剩下六片，除了一片茎短的荷叶安静地浮在水面上，其余五片荷叶都拼命地往窗边横向伸展，想被日光多照耀一会儿。朋友告诉我，荷花没有打苞是因为种在家中，日照不足。

与诗人一起大发“议论”

——李清照《鹧鸪天·桂花》

自是花中第一流

我常想，假如宋朝词人有“朋友圈”，他们会如何“互赞”，或者“互撕”？

其中有三个“大V”：苏轼、王安石、司马光，他们始终“相爱相杀”，在宋代词坛搅弄风云。

此外，还有一个了不得的女词人，那就是李清照。她独来独往，没有什么唱和的诗朋词友。这首《鹧鸪天·桂花》是李清照少女时期的作品。据说她在读《离骚》的时候发现屈原赞美了世间很多花，却唯独遗漏了桂花。因此她写下这首词，既为桂花打抱不平，也是借花喻人，表达了“自是花中第一流”的乐观自信。

“何须浅碧深红色，自是花中第一流”，这是词人的第一次议论。

在李清照看来，第一流的花不靠外在之“色”，而凭内在之“香”。桂花虽然颜色寡淡，性情疏淡，名气平平，但它拥有“内在美”。

“梅花妒，菊应羞，画阑开处冠中秋”，这是词人的第二次议论。

梅花，虽然开在早春，开在百花之前，而且姿容秀丽，仪态万千，但是，面对“暗淡轻黄体性柔”的桂花，她却不能不生嫉妒之意；菊花，虽然开在深秋，独放百花之后，清雅秀美，幽香袭人，但面对“情疏迹远只香留”的桂花，她也不能不掩饰羞愧之容。于是，正值中秋开放的桂花自然当得花中之冠了。

“骚人可煞无情思，何事当年不见收”这是词人的第三次议论。

遗憾的是，因为屈原对桂花不太了解，所以对桂花就缺少深情。不然，他在《离骚》中赞美那么多花，为什么偏偏没有提到桂花呢？

词人真的在为桂花感到不平吗？其实，她恐怕只是以桂花自喻吧。这里面隐藏了词人内心小小的骄傲——自是花中第一流！

zhè gū tiān guì huā
鹧鸪天·桂花

sòng lǐ qīng zhào
[宋]李清照

àn dàn qīng huáng tǐ xìng róu
暗淡轻黄体性柔，
qíng shū jì yuǎn zhǐ xiāng liú
情疏迹远只香留。
hé xū qiǎn bì shēn hóng sè
何须浅碧深红色，
zì shì huā zhōng dì yī liú
自是花中第一流。
méi dìng dù jú yīng xiū
梅定妒，菊应羞，
huà lán kāi chù guàn zhōng qiū
画阑开处冠中秋。
sāo rén kě shà wú qíng sī
骚人可煞无情思，
hé shì dāng nián bú jiàn shōu
何事当年不见收。

□ “暗”“淡”“轻”三字，抓住了桂花的“色”，暗黄、淡黄、轻黄，每一种都是幽微的。

□ “何须”二字，把仅以颜色取胜的群花一笔宕开，而推出桂花。

“体性柔”是说桂花的体态柔软。

鹧鸪天[①]·桂花

[宋]李清照[②]

暗淡轻黄体性柔，情疏迹远只香留。何须浅碧深红色，自是花中第一流。

梅定妒，菊应羞，画阑[③]开处冠中秋。骚人[④]可煞[⑤]无情思[⑥]，何事[⑦]当年不见收。

□ 这里把桂花和梅花、菊花做比较，突出桂花和一般花的不同。

□ “可煞”“何事”，两个疑问词，加强了语气，突出了诗人认为桂花“自是花中第一流”的观点。

---

①鹧鸪天：词牌名。

②李清照（1084—1155），号易安居士，齐州济南（今山东济南）人。宋代女词人，婉约词派代表人物，有“千古第一才女”之称。

③画阑：意思为有装饰的栏杆。

④骚人：指屈原。

⑤可煞：疑问词。

⑥情思：情意。

⑦何事：为何。

议论文的N种开头

都说“好的开头是文章成功的一半”，一个好开头不仅可以给全文铺垫下好的基调，还可以吸引读者眼球，一位优秀的设计师怎么能忽略如此重要的“开篇”？以《桂花》为例，你会用哪一种开头？

晓语：我会用“情境式开头”

“秋风送爽，丹桂飘香”，我和妈妈来到了“醉美、醉香、醉自然”的大香林。进入景区，扑面而来的是那幽幽的桂花香。那香气如同一位少女，把大香林当成了舞台，四处飞舞。我和妈妈坐上了电瓶车，电瓶车飞快地奔驰，景物变成了一盘颜料，使我眼花缭乱，而那香气越来越浓了！

子曰：我会用“比较式开头”

玫瑰，花之浪漫者也；牡丹，花之富贵者也；荷花，花之清新者也；莲，花之君子也。但桂花的美是无法用语言来形容的。它花美而不刺眼，花香而不刺鼻，我深深地爱上了它。

浩奇：我会用“引用式开头”

自古以来，桂花就是文人墨客歌咏的对象。“桂子月中落，天香云外飘”，这是唐代诗人宋之问的诗句。“暗淡轻黄体性柔，情疏迹远只香留”，这是宋代词人李清照的词句。他们都不约而同赞美了桂花的香味。

晓文：我会用“排比式开头”

有一种植物，叫桂花，它太不起眼了，花瓣儿小得几乎看不见。它既不像桃花那样颜色艳丽，也不像牡丹那样雍容华贵，更不像君子兰那样气质高雅。它太朴实无华了，没有迷人的色彩，没有惊人的外形，没有诱人的质感，一粒粒渺若微尘。但它从不自卑，只是默默吐露芬芳。

刚才大家只分享了四种开头方式，其实还有很多很多，比如：比喻式开头、问题式开头、开门见山式开头、“一”字式开头、切入式开头……总之，“求异”是设计师的灵魂，还有更多的开头方式，等待大家来设计。

您好！终于见到了“千古第一才女”——易安居士！我非常好奇，您为什么那么会写诗词？

小时候受父母影响。我父亲叫李格非，是苏轼的学生，被你们称为“苏门后四学士”之一。我母亲也爱好文学。大概是我家文学氛围浓厚吧，而且我小时候读了大量的文学作品。

您不仅有丰富的阅读积累，还有丰富的生活积累。我非常喜欢您的《如梦令》：“常记溪亭日暮，沉醉不知归路，兴尽晚回舟，误入藕花深处。争渡，争渡，惊起一滩鸥鹭。”这是您的一次郊游记录。这种随行随记的习惯，值得我们学习。

创作不仅是一种记录，更是一种表达。《鹧鸪天・桂花》就是我读屈原《离骚》后的有感而发。年少时的我乐观自信，并用桂花自喻，认为自己是“花中第一流”。

您也确实是“花中第一流”，您的很多作品，都被收录在教科书中，被众多学生学习、诵记。

谢谢大家喜欢我的作品！虽然我的词风婉约，但是我内心浩荡。

是啊，您的《夏日绝句》语出惊人，顶天立地。我忍不住大声吟诵：“生当作人杰，死亦为鬼雄。至今思项羽，不肯过江东。”做人就应该有这样的大气魄、大骨气！

“花”中窥人

身为才女的李清照，一生写花的诗词无数，其中有三朵被她写成经典。

少年时的她，是一朵桂花。

《鹧鸪天·桂花》

暗淡轻黄体性柔，情疏迹远只香留。何须浅碧深红色，自是花中第一流。
梅定妒，菊应羞。画阑开处冠中秋。骚人可煞无情思，何事当年不见收。

中年时的她，是一朵菊花。

《醉花阴·薄雾浓云愁永昼》

薄雾浓云愁永昼，瑞脑销金兽。佳节又重阳，玉枕纱厨，半夜凉初透。
东篱把酒黄昏后，有暗香盈袖。莫道不销魂，帘卷西风，人比黄花瘦。

晚年时的她，是一朵梅花。

《清平乐·年年雪里》

年年雪里，常插梅花醉。挼尽梅花无好意，赢得满衣清泪。
今年海角天涯，萧萧两鬓生华。看取晚来风势，故应难看梅花。

请试着联系李清照的生活时代、成长经历，以及创作背景，思考诗人为什么会在不同时期，用不同花自喻。

怎样写出对事物的喜爱之情

——王安石《梅花》

梅花最美的样子

有一位很厉害的插画师，名叫 Courtney Roth。她同时也是一位植物学家，热爱用画笔记录植物的美，有人称她为“植物复印机”。

在她笔下，所有植物都栩栩如生，但她一定画不出一种花的神韵，那就是梅花。只有从小浸润在中华优秀传统文化里的中国人，才能“画”出梅花最美的样子。

梅花一美在“色”。梅花颜色有很多种，我们常见的有紫红、淡黄、浅红、粉绿、白色等。《梅花》中一个“雪”字，写出了梅花的颜色。你可以想象：寒梅怒放，仿佛堆在梅枝上的积雪，晶莹洁白，怎一个美字了得？

梅花二美在“味”。古人认为“梅以形势为第一”。这里的“形势”即形态和姿势。观赏梅的枝干，姿态极美，有的疏影横斜，有的奇崛突兀，有的苍劲朴拙。王安石却没有写梅花的形态和姿势，而是写梅花的香味别具神韵、清逸幽雅，被诗人称为“暗香”。

这让我想起辛弃疾《卜算子·修竹翠罗寒》一词的最后两句：“著意（zhuó yì）寻春不肯香，香在无寻处”。意思是：特意去寻觅梅花的芳香以感受春天的到来，那是徒劳无益的。而它的可贵之处，正是在不知不觉中芳香着你我，带来春的消息，故有“东风第一枝”的美称。

梅花三美在“魂”。梅花的“魂”，指的就是梅花的精神，即不管历经多少回磨难，不管受到怎样的欺凌，它从来都是顶天立地，不肯低头折节。古人云：松、竹、梅岁寒三友，桃、李、杏春风一家。松、竹、梅，都是经冬不凋的，意在肯定它们不屈的气节；桃、李、杏，都是逢春绽放的，意在肯定它们无限的生机。放在一起，寓意为经得起严酷的考验，终会迎来欣欣向荣的春天。

现在，你知道了吗？要用文字“画”出植物最美的样子，不仅要会“画”其形，还要会“画”其色，“画”其“味”。更重要的是，要“画”出其魂。

méi huā
梅花

sòng wáng ān shí
[宋]王安石

qiáng jiǎo shù zhī méi
墙角数枝梅，
líng hán dú zì kāi
凌寒独自开。
yáo zhī bú shì xuě
遥知不是雪，
wèi yǒu àn xiāng lái
为有暗香来。

□“墙角”点明梅花的生存环境，突出梅花身居简陋，孤芳自开的形态。

□“凌寒”，既突出环境的恶劣，又体现梅花不畏严寒的特点。

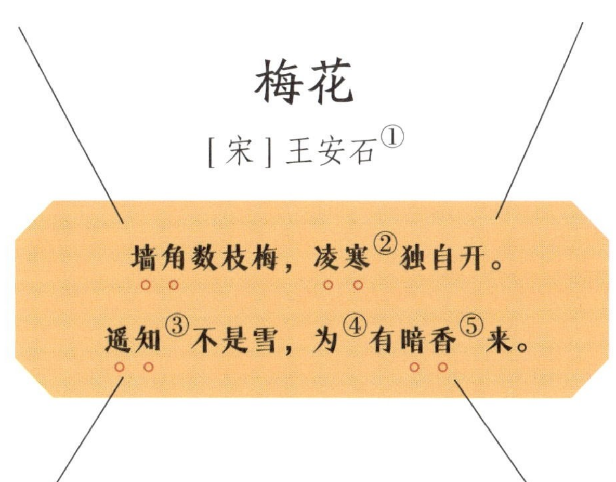

梅花

[宋] 王安石①

墙角数枝梅，凌寒②独自开。

遥知③不是雪，为④有暗香⑤来。

□“遥知”说明香气是从老远飘过来的，淡淡的，不明显。“不是雪”，有两层意思：一是说梅花的洁白显而易见。二是说因为有淡淡的香气，知道它不是雪而是梅花。

□“暗香”指的是梅花特有的香气。诗人以梅喻人，暗香沁人，象征其才华横溢。

---

①王安石（1021—1086），字介甫，号半山，临川（今江西临川）人，“唐宋八大家”之一。

②凌寒：冒着严寒。凌：冒着。

③遥知：远远地知道。

④为：因为。

⑤暗香：幽香。

让喜爱更具体

同学们，你们平时写作文时，是不是经常要在文中表达一种对事物的感情呢？尤其是表达喜爱之情。今天，我们就来聊聊这个话题。

方式一：喜爱，表现在描写中

梅花是“岁寒三友”之一，历来受到人们的喜爱。大诗人、大改革家王安石，是怎样表达自己对梅花的喜爱的？

他抓住要点，把自己对梅花的喜爱体现在对梅花颜色、香气，以及品格的描写中。

墙角数枝梅，凌寒独自开。遥知不是雪，为有暗香来。

——［宋］王安石《梅花》

描写梅花的品格——它冒着风雪怒放，坚强不屈，百折不挠。

描写梅花的颜色——它洁白如雪，象征诗人高洁的情操。

描写梅花的香气——它清幽独特，就像诗人一样名气远播。

方式二：喜爱，表现在比较中

宋代有一位“冷门诗人”，名叫卢钺，又叫卢梅坡，“梅坡”不是他的名字，而是他的自号。他既喜欢雪，又喜欢梅，怎么办呢？

好办呀！把雪和梅进行比较，表达出诗人对二者的喜爱。

梅雪争春未肯降，骚人搁笔费评章。

梅须逊雪三分白，雪却输梅一段香。

——［宋］卢钺《雪梅》

诗人巧妙地把梅与雪进行对比：有了雪的映衬，梅花显得更有神韵，虽然它比梅花少了“三分白”，却多了“一段香”，梅的品格、精神立刻拔高了。同时也把“长与短”的哲学思考分享给了每一位读者。

方式三：喜爱，表现在言语中

人的性格各异，表达喜爱的方式自然各不相同。有的诗人直接用“最爱”一词表达自己对某种事物的喜爱之情，例如：

杨万里：最爱东山晴后雪，软红光里涌银山。

喻良能：最爱堤边秦地柳，一回春到一回长。

刘　琏：停舟最爱山头月，照见寒梅一树花。

罗万杰：最爱练江波底月，清光照彻古人心。

方式四：喜爱，表现在行动中

陶渊明喜爱菊花，会亲自去采摘；孟郊喜欢春花，便会策马疾驰，一日看遍。诗人的行为，表现出他对事物的喜爱。

陶渊明：采菊东篱下，悠然见南山。

孟　郊：春风得意马蹄疾，一日看尽长安花。

我喜欢梅花，我会通过做“自然笔记”的方式表达我对它的爱。

植物自然笔记——梅花

蔷薇科杏属植物，小乔木，稀灌木。	梅花花苞在冬季长出。	梅花的花期在2~3月。花瓣为白色、粉色、黄色等，香味浓。	果实近球形，果期通常在5~6月。

您好，半山先生！说起来我们很有缘，因为您是江西临川人，我爱人曾在临川（现在叫作抚州）工作过一段时间。您晚年退居钟山，而我就是南京人。

哈哈，人生真是妙不可言。

我曾去抚州做过一次课外阅读讲座，当时和老师们聊到一篇文章《工于谋国·拙于谋身》，感觉您正如这句话所说的那样，善于谋划国家大事，而不善于谋划自己的生前身后名。

我心中装的都是国家大事，其他无暇顾及。别人看我不拘小节，不修边幅，邋里邋遢，性格倔强，都在背后叫我“拗宰相”。

您位极人臣，生活却十分简朴。您的“执拗”对应的恰恰是“磊落”，您和苏轼的故事也被传为美谈。

是啊，我们虽然政见不同，但欣赏对方的才学。也正因为如此，当苏轼落难时，我会挺身而出，保其性命。

您和苏轼一起被现代人列入“唐宋八大家”之中，都是我们敬仰和学习的偶像。

我们都是设计师

人有名片，动物有名片，花儿也有名片。怎样给花儿做名片呢？晓语为牵牛花设计了一张名片。一起看看吧！

牵牛	
别名	喇叭花
属性	一年生缠绕草本
形状	叶互生，心形，花冠呈漏斗状。
颜色	蓝、红、紫白等，亦有混色。
诗句	牵牛花 [宋]陈宗远 绿蔓如藤不用栽，淡青花绕竹篱开。 披衣向晓还堪爱，忽见蜻蜓带露来。
诗意	绿色的藤蔓无须种植，自然而然绕着竹篱笆，淡蓝色的牵牛花悄悄绽放笑脸，将篱笆装扮得分外生动迷人。诗人喜爱牵牛花，披上衣服，迎着朝阳欣赏它。没有料到，蜻蜓迎着晨露，飞向了花丛，原来不只是自己喜欢牵牛花啊！

你想给哪种花设计一张名片，可以像晓语这样做，也可以有自己的创意设计。试试吧！

单元学习任务

一、学会梳理

反复读一读本单元四首描写花的古诗，圈画相应的花名、特点，并试着填写下面的表格。

古诗	花名	特点
《题都城南庄》		
《小荷》		
《鹧鸪天·桂花》		
《梅花》		

二、学会探究

在古诗词这个百花齐放的大花园里，桃花占尽春光，被赋予丰富的情感内涵，看看晓文是怎么说的吧！

桃花朵朵开

桃花是三月的使者，宣告春天的真正到来。

“二月风光起，三春桃李华。”（［唐］高瑾《晦日宴高氏林亭》）

桃花是春花的代表，在万紫千红的春天独树一帜。

“凭君莫厌临风看，占断春光是此花。”（［宋］向敏中《桃花》）

桃花比喻美貌的女子。

“人面不知何处去，桃花依旧笑春风。”（［唐］崔护《题都城南庄》）

桃花暗示朋友的情谊。

“桃花潭水深千尺，不及汪伦送我情。”（［唐］李白《赠汪伦》）

桃花还象征隐逸的情怀。东晋陶渊明在《桃花源记》中构建的世外之境，令人神往。

三、学会表达

写一段话介绍或赞美自己喜欢的花。写好后，读给同学听，让他猜猜你写的是哪种花？

生长地 ——► 生长特点 ——► 形状 ——► 颜色 ——► ……

第二单元 四时雅趣

当美食遇上诗人
烟火气中
获得平静与慰藉

诗歌起源于劳动
劳作让心灵
获得诗意的栖居

从《诗经》里
落下的雪啊
一片一片又一片

雅也好，俗也罢
在四时之间
做一个有趣味的人

——长辫子老师《做一个有趣味的人》

“吃”出来的佳作

——苏轼《猪肉颂》

来两碗“东坡肉”

说起古代最会吃的诗人，恐怕非苏轼莫属。

话说，苏东坡由于“乌台诗案”被贬到黄州之后，他在城东开垦坡地，故称“东坡居士”。虽然没有工资，生活无比艰难，但他豁达乐观，硬是把苦日子过出甘甜的滋味。为了一家的生计，他除了种田糊口，还开始研究美食。

他发现黄州这个地方猪肉很多，有钱人不愿意吃，穷苦的人又不知道怎么吃，所以猪肉价格低廉。苏东坡则啥便宜吃啥，便买猪肉回家炖煮。时间久了，他渐渐摸索出做红烧肉的好办法，那就是——文火慢炖。

从此，苏东坡不仅让家人享了口福，还写出一首《猪肉颂》，详细介绍了红烧肉的做法：先将铁锅洗刷干净，放入猪肉。再放一点水，能够淹没猪肉即可。接着点燃柴火和杂草，用文火慢慢煨炖。

忙完这一切，苏东坡静静地坐在灶前，看着灶中的小火苗，闪闪烁烁。他就满怀期待地等待着。这个时候，千万不要用大火催熟，更不能中途揭开锅盖，唯一能做的就是慢慢等待，火候越足越入味。

老百姓们按照诗中的方法，果然也都烧出了美味的红烧肉。为了感谢大诗人，大家就把这道菜命名为“东坡肉”。

常有人开玩笑说，天下所有的困难对苏东坡来说都不算什么，一碗红烧肉便可以解决他人生的大部分烦恼，如果不行，那就来两碗。

在黄州的日子，是苏东坡人生的低谷，也是他精神的高地。除了发明美食，他还创作了许多惊世名篇：从《念奴娇·赤壁怀古》到前后《赤壁赋》，从《定风波·莫听穿林打叶声》到《记承天寺夜游》。

苏东坡对人生的态度如此潇洒，总能在失意中找寻生活的乐趣和真谛，正如他在《定风波》中写道：“回首向来萧瑟处，归去，也无风雨也无晴。”

豁达的人生，定会收获更多的从容。

zhū ròu sòng
猪肉颂

sòng sū shì
[宋] 苏轼

jìng xǐ chēng shǎo zhuó shuǐ chái tóu yǎn yān yàn bù qǐ
净洗铛，少著水，柴头罨烟焰不起。
dài tā zì shú mò cuī tā huǒ hou zú shí tā zì měi
待他自熟莫催他，火候足时他自美。
huáng zhōu hǎo zhū ròu jià jiàn rú ní tǔ
黄州好猪肉，价贱如泥土。
guì zhě bù kěn chī pín zhě bù jiě zhǔ
贵者不肯吃，贫者不解煮，
zǎo chén qǐ lái dǎ liǎng wǎn bǎo dé zì jiā jūn mò guǎn
早晨起来打两碗，饱得自家君莫管。

画“____”部分，是烹饪前的准备工作。

画“～～”部分仅七个字，就把“文火慢炖”的烹饪要诀写清楚了。

猪肉颂

[宋]苏轼[1]

净洗铛[2]，少著水，柴头[3]罨[4]烟焰不起。

待他自熟莫催他，火候足时他自美。

黄州好猪肉，价贱如泥土。

贵者不肯吃，贫者不解[5]煮，

早晨起来打两碗，饱得自家君莫管。

画“＝＝”部分，写了黄州猪肉为什么无人问津、价格低廉的原因。

从“饱得自家君莫管”平淡结尾。这是经历人生万般坎坷之后的一种释然、释怀，需要的是大胸襟大智慧。

---

①苏轼（1037—1101），字子瞻，号东坡居士，眉州眉山（今四川）人，北宋著名文学家、书法家、画家，“唐宋八大家”之一。

②铛：平底铁锅。

③柴头：柴火。

④罨：掩盖，掩覆。

⑤解：了解，懂得。

四招教你写好美食

写美食的时候，如果只会用“美味极了”“色香味俱全”“太好吃了”诸如此类的笼统表达，是无法吸引读者的。长辫子老师教你“四招”，馋哭读者。

第一招：五官轮番上阵

看过相声《五官争功》吗？其实，五官在写作中都很重要。尤其是写美食，必须让五官轮番上阵，才能把食物的色、香、味描摹准确。

新津韭黄天下无，色如鹅黄三尺余。
东门彘肉更奇绝，肥美不减胡羊酥。
——[宋]陆游《蔬食戏书》

韭黄的颜色，色如鹅黄——这是用眼睛看到的。

彘(zhì)肉，就是猪肉，它味道肥美——这是用嘴巴品尝出来的。

庖童呼我食，
饭热鱼鲜香。
——[唐]白居易《饱食闲坐》

鱼肉的香味——这是用鼻子闻到的。

第二招：强烈的视觉冲击

美食不仅是味觉的盛宴，也是视觉的盛宴，在吃之前，别忘了认真欣赏。

鲜鲫银丝脍，
香芹碧涧羹。
——[唐]杜甫《陪郑广文游何将军山林（其二）》

把鲜活的鲫鱼切成银丝，再用山涧里的碧水把香芹熬成羹。银色的鱼丝、碧绿的香芹羹，既好吃又好看。

第三招：美食的制作方法

古往今来，“吃货”作家可不少呢！他们不仅会吃，还会做。

净洗铛，少著水，
柴头罨烟焰不起。
待他自熟莫催他，
火候足时他自美。
——[宋]苏轼《猪肉颂》

“洗锅”“放水”“用小火焖”，“东坡肉”的制作秘诀都在这首诗中了。

纤手搓来玉色匀，
碧油煎出嫩黄深。
——[宋]苏轼《戏咏馓子赠邻妪》

“东坡肉”的烹制方法是“焖煮”，馓子的制作方法是“油煎”，“苏吃货”写文章果然会抓重点。

第四招：让美食画面动起来

描写美食，一定要有画面感，把读者带到你描绘的情境之中。读着你的文字，仿佛在看《舌尖上的中国》。

松风溜溜作春寒，
伴我饥肠响夜阑。
牛粪火中烧芋子，
山人更吃懒残残。
——[宋]苏轼《除夕·访子野食烧芋戏作》

松林间寒风阵阵，哗哗作响，诗人就地取材，用牛粪作燃料，烧芋子吃。

你最喜欢的美食是什么？试着用长辫子老师的方法，介绍一下吧！

您好，东坡居士！有人这样评价您：“像苏东坡这样的人物，是人间不可无一难能有二的。”

过奖之词，听听而已。我年少成名，年轻时也曾鲜衣怒马，但往后更多的日子，一直在流放的途中，足迹遍布大半个中国。

大家都很好奇，您经历那么多磨难，为什么还能有饱满的创作激情？

谁的一生能做到滴水不漏？谁又能保证自己的一生万事顺遂？人间值得，所有的经历都是财富。

感觉您无所不能：文学家、书法家、美食家、画家，历史治水名人……您在每个领域都表现卓越。

人不可能无所不能，我一定有很多不能。只有正确地认识自己，才会有“竹杖芒鞋轻胜马”的从容不迫。

苦难，无可选择；快乐，可以选择。谢谢您在逆境中创作出一部部伟大的作品，给予我们行走的力量。

美食诗词大集合

当美食碰上诗词，会有怎样的火花？长辫子老师请大家欣赏下面这些“美味”的诗词。

咏竹

[宋] 黄庭坚

竹笋才生黄犊角，蕨芽初放小儿拳。
试寻野菜炊香饭，便是江南二月天。

寄胡饼与杨万州

[唐] 白居易

胡麻饼样学京都，面脆油香新出炉。
寄与饥馋杨大使，尝看得似辅兴无。

上元竹枝词

[清] 符曾

桂花香馅裹胡桃，江米如珠井水淘。
见说马家滴粉好，试灯风里卖元宵。

惠州一绝

[宋] 苏轼

罗浮山下四时春，卢橘杨梅次第新。
日啖荔枝三百颗，不辞长作岭南人。

你还知道哪些描写美食的诗词？

如何描绘“我的一天”

——陶渊明《归园田居（其三）》

天真可抵岁月长

陶渊明属于田园，属于风和自由的山林。

据说，他的曾祖父、祖父和父亲都做过官，可是到了他这一代，却家道中落，子女也有好几个，单靠种地维持不了全家生活。

二十九岁起，陶渊明在亲友们的劝说和推荐下，步入官场，为官十三年。四十一岁那年，他任彭泽县令，月薪只有五斗米。

干了不到三个月，有一天，一个县吏对他说：“郡上派来一位督邮巡查工作，你应当束带迎接他，以示敬意。”此人素有恶名，凶狠、贪婪，每年都以巡视为名向辖县索要贿赂。

陶渊明很生气，他说：“我怎能为五斗米，向乡里小人低三下四？”说完，便弃官而去。回到家中，陶渊明百感交集，写了一篇《归去来兮辞》。后悔为生活所迫而违背自己的心愿去做官，并抒发了归家时的愉快心情和隐居的乐趣。

隐居后的陶渊明，经常干一些农活，对农村生活有所体验，写了不少接地气的诗歌，《归园田居》五首，便是这段生活的真诚记录。

一个卓越的诗人，不一定能成为合格的农人，看看他种的豆田吧：“草盛豆苗稀”。这句诗直白得根本不用翻译，妇孺皆能明白。

但诗人乐在其中，依然每天一大早去除草，晚上月亮出来了，才扛着锄头回家，这就是农村人常说的“从鸡叫忙到狗叫”。

我一直觉得，诗人们像哲学家一样深邃，像婴儿一样对世界保持着好奇与天真。苏轼被贬黄州，条件极其艰苦，他居然还能发明红烧肉做法；刘禹锡被贬和州，备受知县刁难，他居然“气”出一篇《陋室铭》；陶渊明辞官归田，生活艰难，却还用轻松幽默的笔调记录自己的辛苦劳作。

天真可抵岁月长。

guī yuán tián jū (qí sān)
归园田居（其三）

dōng jìn táo yuān míng
[东晋] 陶渊明

zhòng dòu nán shān xià, cǎo shèng dòu miáo xī
种豆南山下，草盛豆苗稀。

chén xīng lǐ huāng huì, dài yuè hè chú guī
晨兴理荒秽，带月荷锄归。

dào xiá cǎo mù zhǎng, xī lù zhān wǒ yī
道狭草木长，夕露沾我衣。

yī zhān bù zú xī, dàn shǐ yuàn wú wéi
衣沾不足惜，但使愿无违。

一、二两句，起句平淡，就像一个老农的闲谈，给人以**亲切感**。

三、四两句是诗人一天的**劳动纪实**：清晨下田除草，傍晚在月下扛着锄头回家。

归园田居（其三）

［东晋］陶渊明①

种豆南山②下，草盛豆苗稀。

晨兴③理荒秽④，带月荷锄⑤归。

道狭草木长⑥，夕露⑦沾我衣。

衣沾⑧不足⑨惜，但⑩使愿无违。

草叶上凝结了点点露珠，沾湿了衣裳，**点明时间**已晚。

"但使愿无违"，是全诗的主旨——保持完整的人格，坚持人生的理想，以真诚的态度、自然的方式，守住内心的气节。

---

①陶渊明（约365—427），名潜，字元亮，别号五柳先生，杰出的诗人、辞赋家、散文家。

②南山：指庐山。

③兴：起床。

④荒秽：指豆苗里的杂草。秽：这里指田中杂草。

⑤荷锄：扛着锄头。荷：扛着。

⑥草木长：草木生长得茂盛。

⑦夕露：傍晚的露水。

⑧沾：（露水）打湿。

⑨足：值得。

⑩但：只。

怎样写好“____的一天”

长辫子老师给大家出了一道半命题作文《____的一天》，浩奇不假思索，提笔就写，我们来看看他写了什么。

我的一天

今天是周日，爸爸喊我起床。我迷迷糊糊睁开眼，然后刷牙，洗脸，吃早饭。

早餐，我吃了一块鸡蛋饼，喝了一杯牛奶，还吃了一块木瓜。好饱啊！

上午，爸爸妈妈带我去参加劳动实践——挖红薯，好累呀！

中午，我们一起吃了农家饭和农家菜，真好吃！

下午，我们一起返回，我在车上睡着了。

今天真是快乐的一天！

我觉得浩奇这篇作文是“流水账”。

是啊，这篇作文没有主题，没有重点，没有具体事件。

记录“流水账”是作文之大忌，如何让“我的一天”变精彩，可以向大诗人陶渊明学习呀！

第一步：筛选材料，确定主题

大家看看浩奇《我的一天》，如何在一堆杂乱的材料中，挑选出最有价值的材料，进行“精加工”，这就考验大家的选材能力了。

我觉得子曰可以重点写挖红薯，这样的劳动实践很有新意。

陶渊明描述自己一天的生活，重点落在“种豆”上，浩奇完全可以把自己一天的生活，重点落在“挖红薯”上。这样一来，文章的主题也就确定了，就叫《充实的一天》。

第二步：刻画细节

陶渊明精准描写了傍晚南山下“道狭草木长，夕露沾我衣”的环境特点。我们也可以抓住细节，通过拟人、比喻等修辞手法，运用一连贯的动词，把浩奇“挖红薯”的过程进行详细描写。

哇！眼前的景象让我震惊了！一片红薯叶叠在另一片红薯叶上，一簇簇、一丛丛，像绿色的海洋。这时我心里想该如何下手呢？爸爸开始给我做起示范，只见他先把红薯藤蔓往外翻，找到红薯的根，把根周围的土给扒开。天啦！你猜我们看到什么了？一窝窝红薯，就像紫红色的胖娃娃，害羞似的挤成一团。爸爸生怕铲子碰破它们的外皮，便和我一起，轻轻刨去它们周围的泥土。等到红薯露出一大半儿的时候，爸爸用大铁铲插入了红薯旁边的土中，再用脚把铁铲用力地往下踩，整个铁铲几乎都已经被埋在土里了，这时爸爸利用杠杆原理把大红薯撬了出来。红薯大大小小，形状各异，它们簇拥在一起像兄弟姐妹。

第三步：结尾点题，升华主旨

“衣沾不足惜，但使愿无违”，这就是“不为五斗米折腰”的陶渊明，他劳动一天，劳累一天，但不叫苦，不叫累，因为他的愿望就是——隐居躬耕，不与世俗同流合污。

我现在知道该怎么结尾了！

晚上，我们全家吃烤红薯，味道又香又甜。爸爸说是因为他烤红薯的技术好，而我却认为这是自己的劳动成果，所以吃起来才格外的香甜。

五柳先生好！读过您的《五柳先生传》，知道您家门前有五棵柳树，真是好风景啊！

外部环境不错，室内却是“环堵萧然，不蔽风日”。

我理解“环堵萧然”应该和“家徒四壁”是一个意思，指室内空无所有，挡不住严寒和烈日，您怎么过得这么苦？

我虽清贫，但不以为苦。于我而言，有酒喝，有书读，一边劳作，一边写诗，甚是快乐！

我一直很好奇，您笔下的《桃花源记》，是真有此地吗？

文学作品，不必一一在现实生活中找到对应。其实，我们每个人心中都会有一个“桃花源”。

您有一句话经常被现代人引用，那就是“好读书，不求甚解”，您喜欢读书，但不在一字一句上过分深究，而是重在感悟。这是大智慧呀！

童谣·童画

谁说记录自己劳动的方式只能是记叙文，子曰不仅创作了一首童谣，他还为这首童谣配了一幅画，是不是很有创意？

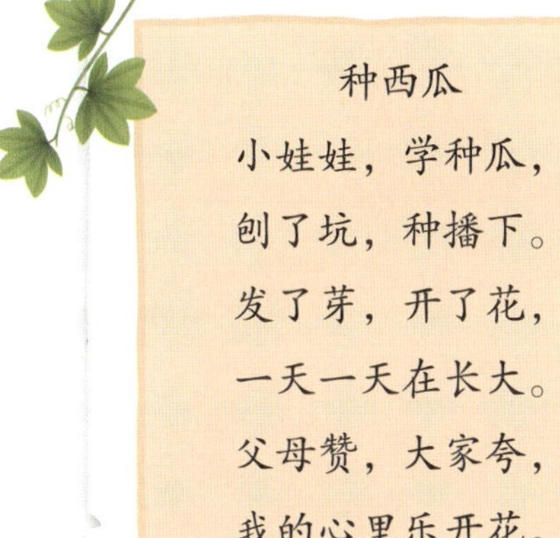

种西瓜

小娃娃，学种瓜，
刨了坑，种播下。
发了芽，开了花，
一天一天在长大。
父母赞，大家夸，
我的心里乐开花。

看了子曰的创作，你想到了哪些劳动经历，或劳动场景，试着创编一首童谣，并为其配画。

给语言穿上幽默的衣裳

——张打油《咏雪》

“打油诗”里的智慧

说起打油诗，我们通常叫它“顺口溜”，一般难登大雅之堂。但有时“大俗”也是一种“大雅”。

据说，唐代南阳有个读书人，名叫张打油，喜欢深入民间，收集俚语，写入诗中。他的诗作因诙谐幽默、通俗易懂，颇受村民欢迎。

有一年冬天，下了一场大雪，整个村庄变成银装素裹的世界。俗话说“瑞雪兆丰年”，村民们很高兴，张打油也写诗助兴，并题名为《咏雪》。这首诗初听有些俗，细思之，倒也贴切。很快，“张打油”三个字就和这首诗一起传开了。

又一年冬天，张打油踏雪出门寻找灵感，路过参政的私家宅院，发现白墙青瓦、回廊飞檐，颇有诗境，忍不住循景入屋，竟一直步入书房。

也是巧了，书桌上笔墨纸砚一应俱全，仿佛是专为张打油准备的。他信手抓起笔，在粉白的墙上写下一首诗：“六出飘飘降九霄，街前街后尽琼瑶。有朝一日天晴了，他使扫帚你使锹。”

不久，参政回到书房，发现墙上的这首“歪诗”，勃然大怒。想想这样的诗也只有张打油写得出，便差人把张打油捉来问话。

张打油知道惹祸了，急中生智，说道：“我虽然没什么才气，但还是略懂诗文的，您可以惩罚我，也可以现场出题考考我。”

参政想了想，如今南阳城被叛军围困，正请求援兵，不如以此为题考考他。张打油拿到命题，思索片刻，果然吟出一首诗：“天兵百万下南阳，固若金汤拒跳梁。内外夹攻齐奋力，叛军惨败哭爹娘。”

参政一听，哟，这诗和墙上的风格一样，忍不住哈哈大笑，说道：“张打油真有你的，你走吧！”很快这件事就在南阳传开了。

这就是大俗中的幽默与智慧。

yǒng xuě
咏雪

táng zhāng dǎ yóu
[唐] 张打油

jiāng shān yì lǒng tǒng
江山一笼统，
jǐng shàng hēi kū lóng
井上黑窟窿。
huáng gǒu shēn shàng bái
黄狗身上白，
bái gǒu shēn shàng zhǒng
白狗身上肿。

这首诗用俗语写成，诙谐有趣，不拘格律。

在四周白雪的映衬下，“井”就像一个黑窟窿。一大一小，一黑一白，对比鲜明，描写独特。

咏雪

[唐]张打油①

江山一笼统，井上黑窟窿②。

黄狗身上白，白狗身上肿。

看哪！大雪落在狗狗们的身上，黄狗变成白的了，白狗则显得臃肿不堪。

其实何止是狗，树干啊，柴垛啊，也都变得臃肿了。一个“肿”字，初看很俗，细品则能感受其妙。

---

①张打油（生卒不详），中唐时代人物，爱作打油诗，在以诗赋取士的唐朝，他的诗确是“别树一帜”，引人注目。

②窟窿：洞穴，小孔。

用幽默的语言提高文章品位

在与人交谈或写作时，语言鲜活、笔法灵活，才能引人入胜，达到出色的表达效果。幽默，是一种智慧，在谈笑间体现一种思想的深邃，让人在忍俊不禁中品味出语言的奇妙与灵动。

一、大词小用

所谓“大词小用”，就是把原来用在重大事件上的词，用到普通的事物（或者人物）身上，从而达到幽默的效果。

为了看日出，我们举家在黄山光明顶驻扎了一夜。

爸爸妈妈和我，在家里谁也不服谁，形成了“三国鼎立”之势。

在和朋友冷战了两周后，我们终于在老师的斡旋下恢复了“邦交”。

二、贬词褒用

贬词褒用的方法用得妥当，就会妙趣横生，余味无穷，让读者在欣赏文章的同时，得到美的享受。

小草偷偷地从土里钻出来，嫩嫩的，绿绿的。（朱自清《春》）

作者不仅写出了春草的嫩绿、绵软，而且还用拟人手法，用偷偷二字把小草的发芽冒头表现得憨态可掬。

我喜欢海、溺爱着海，尤其是潮来的时候。（鲁彦《听潮》）

这里作者用“溺爱”一词，是不是一下子就体会到了作者对海的深沉眷恋、无比包容？

三、修辞活用

比喻、拟人、拟物、对比、反语、夸张、类比等，都是幽默常用手法。看看下面子曰同学是怎么描写自己爱读书的。

俺是个书虫，天天在书堆里咬文嚼字，大到砖头厚的《红楼梦》，小到薄饼似的《读者》。俺不止一次在洗脚时津津有味地看书，俺娘只要拿走书，俺就像被100只大象踩过，100万只蚂蚁咬那样难受。俺娘终于心存不忍，把书还给俺。俺一拿回书，就如饥似渴地读，不知过了多久，脚和洗脚水一起变凉。俺娘只好往盆里再加热水，俺只好硬着头皮再洗。每每这时，俺爹总是站在门口，不紧不慢地说：“子曰同学打破世界纪录，洗脚1时54分38秒。”一副阴阳怪气的模样，让俺哭笑不得。

幽默是一种写作风格，是一种生活的态度。同时，掌握好幽默的“度”，很重要。

张打油先生好！很遗憾，您的打油诗留存下来的并不多。

我们那个时代还是以“雅”文化为主流，打油诗仅仅是调剂，不能多，否则就真的“俗”了。

著名的段子手苏轼，不仅爱吃爱玩，还爱开玩笑。他有个朋友叫陈季常，每次在外面吃喝玩乐后，回到家都要挨老婆的骂。苏轼特地写了首诗送给他：“龙丘居士亦可怜，谈空说有夜不眠。忽闻河东狮子吼，拄杖落手心茫然。”我们后世的人称此为“河东狮吼”。

哈哈，大文豪往往有天真的一面。可惜，我与你说的这位并没有机会遇见，不然定会相见恨晚。

想必会的，跟苏轼同时代的另一个诗人杨万里有个习惯，早上起来必然要读书，有时读着读着就忘记吃饭了，于是写了这首诗自嘲：“船中活计只诗编，读了唐诗读半山。不是老夫朝不食，半山绝句当朝餐。”“半山”是诗人王安石的号，杨万里把王安石的诗当成早餐呢！

这些都是高水平的“打油诗”，皆吾所不及啊！

一份幽默的自我介绍

一份幽默的自我介绍，会让初见的人迅速记住你，了解你，喜欢你。读读下面这份自我介绍，感受小作者语言的风趣。

姓名：和《左传》同名

性别：和老妈一样。

格言：天空不留下我痕迹，但我已飞过。

我的模样：眼睛，深黑色，长得并不水灵，视力也不好。可正是这双小眼让我看清了大千世界，分辨了人世间的真善美，假丑恶。耳朵，真是应了那句老话“左耳进，右耳出”。爸爸给我讲难题时，我一边听一边点头，可反过来让我复述时，我却不知从何讲起，这耳朵可真是一对“摆设”。嘴巴，还算凑合，可牙齿，实在不敢恭维，实不相瞒，还有蛀牙，不是我没用牙膏，而是我刷牙不到位，结果造成了长久的遗憾，如今我正力挽狂澜，尽力使它对得起我这张能说会道的嘴，做到标准的“伶牙俐齿”。

喜欢做的事：白日梦

得意的事：我 8 个月便会走路，4 岁时在大型广场旁若无人地表演独舞（哈哈，无知者无畏），9 岁时进行了无麻醉眼睛矫正手术，12 岁（也就是当下），正带领全班同学共创一部小说《六（2）班的故事》（赶在毕业前收工）。

最遗憾的事：世界上没有真正的“江湖”，如果有的话，我一定要亲眼看一看屠龙刀，探一探“宝刀屠龙，号令天下，莫敢不从”的虚实，说不定那时的我已是一位行走江湖的“女侠”。可惜人死了不能复生，否则我一定会采访几千年以前的左丘明先生，请他谈一谈对《左传》这本书的看法，然后写一篇长篇报道，顺便加点什么“佐料”，或许我也会成为一代“名记”。可惜这些我都不能实现，实在是一大憾事。

最大的决心：痛改前非，彻底改掉身上的坏毛病，让我的耳朵不再“吴用”，让我的牙齿“保时捷（洁）”。

这就是一个真实的我，你记住了？你确定？确定交个朋友，不确定请返回上一单元（重新读一遍）。

用数字编故事
——纪昀《江上渔舟》
古代有一个文人，就擅长用数字讲故事！
一就是一个人，二是……二是……
二是两只猫！
咦？数字怎么编故事呀？

巧吟“数字诗”

纪昀，字晓岚，他诙谐幽默，才思敏捷，是乾隆皇帝的宠臣。

《四库全书》大家知道吧？该书是在乾隆皇帝主持下，由纪昀等三百六十多位高官、学者编撰，三千八百多人抄写，耗时十三年编成。分经、史、子、集四部，故名“四库”。因此，纪昀是中国文化史上有贡献的学者。

纪昀活到八十二岁，在“人生七十古来稀”的年代算是高寿。除了有长寿基因，估计还和他的性格有关。因为他有才学，脑子活，整天乐呵呵的，所以乾隆皇帝到哪儿都喜欢带上他。

一年秋天，乾隆皇帝离开京城，到江南巡游。渡江时，乾隆立在船头，看到一位渔翁坐在渔船上垂钓，便对随行的纪昀说：“你将眼前的景色，做一首诗。”接着，他又提出更苛刻的条件，“必须是七绝，而且诗中要有十个‘一’字！”。

这简直就是一次超难的现场殿试啊！就在大家都为纪昀捏着一把汗之时，他居然镇定自若地吟道：“一篙一橹一渔舟，一丈长竿一寸钩。一拍一呼复一笑，一人独占一江秋。”诗的最后一句，霸气侧漏。

过了几年，乾隆皇帝再次南巡，来到杭州。纪昀等人陪着他乘船游览西湖。当时，正值寒冬，大雪不期而遇，在天空翩跹而舞，甚是迷人。乾隆皇帝诗兴大发，随口吟出：“一片一片又一片，二片三片四五片。六片七片八九片……”

这也算诗啊！这是小孩子在数数吗？乾隆皇帝吟不下去了，露出满脸尴尬的神色。众人面面相觑，都把目光移向纪昀。

纪昀连忙起身，接道：“飞入芦花都不见。”

可以说，一句诗救活了整首诗，令诗境忽然大开。乾隆皇帝带头鼓起掌，并称赞道：“果然是点睛之笔！”

jiāng shàng yú zhōu
江上渔舟

qīng jǐ yún
[清] 纪昀

yì gāo yì lǔ yì yú zhōu
一篙一橹一渔舟，
yí zhàng cháng gān yí cùn gōu
一丈长竿一寸钩。
yì pāi yì hū fù yí xiào
一拍一呼复一笑，
yì rén dú zhàn yì jiāng qiū
一人独占一江秋。

在古诗词中"一"字有很多奇妙的作用。

有时它只作数词用，比如第一句：一支长篙、一把摇橹、一条渔船。

第二句，出现两种事物：一根长长的钓鱼竿，一只短短的钓鱼钩。

一长一短，有了对比就有了趣味。

江上渔舟

[清]纪昀①

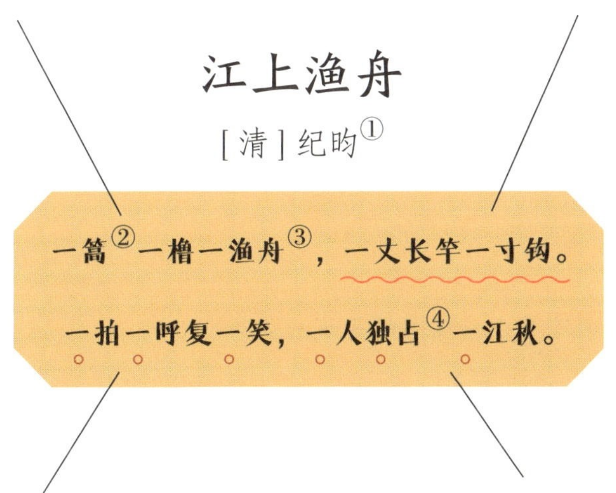

一篙②一橹一渔舟③，一丈长竿一寸钩。

一拍一呼复一笑，一人独占④一江秋。

用"一"连接三个动词："拍""呼""笑"。宁静的画面顿时活泼起来。

尾句中的两个"一"，起到心态描写的作用。一个"独"字，意味深长，可以理解为："孤独之人""孤独之境""孤独之趣"。

---

①纪昀（1724—1805），字晓岚，一字春帆，晚号石云，直隶献县（今河北沧州）人。清代政治家、文学家。

②篙：竹篙。

③舟：小船。

④独占：独自占有，指独自一人。

数字·联想·表达

长辫子老师的写作课总会带来惊喜。今天的作文课，她首先在黑板上写下了一首小诗《山村咏怀》，让大家自己读，自己去发现：

山村咏怀

[宋]邵雍

一去二三里，烟村四五家。

亭台六七座，八九十枝花。

我发现这首小诗中有很多数字。

我发现这首小诗描写的是乡村美景。

数字真的很奇妙，今天这些数字都从古诗里跑出来了。第一个跑出来的是数字“1”。看到它，我产生了这样的联想：老子曾说，一生二，二生三，三生万物……

真是“一石激起千层浪”，长辫子老师刚做完示范，教室里早已小手如林。长辫子老师说：“大家先不要急着说，请大家拿出写作纸，先画一画，再把联想到的内容写下来。”

大约过了十分钟，教室里开始活跃起来，同学们纷纷上台展示自己的“数字画”：

我由“2”想到了一只美丽的白鹅。它在清澈的湖水里游来游去，和鱼儿们一起玩耍、嬉戏。它用翅膀有力地拍打着水面，平静的水面立刻溅起一朵朵美丽的水花。

（晓语）

这幅画来源于“4”这个字，一只小狗正准备帮助主人从信箱拿信。我想到了狗是多么忠实的动物，常常在一些危急关头不顾生命去救主人。这多么感人呀！

（晓文）

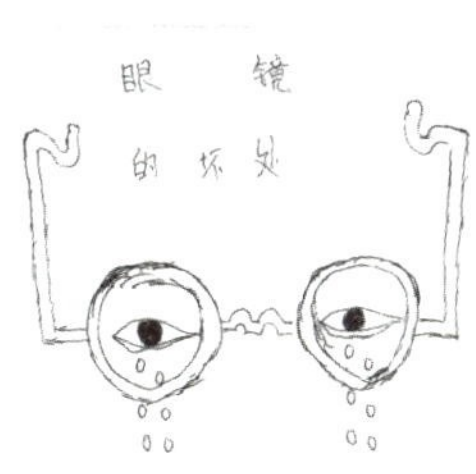

从小开始，家长就千叮咛万嘱咐我们，写字要头抬高，要少看电视，少玩电脑，看电视对眼睛不好，就算看，也要尽量坐远一点。如果你不听，那亏可吃大了。好了，不要哭了，不要后悔了，现在改还来得及。

（浩奇）

“0”在我的想象中，是一轮初升的太阳，是一只滴答滴答永不停歇的钟。时间很快，它来也匆匆，去也匆匆，难怪孔子会在川上曰：“逝者如斯夫，不舍昼夜。”当你洗手时，时间从水池边走过；当你埋怨时，时间又从你的埋怨声中悄然而逝。

（子曰）

同学们写得太精彩了！这真让我高兴。俗话说：“鸟儿没有翅膀，就不能飞翔，而想象正是作文腾飞的双翅！”

您就是电视剧中的铜牙铁齿纪晓岚？您看书时，眼睛凑得这么近？

是的，我患有近视，还是比较严重的那种。另外，着急的时候，我说话有点吃力。所以，我更愿意埋头著书立说。

您是《四库全书》的总纂官，为后世留下了宝贵的精神财富。您以笔记形式所编写成的短篇志怪小说《阅微草堂笔记》，有一位现代作家名叫鲁迅，没事就爱读一读，还在《中国小说史略》中力荐这本书。

我可没想到我编的这一千多个小故事，会成为后世的畅销书。

在我看来，《阅微草堂笔记》不仅是一本杂记、一部小说，还是一册寓言。那些明的、暗的理儿，往往都是托狐妖鬼怪之口道出，这和与您同时代的另一本小说《聊斋志异》有异曲同工之妙。

数学诗

快来看吧！他们是在做数学题吗？数学运算符号“+ - × ÷”都用上了。哦，当然不是，这是在用数学符号和各种有代表性的物象创作诗。是不是很有趣？

炎热的天气
+ 好吃的冰激凌
= 有滋有味的夏天

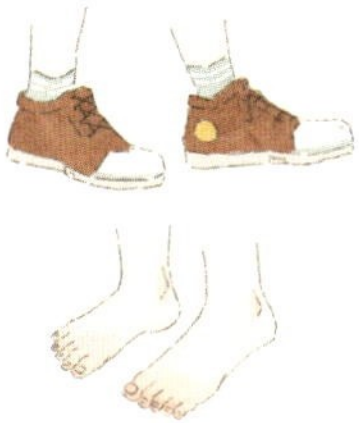

脚
\- 鞋
\- 鞋
= 光脚丫的快乐

萤火
× 玻璃罐
= 夏夜的灯笼

观察最后一幅图，试着写一写……

单元学习任务

一、学会梳理

本单元共四首诗，描写了生活中的各种趣味，读读这些诗，说说其中的趣味在何处？

古诗	雅趣	细品趣在何处
《猪肉颂》	食趣	
《归园田居(其三)》	逸趣	
《咏雪》	谐趣	
《江上渔舟》	巧趣	

二、学会探究

“一”字，从笔画上来说，最少；从意思上来说，最明了。可一旦经过古代诗人妙手一点，就能化平淡为生动，化平凡为神奇。请以小组为单位，搜集古代含有“一”字的古诗，比一比哪个小组找得最多。

[清] 王士祯《题秋江独钓图》

[唐] 李煜《题春江钓叟图》

[唐] 王建《古谣・一东一西垄头水》

……

三、学会表达

组织一次“古诗趣谈会”，做一次趣味古诗分享。

《儒林外史》的作者吴敬梓，写过一首“尖塔诗”，从一言起句，逐句堆叠，从外形上看真的像一座尖尖的宝塔。

呆
秀才
吃长斋
胡须满腮
经书揭不开
纸笔自己安排
明年不请我自来

第三单元 节日情浓

直到
清晨的雨点落下
我才知道
童年的满天星星
都去哪儿了

窗外
端午花悄悄捧出
一盏盏彩色的小碗
装满人间的喜悦与忧伤

这时候
我想起遥远的亲人
傍晚，雪停了
月亮醒着，故事醒着

——长辫子老师《必须给童话生长的勇气》

漫话节日学作文

——文徵明《拜年》

说说拜年那些事儿

说起拜年，我还是怀念小时候。

那时候我和弟弟、妹妹随外婆住在一个比较偏僻的小山村。村子不大，沿着一个浅坡，稀稀疏疏住着不过十几户人家。平时，村子里呈现出“日长篱落无人过，惟有蜻蜓蛱蝶飞”的情景，只有小孩子“也傍桑阴学种瓜”。

从年底开始，寂静的小村庄变得热闹起来。家家户户忙着杀鸡宰鹅，赶集逛街，置办年货，为过年做准备。

待到正月初一大清早，天刚亮，心情激动的我，早早醒来。在床头，看见外婆为我准备好的新衣、新裤、新袜、新鞋。

新衣、新裤是村里的裁缝做的，新袜是外婆在集市上买的，新鞋则是外婆一针一线亲手做的。麻绳纳的鞋底，红底暗纹的灯芯绒鞋面，还有一个扣住脚面的鞋扣。穿上新鞋的我，拎着外婆早已为我准备好的布口袋，汇入拜年大军。

全村的孩子手上都拎着这样花花绿绿的布口袋，大家三五成群，从村东头开始，挨家挨户拜年。每到一家，长辈们就会拿出糖果，挨个放进每个拜年孩子手中的袋子里。

拜年结束，我们会找一个地方，把袋子中的糖果倒出来，一颗一颗数，比比谁的最多，那应该是孩子们一年中最快乐的时刻。

今日再读文徵明的《拜年》，小时候那种浩浩荡荡的拜年场面浮现眼前。大年初一，相互拜年讨个吉利，是中国人的老规矩。诗中所说的“拜年帖”，最早的时候叫“名刺”，用竹、木等削制而成，它可以在拜见前递送，起到自我介绍的作用，相当于今天的名片。古时交通不便，过年又很忙碌，加上亲戚朋友太多，不能一一登门，送拜年帖无疑是最方便的做法。

过年，要的就是这份仪式感。

bài nián

拜年

míng　wén zhēng míng

[明]文徵明

bù qiú jiàn miàn wéi tōng yè

不求见面惟通谒，

míng zhǐ zhāo lái mǎn bì lú

名纸朝来满敝庐。

wǒ yì suí rén tóu shù zhǐ

我亦随人投数纸，

shì qíng xián jiǎn bù xián xū

世情嫌简不嫌虚。

“谒”：名帖，类似于今天的贺年卡。

“名纸”：名贵的拜帖。

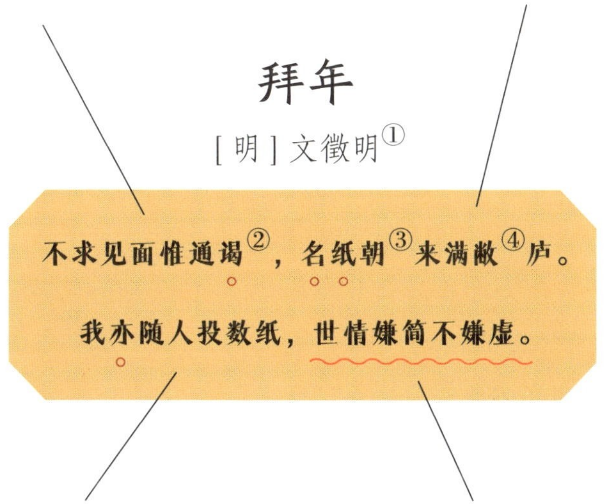

拜年

[明] 文徵明①

不求见面惟通谒②，名纸朝③来满敝④庐。

我亦随人投数纸，世情嫌简不嫌虚。

亦：也。我也随潮流向他人投送了几份拜年帖。

整首诗意在反讽。人情往来只是一种形式与礼仪，不在乎钱物的价值高低、数量多寡，而在于彼此之间的那份深情厚谊。

---

①文徵明（1470—1559），原名壁，字徵明，号衡山居士。明代画家、书法家、文学家。

②谒：名帖。

③朝：早晨。

④敝：谦辞，用于与自己有关的事物。

节日作文怎么写

我们有很多的传统节日，如春节、元宵节、清明节、端午节、七夕、中秋节……写这些节日相关的作文应该怎么着手呢？别急，长辫子老师今天就来教大家。

第一步：了解节日背景

春节的习俗有很多，你都知道吗？端午节包粽子、赛龙舟是为了纪念哪位诗人？而元宵节，很多地方会举办元宵灯会、猜灯谜等有趣的活动。到了中秋节，家家户户都要团聚、赏月、吃月饼……选好你要写的节日后，你应该去了解这个节日背后的传说、历史、习俗等。可以通过查资料、问家长和老师、读相关的图书来多方了解。

第二步：渲染节日气氛

过节最讲究的是氛围。要想描绘出节日的氛围，可以进行节日的场面和情景描写。比如我们可以通过描绘年夜饭相聚的情景、大年初一拜年的盛况、拥挤的交通、噼里啪啦的鞭炮齐鸣等等情景来写春节。要使文章更生动，我们还可以多用拟声词，比如我们要描绘放烟花时，用“噼里啪啦”“啪啪啪”等象声词写烟花的声音，用“姹紫嫣红”“五颜六色”等词语写烟花的色彩，用“天女散花”“孔雀开屏”等词写烟花的形状；要表现大家走亲访友时的热闹繁华，可以写“嘟嘟嘟”“嘀嘀嘀”的交通情况。

第三步：写出自己的感受

以记录的方式罗列出节日相关的几件事，最后难免会有点像“流水账”。怎样避免这个问题？长辫子老师告诉大家：写出自己的独特感受最重要。想想自己过节时的雀跃心情、收到心仪的礼物时的狂喜、和爸爸妈妈在一起克服小困难后的自豪……调动感官去细致观察，细细描画，写好事情发展过程中人物的语言、动作、心理等，就能写出属于你自己的独特节日体验。

做到以上三点，再碰到写“节日类作文”就不用愁啦！

先生好！在中国绘画史上，您和唐寅、沈周、仇英被称为“明四家”。

我们都是苏州人，唐寅和我同一年出生，沈周是我们俩共同的老师。

听说您父亲很重视早期教育，特为您聘请了大画家沈周为书画老师。

是啊！而且唐寅经常来我家，找我玩，顺便蹭蹭沈周老师的课。

原来，您是沈周老师“正差儿”的学生，唐寅是“蹭课的”。

我小时候可没有唐寅聪明，他有神童美誉。我却木讷少言，到了八九岁说话还不怎么利索。但我内心倔强，每天晨起必练字，九十岁仍能作蝇头小楷。

所以您能大器晚成。这让我想起一句话——人生若足够努力，总有梦想实现的一天。

创意“古诗贺卡”

晓语和晓文各做了一份创意“古诗贺卡”，一起读读吧！

教师节

亲爱的长辫子老师：

您好！

风雨送春归，飞雪迎春到。已是悬崖百丈冰，犹有花枝俏。俏也不争春，只把春来报。待到山花烂漫时，她在丛中笑。

祝您在崭新的日子里，写出更多精彩的故事！

晓语

×年×月×日

父亲节

亲爱的老爸：

您好！

爆竹声中一岁除，
春风送暖入屠苏。
千门万户曈曈日，
总把新桃换旧符。

祝您在新的一年里，身体健康，宏图大展！

晓文

×年×月×日

一年中有很多节日：传统的、现代的。不同节日，我们可以设计不同的创意“古诗贺卡”，送给自己最尊敬的人，或者最喜欢的人。想试试吗？

这些习俗，都是为纪念伟大的爱国诗人屈原。我们跟着梅尧臣的足迹去了解屈原故事吧！
端午节的习俗好特别呀，要赛龙舟，还要包粽子。
传统节日里的中国文化
——梅尧臣《五月五日》

梅尧臣的“诗袋”

梅尧臣是北宋著名诗人，他和欧阳修是好朋友。

1060 年，梅尧臣被任命为尚书都官员外郎，可是没多久，他就去世了。看到交往二十多年的朋友突然去世，欧阳修大为悲痛，写下一首长长的《哭圣俞》，诗的最后一句“送子有泪流如沟”，写出欧阳修对好友离世的无比痛惜之情。

梅尧臣虽然仕途坎坷，但在诗坛却享有盛誉。欧阳修称他为“诗老”，司马光视其诗作为“千年珠”，陆游赞他为李杜之后的第一位诗人。

其实，梅尧臣作诗，主要不是依仗天赋和才气，而是靠勤奋。据说，梅尧臣外出漫游或访亲会友，总喜欢背一个布袋。不管是看见优美的风景，还是遇到新鲜的事情，他都会随时记录下来，放进布袋里。这个布袋被大家称为“诗袋”。这让我想起“呕心沥血”这个典故的主人公——李贺。他也每天背着“诗袋”，骑着毛驴，寻找诗词创作的“素材”。

这样的“诗袋”，我也有。我会像梅尧臣一样，把每天观察到的人、事、物等，统统记录下来，变成我的写诗材料。

我有一个微信公众号“长辫子老师的创意写作坊”，我每天都在公众号里和全国各地的老师分享我写的小诗。很多人好奇地问我：“长辫子老师，你每天坚持创作，写作的源泉会枯竭吗？”

我对他们说：“不会呀！因为我有一个神奇的‘诗袋’！”

wǔ yuè wǔ rì
五月五日

sòng méi yáo chén
[宋]梅尧臣

qū shì yǐ chén sǐ, chǔ rén āi bù róng
屈氏已沉死，楚人哀不容。
hé cháng nài chán bàng, tú yù què jiāo lóng
何尝奈谗谤，徒欲却蛟龙。
wèi mǐn shēng qián hèn, ér zhuī mò hòu zōng
未泯生前恨，而追没后踪。
yuán xiāng bì tán shuǐ, yīng zì zhào qiān fēng
沅湘碧潭水，应自照千峰。

□ “哀”字含义深刻：一哀屈原忠心爱国却被排挤；二哀屈原“宁为玉碎，不为瓦全”的倔强。

□ 何尝：用反问的语气表示未曾或并不。

五月五日

[宋]梅尧臣①

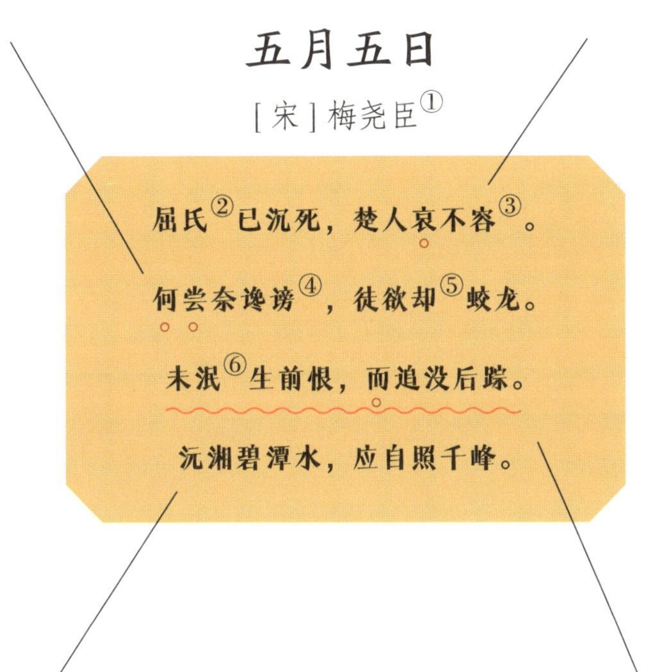

屈氏②已沉死，楚人哀不容③。

何尝奈谗谤④，徒欲却⑤蛟龙。

未泯⑥生前恨，而追没后踪。

沅湘碧潭水，应自照千峰。

□ 诗人怀着无限的悲愤、苦闷、渴望和痛苦的心情，借屈原以抒发他的“不遇”之情。

□ “而”字在这里是连词，表达情感的一种转换。

①梅尧臣（1002—1060），字圣俞，世称宛陵先生，宣州宣城（今安徽宣城宣州）人。北宋现实主义诗人，与欧阳修并称“欧梅”。

②屈氏：指屈原。

③不容：不被容纳。

④谗谤：谗言诽谤。

⑤却：驱赶的意思。

⑥泯：消除。

诗词中的节日素材

◆ 除夕

无复屠苏梦，挑灯夜未央。——[宋]文天祥《除夜》

诗人欲与家人共聚一堂，欢饮屠苏酒。

◆ 春节

爆竹声中一岁除，春风送暖入屠苏。——[宋]王安石《元日》

逢年过节燃放爆竹，这种习俗古代就有。

◆ 元宵节

去年元夜时，花市灯如昼。——[宋]欧阳修《生查子·元夕》

自唐朝起有观灯闹夜的民间风俗。

◆ 寒食

春城无处不飞花，寒食东风御柳斜。——[唐]韩翃《寒食》

飞花柳絮，一派缤纷绚烂。

◆ 清明节

清明时节雨纷纷，路上行人欲断魂。——[唐]杜牧《清明》

扫墓、踏青、插柳等都是清明时节的活动。

◆ 端午节

屈氏已沉死，楚人哀不容。——［宋］梅尧臣《五月五日》

怀念屈原，是端午节最重要的内容。

◆ 七夕

天阶夜色凉如水，卧看牵牛织女星。——［唐］杜牧《秋夕》

天上的织女星啊，我满怀心事都在这举首仰望之中。

◆ 中元节

江南水寺中元夜，金粟栏边见月娥。——［唐］李郢《中元夜》

中元节也叫“盂兰盆节”。

◆ 中秋节

但愿人长久，千里共婵娟。——［宋］苏轼《水调歌头 · 明月几时有》

中秋夜，一轮满月被诗化了。

◆ 重阳节

遥知兄弟登高处，遍插茱萸少一人。——［唐］王维《九月九日忆山东兄弟》

古代民间在重阳有登高的习俗，所以重阳节又叫“登高节”。

◆ 腊八节

腊日常年暖尚遥，今年腊日冻全消。——［唐］杜甫《腊日》

腊八粥、腊八蒜都由此而来。

◆ 冬至

春来冰未泮，冬至雪初晴。——［唐］杨凝式《雪晴》

人们在冬至日吃饺子或汤圆。

您好，圣俞先生！有人说您是伯乐，发现了苏轼这匹千里马。能说说吗?

说来话长。那是一次进士考试，我是考官，辅助主考官欧阳修阅卷，发现了苏轼写的《刑赏忠厚之至论》，惊为天人，便把这份试卷推荐给欧阳修批阅。欧阳修颇惊其才，但是试卷糊名，欧阳修认为很有可能是其弟子曾巩所写，为了避嫌，于是将此卷取为第二。无巧不成书，欧阳修取为第一的卷子，恰好是曾巩所写。

听说您和欧阳修是好朋友，是因为他的推荐，您随后升为国子监直讲，累官至尚书都官员外郎，故有“梅都官”之称。

是的呢！欧阳修有“千古伯乐”之称，他推荐过的人不仅有曾巩、苏洵、苏轼、苏辙、王安石，还有张载、程颢、吕大钧等等。

都是旷世大儒啊！“唐宋八大家”中的五人均出自欧阳修的门下，而且都是以布衣之身被他相中、提携而名扬天下。

这与他的学识、眼光和胸怀是密不可分的。

“画”说我最喜欢的粽子

今天的创意写作课，长辫子老师给每人发了一张创意写作纸。

我最喜欢的粽子

我最喜欢吃________味的粽子，它是________形的，外面包着________________，里面裹着________________________________，中间夹着________________________________。我忍不住咬了一口粽子，________________________________，真是我记忆中的________________________！

（如果你能用上表示颜色、形状、味道的形容词，表达效果会不一样哦！试试看吧！）

你发现了吗？这张创意写作纸就是“写作支架”。其实，你也可以不依靠这份“写作支架”，而进行自由创作，并配上图画，你想试试吗？

“侧面描写”也精彩

——王驾《社日》

社日里的欢喜

小时候，我和外婆住在一个只有十来户人家的小村庄。村庄不大，却属于“绿树村边合，青山郭外斜”的那种。

记得有一次放牛时，路过一片小树林，看见一座用砖头砌成的小房子，里面有烛台和香火盆看上去十分简陋。后来才知道，这便是土地庙。

现在的年轻人，很少有人知道农历二月初二是祭祀土地神的日子。但在一些村庄的风俗里，依然保留着祭祀土地神的仪式。

上初中时，在课本中读到鲁迅的小说《社戏》，才知道不同地方的文化传承不一样。鲁迅笔下的水乡社戏，成为作者童年一抹温暖的记忆。

再后来，我在教学辛弃疾的《清平乐·检校山园书所见》一文时，对“拄杖东家分社肉”一句的感触尤为深刻。我想到了秋社的日子，词人辛弃疾拄上手杖，到主持社日祭神的人家，分回一份祭肉的情景。

也就是在这次教学备课中，我进一步了解到：社日，是古代农民为祈愿和庆祝丰收，举行的祭祀土地神的日子。在春天举行的叫春社，在秋天举行的叫秋社。

社日这一天，乡邻们聚集在土地庙，准备酒肉，祭神欢宴。在此期间，还会进行各种娱乐表演。

宋人杨万里《观社》一诗，曾对此做过细致描绘。王驾这首《社日》，则从侧面入手，通过一些富有典型意义和暗示作用的细节，以极简约的文字为人们勾勒了一幅山村社日风俗画，使人如睹影知竿，回味深长。

整首诗未写社日的热闹与欢乐场面，却选取高潮之后渐归宁静的这样一个尾声来表现它，笔墨极省，内容却极为丰富。一个“肥”字，跃然纸上的是丰收的景象，一个“醉”字，孕育其中的是农人的喜悦。

当然，诗中描述的未必是实景，也许只是诗人内心的想象与憧憬。但诗人对古老淳朴民风的欢喜，一定是真实的。

社日
shè rì

táng wáng jià
[唐]王驾

é hú shān xià dào liáng féi
鹅湖山下稻粱肥，
tún zhà jī qī bàn yǎn fēi
豚栅鸡栖半掩扉。
sāng zhè yǐng xié chūn shè sàn
桑柘影斜春社散，
jiā jiā fú dé zuì rén guī
家家扶得醉人归。

□“豚栅鸡栖”，意为猪归圈，鸡回巢，和首句“鹅湖山”呼应，暗示着六畜兴旺的喜庆气氛。

□“稻粱肥”叙写的是庄稼的长势，一个“肥”字，跃然纸上的是丰收的景象，而孕育其中的则是农人的喜悦。

“半掩扉”，不是说猪圈、鸡圈没关好，而是写农家的门没关好，一方面体现民风淳朴，另一方面暗示农民都去参加社日集会去了。

社日①

［唐］王驾②

鹅湖山下稻粱肥，豚栅③鸡栖④半掩扉⑤。

桑柘⑥影斜春社散，家家扶得醉人归。

□“桑柘”，指桑树和柘树，暗示着蚕业的红火。

□一个“醉”字，呼应了首句的“肥”。这里的“醉”，既是乡人酒醉，更是对美满幸福生活的沉醉。

---

①社日，古代祭祀土地神的节日。民俗中有春秋两祭，称为春社和秋社。王驾的《社日》显然写的是春社。

②王驾（851—？），字大用，自号守素先生，河中（今山西永济）人，晚唐诗人。

③豚栅：猪圈。

④鸡栖：鸡窝。

⑤扉：门。

⑥桑柘：桑树和柘树。

精彩纷呈的“侧面描写”

长辫子老师上写作课总是别出心裁。今天，她给大家看第一张思维导图，回顾了表达的五种方式：

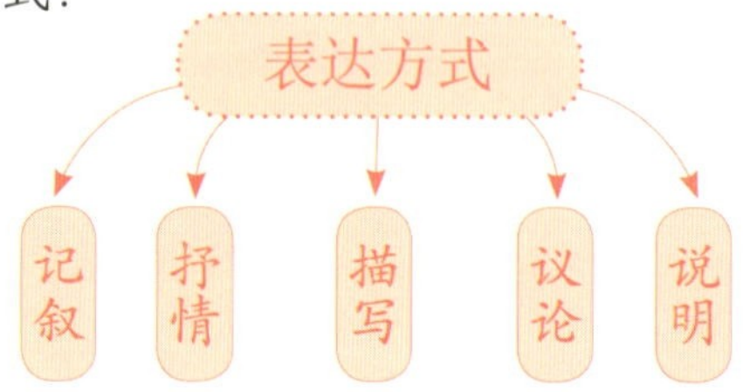

然后，她给大家看第二张思维导图，让大家了解描写的两种角度：

正面描写

翠鸟蹬开芦苇，像箭一样飞过去，叼起小鱼，贴着水面向远处飞起了。只有苇秆还在摇晃，水波还在荡漾。

这段话主要运用了什么描写？

侧面描写

接下来就热闹了，长辫子老师让大家从自己读过的作品中，分别列举出“侧面描写”的例子，并让大家谈谈这样描写的好处。

鲁迅《社戏》中的侧面描写：

正面描写

这一次船头激水声更其响亮，那航船，就像一条大白鱼背着一群孩子在浪花里蹿。连夜渔的几个老渔父，也停了艇子看着喝彩起来。（鲁迅《社戏》）

侧面描写，突出行船速度之快，大家看社戏的心情之迫切。

曹雪芹《红楼梦》中的侧面描写：

正说话间，黛玉听到叫声："我来迟了。"只见一群媳妇、丫头簇拥着一个仙女一样的女子来到前面：丹凤眼、柳叶眉，粉面含春威不露，朱唇未启笑先闻。黛玉忙起身施礼，只听贾母笑道："不认得她，这是我们这儿有名的泼辣货，你只叫她'凤辣子'就是了。"黛玉这才想起母亲说过，此人正是王熙凤。

正面描写

侧面描写，突出王熙凤含威不露，性格泼辣的特点。

李白《听蜀僧濬弹琴》中的侧面描写：

不觉碧山暮，秋云暗几重。

诗人听蜀僧濬弹琴，竟然没有发觉天色已晚，侧面写出了蜀僧濬高超的技巧。

汉乐府民歌《陌上桑》中的侧面描写：

行者见罗敷，下担捋髭须。少年见罗敷，脱帽着帩头。耕者忘其犁，锄者忘其锄。来归相怨怒，但坐观罗敷。

把这段文言文翻译成大白话就是：走路的人看见罗敷，放下担子捋着胡子（注视她）。年轻人看见罗敷，禁不住脱帽重整头巾，希望引起罗敷对自己的注意。耕地的人忘记了自己在犁地，锄地的人忘记了自己在锄地；以至于农活都没有干完，回来后相互埋怨，只是因为仔细看了罗敷的美貌。从侧面烘托了罗敷的美貌。

守素先生好！在古代诗歌中，像您这样描写农家快乐的诗歌很少啊。

其实不少呢！王维、孟浩然等，他们都写过农村题材的诗。

可是他们更多的是描写隐士之乐，镜头更多聚焦在自己身上。您的《社日》却直接描绘出五谷丰登、六畜兴旺、年丰人乐的美好生活图景。

可能因为我早早弃官归隐，所以很多人不太了解我。你可以去《全唐诗》中找我的痕迹。里面录存了我的六首诗，《全唐诗外编》补录了一首。

那太好了！我记得您曾写过一首即兴诗，记录雨后漫步花园见到的景象，诗题为《雨晴》。

对。雨前初见花间蕊，雨后全无叶底花。蛱蝶纷纷过墙去，却疑春色在邻家。

诗中选取的景物很简单，也很平常，但平中见奇，饶有诗趣。

有趣的“补白”

古代的社日，村民们不仅会聚集在一起，还会有分社肉，看表演等各种活动。鲁迅笔下的《社戏》，描绘的就是充满特色的水乡社日活动。而晚唐诗人王驾的《社日》一诗中，却并没有正面描写社日的欢乐情景。下面，请大家脑洞大开，想象当时的社日庆祝活动是怎样一番情景。

欢乐的社日

在江西铅山县境内，有一座美丽的鹅湖山。这里山明水秀，鹅鸭成群，鱼虾满塘。傍晚，猪归圈，鸡栖笼，一派富足、祥和的景象。

傍晚，家家户户都门儿半掩。原来，今天是农历二月初二，村民们都早早从家里出来，到村头参加一年一度的春社聚会了。

精彩的表演开始了！________________

____

表演结束，全村人欢宴时候到了！________________

____

（正面描写）

夜色渐浓，桑树、柘树的影子越来越长。那些喝得醉醺醺的村民，被家人邻里搀扶着回家。一阵阵急促的鸡鸣、狗吠之后，小村渐渐安静下来。

社日之后，小村又将恢复昔日的忙碌。

（侧面描写）

长辫子老师：采用“正面描写”和“侧面描写”两种角度，写出社日的热闹与欢乐。

让"抒情"更具魅力
——杨凝式《雪晴》
今天是冬至日，要吃饺子啦。
冬至是家人欢聚日，在古代，也是很重要的节日。很多诗人通过描写这一天来抒发自己的情感。
那我们一会就去找诗人吧！
饺子
真像

冬至大如年

冬至，又称冬节，是二十四节气中的一个节气。

纵览古今，我国把“冬至”当作重要节日来过，源于汉代，盛于唐宋，相沿至今。冬至吃饺子，这可是中国人的老传统。“冬至不端饺子碗，冻掉耳朵没人管”，这是小时候外婆说给我听的。从外婆的口中，我知道了关于饺子的传说。

东汉末年有一个医生叫张仲景。他医术高明，不管什么病他都能手到病除。人们都称他为“神医”。

有一年冬天，张仲景从外地行医返乡，一路上看见穷苦百姓因为缺衣少食，耳朵都被冻坏了。他看在眼里急在心里。

一到家，张仲景马上和他的弟子们，一起在空地上搭了个棚子，支上大锅，里面放了许多驱寒食材和药材，熬制好后捞出来剁碎，再用面皮包成耳朵的形状，下锅煮熟，张仲景管它叫“祛寒娇耳汤”。

冬至那天，棚子周围挤满了人。张仲景和他的弟子们，给每人一碗祛寒汤、两个娇耳。说来也怪，人们喝了祛寒汤，吃了娇耳后，觉得双耳发热，全身暖烘烘的，没过多久，冻伤的耳朵就痊愈了。

现如今，饺子已经成为了餐桌上的家常便饭，过节吃顿饺子，成了幸福生活的象征。不同馅儿的饺子，蕴含着不同的寓意。

比如芹菜馅饺子，取“勤财”之意；再比如韭菜、白菜馅饺子，分别取了“久财”“百财”之意，是对长久的物质财富的祈福，更是对天长地久的祈愿。

无论如何，在冬至这么个寒冷的节气日，煮上一锅热气腾腾的饺子，全家人围坐在一起享用，着实是一件很暖心的事。

xuě qíng
雪晴

táng yáng níng shì
[唐]杨凝式

chūn lái bīng wèi pàn
春来冰未泮，
dōng zhì xuě chū qíng
冬至雪初晴。
wèi bào fāng páo kè
为报方袍客，
fēng nián ruì yǐ chéng
丰年瑞已成。

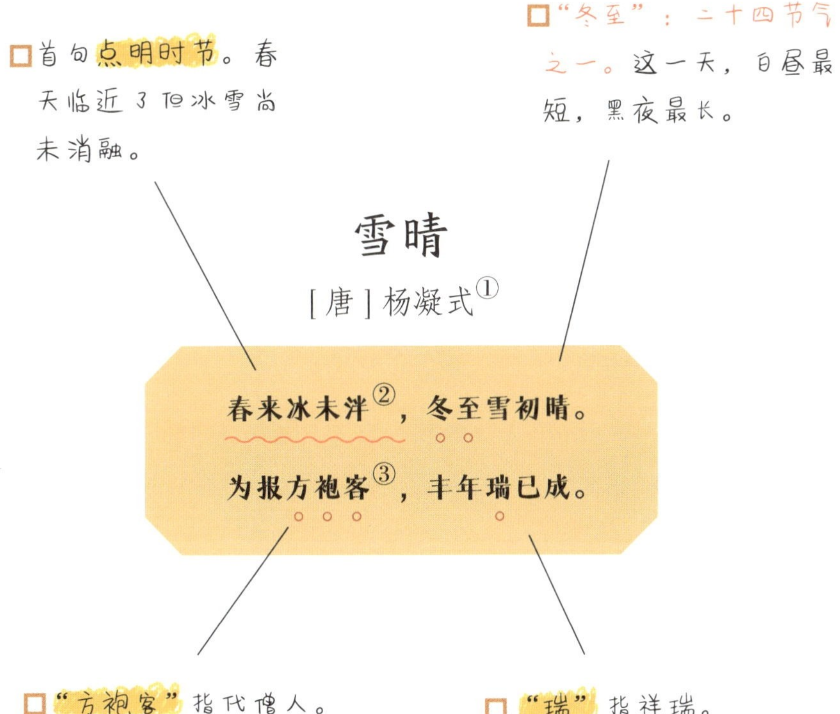

首句点明时节。春天临近了但冰雪尚未消融。
“冬至”：二十四节气之一。这一天，白昼最短，黑夜最长。
雪晴
[唐]杨凝式①
春来冰未泮②，冬至雪初晴。
为报方袍客③，丰年瑞已成。
“方袍客”指代僧人。
“瑞”指祥瑞。

①杨凝式（873—954），字景度，号虚白，陕西华阴人，居洛阳，代表作有《韭花帖》等。在书法历史上历来被视为承唐启宋的重要人物。

②泮：融化。

③方袍客：指僧人。

向诗人学“抒情”

抒情，就是将生活中的感受和情感表达出来，以引起读者的共鸣。今天，我们就从四首诗中，学习诗人的真情表达。

一、情感的独特

何人更似苏夫子，不是花时肯独来。

——[宋]苏轼《冬至日独游吉祥寺》

这里苏轼用直接抒情表达出他对“独享清欢”的安之若素。这也是诗人此刻独有的情感。

苏轼笔下的冬至，是一个人的欢喜。冬至时节，井底的暖气将回未回，大地依然是一片凄冷，寒雨萧萧，打湿了地下的枯草根。谁会像苏轼一样，在不是花开的时节来吉祥寺游玩呢？

每每读到这首诗，都觉得苏轼是那么可爱。于静寂而荒冷的冬日里，他依然兴致盎然，来到吉祥寺游玩，虽然无花可赏，也愿意走出来，看一看冬日的风景。

二、情感的交互

想得家中夜深坐，还应说着远行人。

——[唐]白居易《邯郸冬至夜思家》

这是叙述性抒情。白居易用充满感情的笔调将想象延伸至千里之外的家人，思念在字里行间缓缓流动。

冬至时节，已至年末。于中国人来说，岁末是归家的时节，可总有人漂泊在外，不得归家，白居易就是其中之一。这一年冬至真是冷呀，独自一人在客店的白居易抱着膝，看着眼前的灯，他真想家呀。可是，他却说：家里人肯定也这样围坐在一起，思念我这个远行之人吧。明明是自己思家，却说家人想自己，独辟蹊径之外，是诗人对家人深深的思念。

三、情感的流动

愁极本凭诗遣兴，诗成吟咏转凄凉。

——［唐］杜甫《至后》

这是议论性抒情。它与一般议论有所不同，这里的议论只是抒情的手段，从郁闷到无奈再到悲伤，只为表达诗人内心的愁闷失意。

冬至这一天，远在成都的杜甫思念起了洛阳。那是他少年时生活的地方，他和兄弟朋友们度过了少年的时光，那时的他们是那样恣意张扬，开心欢畅。

而今，饱受命运摧残的杜甫遇到失意，愁闷之中又想起了少年时的美好时光。本来写诗是为了排遣心情，可没想到却越来越凄凉。成长的过程，无不伴随着无奈和悲伤。

四、情感的传递

罗袜新成。更有何人继后尘。

——［宋］阮阅《减字木兰花·冬至》

借物抒情，让简单的鞋袜，透出冬日的温暖与关心，表达出诗人的愉悦之情。你也可以把你的情感寄托在任何事物上。

早晨云雾散去，白天渐长，日影渐短之时，冬至来了。新袜子也做好了，可以赠送给长辈了。在古时，冬至日这一天，晚辈要给长辈“拜冬”，进献鞋袜，以示关怀与问候。简单的鞋袜，透出的是冬日的温暖与关心，当长辈收到时，一定是温暖与欣喜的。冬日的凛冽与严寒，也会散去许多吧！

无论采用哪一种抒情方式，请记住——最真实的，就是最动情的！

虚白先生好！您不仅会写诗，书法造诣更是了得啊！后人把您和颜真卿并称为“颜杨”，尤其是您的《韭花帖》，名声很大。

这算是一封感谢信，我在一日午睡后醒来，肚子特别饿，正好有人送了新秋的韭花酱来，配着肥嫩的小羊肉，吃得恰恰然，心情大好，乘兴写下短笺，表示谢意，于是就有了这一篇。

这篇文章虽然篇幅短小，却被我们称为天下十大行书之一。您能把帖中内容讲给大家听听吗？

昼寝乍兴，輖(zhōu)饥正甚，忽蒙简翰，猥赐盘飧(sūn)。当一叶报秋之初，乃韭花逞味之始，助其肥羜(zhù)，实谓珍馐(xiū)，充腹之馀(yú)。铭肌载切，谨修状陈谢伏惟鉴察。

我试着把这段话翻译一下：午觉刚醒来，肚子正饿着，忽然收到您的一封信，蒙您赐赠我一盘菜肴。当一片枯叶落下时，告诉人们秋天已经来到了。这也是韭菜味道正香的时候，使小肥羊肉更加美味，这实在是一道美食啊！填饱了肚子，心里实在十分感谢，在此慎重地写这封信表示我的谢意。恭请体察我的感谢之心。

九九消寒图 画完就是春

说起“冬至”，大家一定不会忘了吃饺子。除此之外，我国北方还有一项传统文化习俗——画九九消寒图。今天的创意写作课，长辫子老师组织了一场“九九消寒图”创意设计大赛，为这项传统习俗注入新的活力。

我先画一枝梅花，枝上画梅花九朵，每朵梅花九片花瓣，共八十一瓣，每瓣代表一天，每过一天就用水彩笔染红一朵。

我先画一根长绳，绳上挂九个灯笼，每个灯笼上有九个条格，每个条格代表一天，每过一天就用水彩笔涂红一格。

你的创意是什么？快来展示一下吧！

单元学习任务

一、学会梳理

本单元共四首诗，描写了不同的节日，以及风俗习惯，读读这些诗，试着填一填。

古诗	节日	风俗习惯
《拜年》		
《五月五日》		
《社日》		
《雪晴》		

二、学会探究

与中国传统节日相关的信息有很多，我们可以通过多种途径来了解中国传统节日的由来、传说、别称等方面信息。如下图所示：

到图书馆查找　上网搜索　采访身边的人　现场拍摄

三、学会表达

组织一次“中国传统节日”主题活动（春节、元宵节、寒食节、清明节、端午节、中元节、七夕、中秋节、重阳节、除夕）。

活动建议：

1. 以小组为单位，四人一小组，给小组起一个有特色的名字。
2. 选择汇报主题，确定汇报形式，整理搜集到的各方面信息。
3. 思考：在此次活动中，你的收获是什么？

创意

让每一支笔都爱上写作

长辫子老师

诗词中的创意写作课

四海

郭学萍 著

中国致公出版社

长辫子老师——诗词中的创意写作课

在我熟识的语文教师中，不少人都爱读经典古诗词，郭学萍——长辫子老师就是其中我最熟悉、印象最深的一位。

长辫子老师爱读诗，古典的、现代的、成人的、儿童的……她都视为珍宝。唐宋诗词更是她的至爱，那些让人怦然心动的文字，只要与她相遇，便能让她情思的花朵迸发出别样的精彩。

怎样引领学生走进古诗词世界，领悟诗词的精妙神韵呢？不仅要善于读，还要会联系创意写作，这便是长辫子老师这套《诗词中的创意写作课》带给读者的最新体验。

长辫子老师说，读古诗词不应只是满足于读读、背背，而是要穿越岁月的流光碎影，来到古典诗词的艺苑，和一位位古代大诗人“面对面”交谈，来到他们诗词创作的“现场”，体悟他们当年创作时的心境志趣。

在这套书中，她引导学生变身摄像师，像骆宾王一样，凝视一只鹅，捕捉白鹅的叫声、色彩、动态；变身国画大师，像唐寅一样，寓情于大公鸡，画出雄鸡的昂扬精神；读郑板桥的《潍县署中画竹呈年伯包大中丞括》，他领学生“拜访”时任知县的大诗人，了解百年罕遇的旱灾，体会诗人寝食难安，作画题诗，托竹言志，关心民间疾苦，一心为民的真情。

长辫子老师给学生解读古诗词，不是用现代白话文具体写出诗词文面的意思，而是常常把生活经历和阅读积累合到自己对古诗词的理解之中。她由自己父亲养鹦鹉，有一天鹦鹉趁父亲打开笼子喂食时“逃离”之事，联想到欧阳修《画眉鸟》中对“自由”的抒怀。她由孟郊的《游子吟》，想到母亲冒着酷暑给自己送油桃的事……一件件、一桩桩，娓娓道来，情真意切，令人动容。学生一边读古代诗词，一边听她讲自己的故事，亲切，温润，自然，很容易联系生活实际，产生精神共鸣。

长辫子老师还十分重视从学生言语发展实际出发，引导他们在古诗词阅读过程中，悉心体验，发现其中蕴藏的许多写作秘密，进行梳理、归纳。譬如，他们读苏轼的《猪肉颂》，惊喜领悟这是“吃”出来的佳作；读李白的《紫藤树》，从中发现植物观察的“五觉法”；读岑参的《白雪歌送武判官归京》，从中梳理出写雪“三法”；在杜甫的《登岳阳楼》中，体会到作者的胸襟决定文章境界；从陆游的《病起书怀》中，深深感悟爱国是最动人的主题……凡此种种，让人一看就明白，有助于广大读者在交流表达时学习、运用。

长辫子老师是小学创意写作发起人，在这套书中，她对如何将古诗词阅读体验和创意写作、跨学科学习进行有效结合、深度融合，进行了积极的探索。

在学习贺知章的《咏柳》之后，她引导学生自主编织“创意手工柳树”；学习了袁枚的《所见》，她启发学生创作出千姿百态的“开放式结尾”；她还别出心裁，让学生穿越时空，与北宋时期的欧阳修、苏轼、司马光、王安石齐聚一堂，开了一场各抒己见的“圆桌会议”……

朱光潜先生说“读诗就是再做诗”。长辫子老师这套新著表明，引导学生学习古诗词，既要重视“读”，从读中汲取思想和智慧，受到情感熏陶，享受审美乐趣，也可以从“读”中发现、领悟关于交流表达的一般的常用的方法策略，密切联结学生个体语言经验和真实生活情境进行自主、自由、开放的创意写作，“让每一支笔都爱上写作！”（郭学萍语）

《诗词中的创意写作课》，是对中国古典文化的一种尊敬和坚守，是对文学体验和创意写作教学的一种探索和深化，创意地体现了新课改、新课标的核心精神。值得一读！

（袁浩：全国著名语文特级教师、江苏省中小学荣誉教授、江苏省人民教育家培养工程首批指导专家、江苏省教育学会小学语文专业委员会名誉理事长、中国教育学会小学语文专业委员会顾问。）

人物登场

长辫子老师

创意，让每一支笔都爱上写作！

特长 创意写作 | 诗歌品鉴 | 激发想象

▲“创意写作”领域深耕者

▲“古典文学”漫读者，“创意写作”推荐官

▲擅长针对不同写作困难症开出药到病除的创意良方

晓语

来吧，和诗歌一起回家！

特长 有时治愈 常常帮助 总是慰藉

▲“创意写作”种子成员 1 号

▲诗词讲解员

▲更多时候安静聆听，但发言往往能一语中的

晓文

天刚明，去有文气的地方！

特长 拉近与人的距离 共情感强

▲“创意写作”种子成员 2 号

▲诗词传唱人

▲擅长和不同的人以合适的方式相处和交流，得到写作需要的信息

浩奇

天才的灵感，往往来自好奇的第一步！

特长 发散思维 抓住好奇心深究

▲“创意写作”种子成员 3 号

▲诗词漫游者

▲对一切充满好奇，心中装满无穷无尽的问题

子曰

只要“曰”得多，总能有一句成为经典！

特长 会曰就多曰 行动力强

▲“创意写作”种子成员 4 号

▲诗词鉴赏家

▲勤勤恳恳充实自己，解决大家疑难的学霸一枚

目录

第一单元　四海风光

第二单元　文化名楼

第一单元 四海风光

从钓罢归来不系船的江村
到火树银花不夜天的都市
从几处早莺争暖树的江南
到羌管悠悠霜满地的塞北

我们在古诗词中
感受四海风光
在一遍又一遍吟诵中
体味着人间万象

在岁月中跋涉
每个人都有自己的故事
古诗词——
是照亮我们生命的那一束光

——长辫子老师《心有光亮，人生就有光芒》

田野里的闲逸时光
——司空曙《江村即事》
乡村的景色怎么也看不完，我们去找一位诗人，问问怎么写乡村风景吧。
这里的风景太美了！
是啊，这里的空气太棒了！
长辫子老师，这次的田野体验太有意思了！

不系之舟

五一劳动节，我回到老家。老宅西边有一座大水库，堤岸边芦苇蓬勃而生。小侄女看见了，竟情不自禁地吟诵起司空曙《江村即事》中的诗句："纵然一夜风吹去，只在芦花浅水边。"

稚嫩的童音，在空阔的原野上传出好远。微风掠过，那簇拥的芦穗，像一支支饱蘸诗情的妙笔，摇曳着在天空写下曼妙的诗句。到了秋天，芦苇成熟后，在风的作用下，白色的芦花漫天飞舞，随风飘扬，像下雪一样，这便是我最喜欢的"芦花飞雪"的盛景。

今天再读《江村即事》，有一种豁达开朗的况味。泛舟江湖，那份自在逍遥、无所牵挂的超脱与自然，恰是我们现代人普遍缺失的。而"钓者"这一形象，更是古典诗歌中一个经典的意象，在历代文人的创作中传承不绝。

一只小小的渔舟，自由自在地在江水中荡漾。一天的垂钓，收获如何？江村夜景，美在何处？诗中都无叙述。只有那只随遇而安的小船，缓缓地在江面上起伏漂荡，在流水的平仄中，滑到东，滑到西，滑到芦花飘扬的浅湾。

诗人用白描的手法，不做作，不矫饰，平淡疏野，语淡而味浓，不仅给我们展现出一幅淡雅的江村图景，还蕴含着对生命的某种感悟与昭示。

其实，人生无论长短，都不过是一场旅行，不应过于沉重，最好是顺势随缘。不快乐，常常是因为执着太深。无法放下，是由于不肯放下。读了这首《江村即事》，忽然有了"不系船"的冲动。

真正懂得随缘与放下的人，是那些快乐生命的拥有者。

jiāng cūn jí shì
江村即事

táng sī kōng shǔ
[唐] 司空曙

diào bà guī lái bú jì chuán
钓罢归来不系船，
jiāng cūn yuè luò zhèng kān mián
江村月落正堪眠。
zòng rán yí yè fēng chuī qù
纵然一夜风吹去，
zhǐ zài lú huā qiǎn shuǐ biān
只在芦花浅水边。

首句写渔翁夜钓归来，懒得系船，而让渔船任意漂荡。“不系船”三字为全诗关键，出自《庄子》，是无为思想的象征。

次句点明“钓罢归来”的地点（江村）、时间（月落）及人物的行动、心情（正堪眠）。

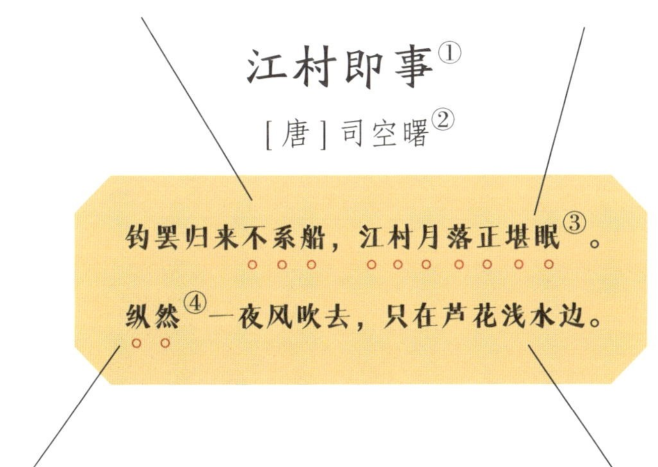

江村即事①

[唐]司空曙②

钓罢归来不系船，江村月落正堪眠③。

纵然④一夜风吹去，只在芦花浅水边。

“纵然”“只在”两个关联词前后呼应，一放一收，把意思更推进一层。

无为者，顺其自然也。这便是老子的人生哲学。

且不说夜里不一定起风，即使起风，没有缆住的小船就算被吹到那长满芦花的浅水边，也没有什么关系。

---

①即事：以当前的事物为题材所做的诗。

②司空曙（720—790），字文初，广平（今河北广平县）人，“大历十才子”之一。

③正堪眠：正是睡觉的好时候。堪：可以，能够。

④纵然：即使。

抓住乡村的特色

夏天，长辫子老师带着大家来到农村，也是她从小生活、长大的地方。大家被眼前的景色迷住了，纷纷惊叫起来！

写乡村，我们要从哪些地方入手？快跟着长辫子老师一起来一次愉快的田园之旅吧！

乡村里有无穷无尽的写作素材，打开你们“五官”，调动你们的“五感”，自由地去寻找吧！

技法点拨：抓住看到乡村景色前的心态和心情。

我们出发啦！

未知的景色总是最吸引人的，大家会以什么样的心情出发呢？

技法点拨：描写自然景物的悠然。

乡村的景色与城市的景色截然不同。城市高楼大厦密集，忙碌喧嚣；乡村里鸟语花香，悠然静谧。

所以在描写乡村景色的时候，我们可以使用对比的手法，突出乡村自然的风光特色。

技法点拨：强调自己从城市来到乡村后心态的变化，细腻的描写能让读者更有沉浸感。

城市节奏紧张，乡村的一切都很舒缓，让人放松。

在结尾用心情描写与前文呼应，展现这一次乡村之行的愉快！

文初先生好！读您的《江村即事》，有一种随遇而安之感。

你们现代人，过于焦虑与忙碌，而我则欣赏庄子的“无为”。

“无为”就是“无所作为”吗？

如果这样理解，就大错特错了。这里的“无为”指的是人与自然的和谐统一。

这种和谐就像您诗里的意境一样。您是“大历十才子”之一，能给我们讲讲这个称呼的由来吗？

因为我和你们熟悉的卢纶、韩翃、钱起等十位诗人，相互唱和，志趣相投，同时代的姚合小友称我们“十才子”。

您和卢纶同为“大历十才子”，还是表兄弟，关系十分密切，我是读了您的《喜外弟卢纶见宿》知道的。

家乡调查报告

请你围绕家乡存在的某种现象，确定考察目标，讨论考察方案，进行实地考察，写一份调查报告或调查记录。

调查报告

□ ______________________________

□ ______________________________

□ ______________________________

□ ______________________________

□ ______________________________

□ ______________________________

□ ______________________________

□ ______________________________

□ ______________________________

□ ______________________________

“点”和“面”的结合
——苏味道《正月十五夜》
猜灯谜？我最拿手了！
让我看看！
我们一起来看看古人们正月十五是一番怎样的景象吧！
正月十五逛灯会，真是太有意思了！

“模棱宰相”和“火树银花”

在中国的成语典故中，有两则成语都与苏味道有关。

苏味道二十岁就步入官场。据说，他是一位特会打太极、踢皮球的圆滑宰相。他在处理政务时，善于向皇上陈奏。由于熟悉典章制度，他上朝言事可以不带奏章，只凭口头禀报，侃侃而谈。他常对人说：“上奏事情，不要那么一清二楚、明明白白地表示自己的意见，凡事只要模棱两可就行了。”故此，人送称号“模棱宰相”。

苏味道的诗作却是另外一番景象，他的《正月十五夜》算是最早描写元宵灯节盛况的名篇佳作。相传唐睿宗是唐代最会享乐的一位皇帝，虽然他只当了三年的皇帝，但不管什么佳节，他总要耗费很多物力人力去铺张一番，供他游玩。尤其是每年的元宵节，他都会命人扎起二十丈高的灯树，点起五万多盏灯，名为火树。苏味道用一首诗把当时热闹的情境，生动传神地描绘出来，让读者如临其境。

诗中的“火树银花”，形容灯火辉煌、灯光明亮的盛大景象。现在，若有盛大的集会在夜间举行，灯光灿烂，都会用这个成语去形容它。

尽管“初唐四杰”如桃李争春，更后来的“诗圣”“诗仙”如牡丹斗艳，苏味道的诗文无疑是梅花一枝，以那早放的清香，启开了时序晴阳。

读到这里，你是否和我一样，感受到早唐的气息正徐徐而至？这个时候，多想和亲人一起，赏花灯万盏，品汤圆香甜。

在守望中，日久岁长。

zhēng yuè shí wǔ yè
正月十五夜

táng sū wèi dào
[唐]苏味道

huǒ shù yín huā hé, xīng qiáo tiě suǒ kāi
火树银花合，星桥铁锁开。
àn chén suí mǎ qù, míng yuè zhú rén lái
暗尘随马去，明月逐人来。
yóu jì jiē nóng lǐ, xíng gē jìn luò méi
游伎皆秾李，行歌尽落梅。
jīn wú bú jìn yè, yù lòu mò xiāng cuī
金吾不禁夜，玉漏莫相催。

□ 首联气度非凡，仅八个字，就把**动态**的节日场面描摹得绘声绘色。

□ 如果说首联运用的是**广角镜**，颔联则运用的是**特写镜头**，聚焦观花灯的男子。因为有灯光照耀，所以马蹄碾起的尘土都清晰可见。月光洒在每个人的身上，是怎样的一份美好？

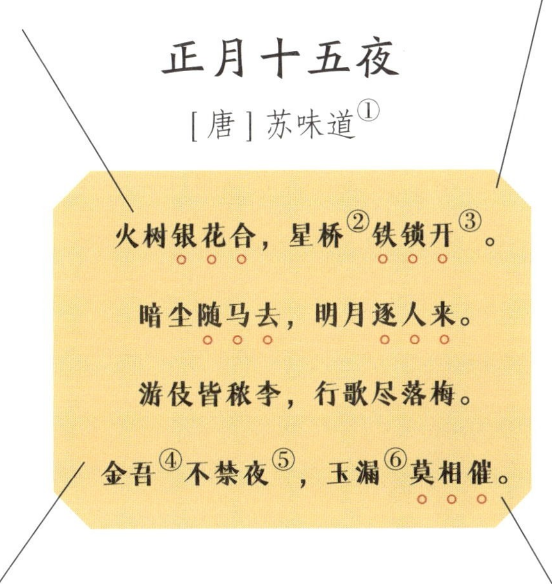

正月十五夜

[唐] 苏味道①

火树银花合，星桥②铁锁开③。

暗尘随马去，明月逐人来。

游伎皆秾李，行歌尽落梅。

金吾④不禁夜⑤，玉漏⑥莫相催。

□ 颈联写的是女子。“游伎”，就是歌女。她们一个个浓妆艳抹，艳如桃李，边舞边歌。唱什么呢？唱唐朝最流行的落梅花呀！

□ 莫相催，展现出游人的**流连忘返**。

---

①苏味道（648—705），赵州栾城（今属河北省）人。唐代文学家，与李峤齐并称“苏李”。

②星桥：星津桥，天津三桥之一。

③铁锁开：比喻京城开禁，天津桥、星津桥、黄道桥上的铁锁打开，任百姓通行。

④金吾：原指仪仗队或武器，此处指金吾卫，掌管京城戒备，禁人夜行的官名。

⑤不禁夜：指取消宵禁。一年只有三天“不禁夜”，即正月十四、十五、十六。

⑥玉漏：古代用玉做的计时器皿，即滴漏。

点面结合逛灯会

老南京人有句俗话："过年不观灯，等于没过年。"正月十五，长辫子老师带着大家逛秦淮灯会喽！

哇！这是我第一次逛灯会，此时我的心情就像吃了糖心汤圆一样甜蜜，又像浪花奔涌一样欢腾。看，在入口处上方，用霓虹灯写着"秦淮灯会"。大门两侧的柱子上，盘绕着两条活灵活现的龙。我们从入口进去，一路上都挂着红灯笼，显得特别喜庆。人们还在大树上挂彩灯，营造出"火树银花"的盛景。

这是"面"的描写！灯会的氛围感十足！

走进主题灯展区，犹如走进一个个奇幻无比的故事丛林中，有"嫦娥奔月"，有"孟母三迁"，还有孔子"杏坛讲学"。其中我最喜欢"杏坛讲学"这个主题单元：两棵璀璨的树灯下，是一个个人物灯。坐在画面中心位置的正是万世师表——孔子。他慈眉善目，两手微举，正在给弟子们讲课。他的正前方坐着两位手捧书卷的学生，估计是两位得意门生：颜回和子路。还有很多学生手捧书卷围坐在四周，都专心致志地听老师讲学。

这是选取主题灯展区这一"点"展开描写！

在夫子庙棂星门前有一座牌坊，为“天下文枢”，牌坊后的照壁上有一幅巨大的二龙戏珠灯画，倒影在水中，两条龙就像在水中嬉戏，真是惟妙惟肖。一条游船缓缓过来，微波荡漾着，两条金龙顿时被“撞”成金色的碎片，飘满河面。我赶紧摁下快门，记录下这美丽的瞬间。

有实景，有想象，才能把画面写“活”！

“朱雀桥边野草花，乌衣巷口夕阳斜。旧时王谢堂前燕，飞入寻常百姓家。”刘禹锡的一首《乌衣巷》让一条小巷闻名遐迩。三国时这里曾是吴国军队的营房，士兵们都穿黑色的衣服，所以叫“乌衣巷”。东晋时王导、谢安等豪门望族住在这里。王导是东晋开国元勋，谢安以指挥“淝水之战”而闻名。节日里的乌衣巷，张灯结彩，喜气洋洋。

联系历史或诗句添加背景，结尾点题。通过这次逛灯会，大家展示了这么多写作技巧，你们真的太棒了！

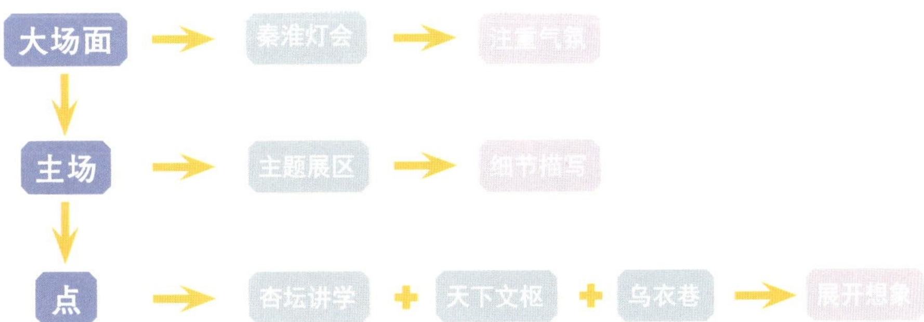

您就是初唐“文章四友”之一的苏老前辈！向您致敬！

我和崔融、李峤、杜审言，都是宫廷应制诗写手，写作风格比较接近。

杜审言是诗圣杜甫的爷爷吧?

是的呢！想当初，杜审言狂放不羁，再加上“毒舌”，把同事都得罪光了。

哈哈，这其中有什么故事吗?

有一年，政府进行官员考核，杜审言是评委之一。他给我写完评语后，得意洋洋地到处炫耀：“苏味道死定了。”众人大惑不解，杜审言却得意地说：“苏味道看完我的评语，一定会气死的！”

那您没有生气吗?

他就是这样的人，我也没把他的话当真。

杜审言的孙子厉害！您的后世子孙也很牛，其中最著名的就是“三苏”：苏洵、苏轼、苏辙。

城市虚拟代言人

每个城市都有自己的特色，北京有胡同、南京有秦淮灯会、苏州有园林……如果让你为自己的城市设计一个虚拟代言人，你会怎么设计呢？为什么会这样设计呢？

下面，让我们一起来看看子曰是怎么介绍眉山“数字代言人”苏小妹的。

苏小妹

子曰

看，左图中的这位就是眉山的“数字代言人”——苏小妹。

眉山是苏洵、苏轼、苏辙三父子的家乡，也是东坡文化的发祥地。

至于“苏小妹”这个名字，在中国民间知名度颇高。一些影视作品更是将传说中的苏小妹塑造得富有传奇色彩，使她成为聪慧女子的象征。

在明代冯梦龙所写的《醒世恒言》一书中，就有“苏小妹三难新郎”的故事。

故事中，新郎秦观是苏轼的学生，新娘苏小妹是苏轼的的妹妹，能把妹妹嫁给自己的学生，可见苏轼对秦观有多喜欢和信任。

做了城市代言人的苏小妹，致力于利用虚实结合的创意，复兴和传承中国传统文化。她能歌善舞，能词善赋，会学会玩，既懂得传承又善于创新。

古诗里的“写景秘密”
——白居易《钱塘湖春行》
春天在哪里
老师带你们去找一个写景高手！
是呀！感觉要描写的东西太多了，我们要怎么选择呢？
春天的景色真美啊！让人看花了眼。

白苏二人与西湖

人们都说："上有天堂，下有苏杭。"

我就是因为这句话，选择去苏州上了师范。也因为这句话，专程去了杭州西湖，瞻仰了白苏二公祠。

白苏二公祠，位于孤山东南麓，为纪念白居易和苏轼在杭州水利历史上的功劳而建，杭州人民称他们为"山水功臣"。

苏轼曾两次到杭州做官，第一次任杭州通判，第二次做杭州知府。在任期间，他兴修水利，赈灾济民，特别是利用疏浚西湖的淤泥，建造了有名的苏堤。而今，"苏堤春晓"早已成为西湖十景之一。

"欲把西湖比西子，淡妆浓抹总相宜。"苏轼对杭州西湖的爱，都糅进了这十四个字里了，这首《饮湖上初晴后雨》不仅是苏轼的名篇，更是历代描写西湖的名篇，被认为是"前无古人，后无来者"。

其实，早在唐代，白居易就对西湖情有独钟。他曾写过《西湖留别》《西湖晚归回望孤山寺赠诸客》《湖上夜饮》《湖中自照》……而其中的代表名作还属《钱塘湖春行》。

白堤，原名白沙堤，横亘在西湖东西向的湖面上，从断桥起，过锦带桥，止于平湖秋月，长一公里。白居易在任杭州刺史期间，写下这首著名的《钱塘湖春行》。春天来的时候，堤上桃柳成行，长堤如锦。诗人骑马在堤上缓行，一个"最"字可以看出，诗人做官为民的欣欣然。

因为诗的尾联写道："最爱湖东行不足，绿杨阴里白沙堤。"后人为纪念这位诗人，便把白沙堤命为"白堤"。

钱塘湖春行

[唐] 白居易

孤山寺北贾亭西，水面初平云脚低。
几处早莺争暖树，谁家新燕啄春泥。
乱花渐欲迷人眼，浅草才能没马蹄。
最爱湖东行不足，绿杨阴里白沙堤。

首联写景交代诗人观赏西湖的立足点，由高到低，由远及近，描绘了一幅初春涨潮图。

颔联写活动，写早春莺、燕子两种鸟儿的活动，一“争”一“啄”，便将活泼而充满生命力的春意呈现出来；一“早”一“新”，意义上互相生发，使早春图更富有生机和活力。

钱塘湖[1]春行

[唐]白居易[2]

孤山寺北贾亭西，水面初平云脚低。

几处早莺争暖树，谁家新燕啄春泥。

乱花[3]渐欲迷人眼，浅草才能没[4]马蹄。

最爱湖东行不足[5]，绿杨阴里白沙堤。

颈联写情，写早春西湖的花草，“迷”表面写花，实则写人为花所迷醉；“马蹄”意指游春赏景，把春景和春情和谐统一了起来。

尾联写叹，“最”表程度；“行不足”表明对春天的爱之深；“绿杨”既写了美景，又写了人在堤上赏美景，美好的景色使人流连忘返。

---

①钱塘湖：即西湖。

②白居易（772—846），字乐天，号香山居士，又号醉吟先生，生于河南新郑。与元稹共同倡导新乐府运动，世称“元白”，与刘禹锡并称“刘白”。有“诗魔”之称，代表诗作有《长恨歌》《卖炭翁》《琵琶行》等。

③乱花：纷繁的花。

④没：遮没，盖没。

⑤行不足：百游不厌。足，满足。

写景的“四步”秘密

春天到了，春天吹到哪里，美景就染到哪里。长辫子老师带着大家走进古诗中，找到写景的“四步”秘密。

第一步，关注“时间”

草长莺飞二月天，拂堤杨柳醉春烟。

——［清］高鼎《村居》

故人西辞黄鹤楼，烟花三月下扬州。

——［唐］李白《黄鹤楼送孟浩然之广陵》

人间四月芳菲尽，山寺桃花始盛开。

——［唐］白居易《大林寺桃花》

你看！“柳如烟”——“花如烟”——“芳菲尽”，虽然都是春天，但“初春”“仲春”“暮春”的景物特点是不一样的。

第二步，关注“地点”

黄四娘家花满蹊，千朵万朵压枝低。——［唐］杜甫《江畔独步寻花（其六）》

黄师塔前江水东，春光懒困倚微风。——［唐］杜甫《江畔独步寻花（其五）》

这两首都是杜甫居住在四川成都“杜甫草堂”时所作。前者写的是邻居黄四娘家屋前屋后的春景，后者写的是黄师塔前的春景。同样是《江畔独步寻花》，但是诗人笔下春景的位置是不一样的，因而所看到的景也有所差别。

■第三步，关注“行踪”

天街小雨润如酥，草色遥看近却无。

——[唐]韩愈《早春呈水部张十八员外(其一)》

孤山寺北贾亭西，水面初平云脚低。

——[唐]白居易《钱塘湖春行》

同样的事物——草色，远观和近看，其结果完全不一样。你不得不佩服韩愈观察的细致，以及描述的准确。白居易的《钱塘湖春行》就像一篇短小精悍的西湖游记。诗人骑着马，从孤山、贾亭开始，到湖东、白堤止，一路上饱览春色，欢畅无比。

■第四步，关注“心情”

云淡风轻近午天，傍花随柳过前川。　　[宋]程颢《春日偶成》

清明时节雨纷纷，路上行人欲断魂。——[唐]杜牧《清明》

程颢的《春日偶成》中，一个“傍”字，一个“随”字，一个“过”字，让诗人的观景之态更显“云淡风轻”。而《清明》中的“欲断魂”，则反之，让我们的内心不免涌起的悲伤之情。

香山居士您好！您的诗作，街边她们都能看懂，通俗不失华美，句句经典。

这是因为我每写出一首诗，都会念给街边的她们听。念完之后问她们能不能听懂。如果那她们说听不懂，我就会进行修改，直到她们都能明白。

原来这就是“老妪能解”的典故。

想当年，我初到长安，诗作的流传度还不够广的时候，还拿着《赋得古原草送别》一诗去拜访当时享有盛名的诗人顾况。

听说他刚刚瞥见您的名字“白居易”，便说：“长安的米贵得很，想白居在这里可不容易！”

他眼光很高，很少赞赏别人的诗。可是当他读到“野火烧不尽，春风吹又生”时，不禁大为赞赏，随即改口说：“有这样的诗，想留下来住也是很容易的。”于是对我以礼相待。

“野火烧不尽，春风吹又生”，简白如话，却又内涵深刻，在当时成为你崭露头角的“敲门砖”，也是流传千古的名句呢！

古诗词与地理

白居易的《钱塘湖春行》一诗中，有很多地名，子曰做了一个小小的“研究”，下面是他的研究成果——

孤山寺

孤山在西湖的里、外湖之间，因与其他山不相接连，所以称孤山。孤山上有孤山亭，可俯瞰西湖全景。孤山寺在南朝陈文帝天嘉元年（560）初建于孤山上，名永福，宋时改名广化。唐、宋人称其孤山寺。

贾公亭

唐贞观年间，时任杭州刺史的贾全，于钱塘湖畔建亭。因由贾全所建，故名贾公亭。历史上的贾公亭早在唐朝末期就已经不复存在了。因为有诗句的传唱，仍为人称道至今。

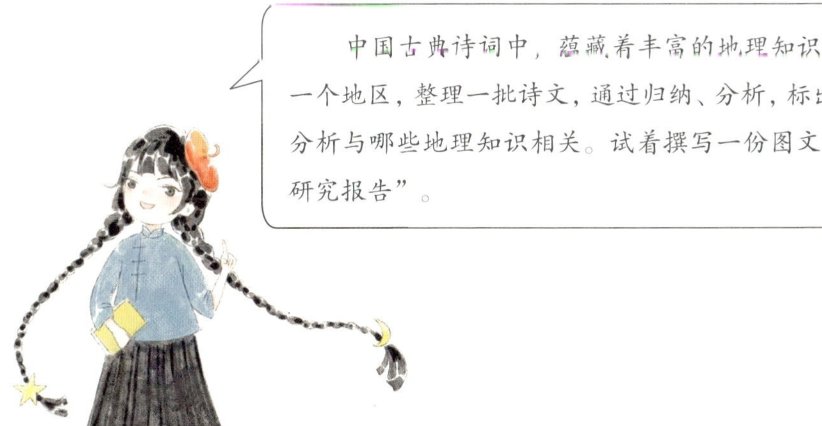

围绕“异”字做文章
——范仲淹《渔家傲·秋思》
看，这就是“大漠孤烟直”吧！
还有不少描写塞外风景的诗歌呢！
我们去找范仲淹问问怎么写塞外吧！

划粥断齑（jī）

提起范仲淹，你一定会想起他的千古名句：“先天下之忧而忧，后天下之乐而乐。”这样的诗文，传递着满满的正能量，能够唤起每个人的社会责任意识和担当。

可是，如果我提起“划粥断齑”这个成语，你却未必知道它的意思。这个成语中的“断”，意思是切断。“齑”是腌菜之类的咸菜。这个成语的意思是把粥划成一块一块，把腌菜切断，省着吃。

这个成语的主人公就是范仲淹。他幼年丧父，家境贫寒，母亲不得已带着他改嫁到长山朱家。虽然生活贫苦，但他很有志气。家里没有钱供他读书，他就发奋自学。当时，他家附近有一座修建于南北朝的古寺。传说在修寺的过程中，东山上冒出一汪山泉，因此得名醴（lǐ）泉寺，“醴”，意指甘甜的泉水。

范仲淹特别爱学习，于是家里人就把他送到醴泉寺，因为这里不仅环境幽静、藏书丰富，而且寺院的住持慧通大师博学多才，教给他很多知识，比如《易经》《战国策》等。但这件事引起寺院其他人嫉妒，为了避免人事纷扰，范仲淹便跑到寺院南边的一个山洞中读书。

但洞中没有米饭啊，怎么解决吃饭问题呢？于是他就想了一个办法，把家中给他送来的小米放在锅里，每次煮一大锅稀饭，待稀饭凉透凝成为块状，就把它割成几块。吃的时候，拿起一块稀饭，加一点野菜捣碎了，再加一点盐，就这样凑合着吃。这就是“划粥断齑”的典故。

听完这个小故事，再读一读他的这首《渔家傲·秋思》，你会发现：圣贤心中的甘苦，与常人所认为的甘苦是不同的。

yú jiā ào qiū sī

渔家傲·秋思

sòng fàn zhòng yān

[宋]范仲淹

sài xià qiū lái fēng jǐng yì, héng yáng yàn qù wú liú yì。sì miàn biān shēng lián jiǎo qǐ。qiān zhàng lǐ, cháng yān luò rì gū chéng bì。

塞下秋来风景异，衡阳雁去无留意。四面边声连角起。千嶂里，长烟落日孤城闭。

zhuó jiǔ yì bēi jiā wàn lǐ, yān rán wèi lè guī wú jì。qiāng guǎn yōu yōu shuāng mǎn dì。rén bú mèi, jiāng jūn bái fà zhēng fū lèi。

浊酒一杯家万里，燕然未勒归无计。羌管悠悠霜满地。人不寐，将军白发征夫泪。

上阕写景。

塞下：点明地点延州。

秋来：点明季节。

风景异：概括写出边塞秋季和内地的风光差异很大。

听觉＋视觉

体现战事的悲凉。

渔家傲·秋思

[宋] 范仲淹①

塞下②秋来风景异，衡阳雁去无留意。

四面边声③连角起。千嶂④里，长烟落日孤城闭。

浊酒一杯家万里，燕然未勒⑤归无计。

羌管⑥悠悠⑦霜满地。人不寐⑧，将军白发征夫泪。

下阕抒情。

“白发征夫泪”：可以指词人自己，也可以泛指某一位将军或征夫，因为他们的感情是相同的。一边是对家乡的怀念，一边是崇高的责任感。

人不寐：通过行动展现人的心态。

---

①范仲淹（989—1052），字希文，苏州吴县人。北宋杰出的思想家、政治家、文学家。

②塞下：边界险要之地，这里指西北边疆。

③边声：边塞特有的声音，如大风、号角、羌笛、马啸的声音。

④千嶂：绵延而峻峭的山峰，崇山峻岭。

⑤燕然未勒：指战事未平，功名未立。

⑥羌管：即羌笛，出自古代西部羌族的一种乐器。

⑦悠悠：形容声音飘忽不定。

⑧不寐：睡不着。寐：睡。

描写塞外的“三异”

一、风景之异

大家读一读这两段文字，感受到了什么？

单车欲问边，属国过居延。
征蓬出汉塞，归雁入胡天。
大漠孤烟直，长河落日圆。
萧关逢候骑，都护在燕然。
——[唐]王维《使至塞上》

香菱笑道：“我看他《塞上》一首，那一联云：‘大漠孤烟直，长河落日圆。’想来烟如何直？日自然是圆的：这‘直’字似无理，‘圆’字似太俗。合上书一想，倒像是见了这景的。若说再找两个字换这两个，竟再找不出两个字来。”

——[清]曹雪芹《红楼梦》

“大漠孤烟直，长河落日圆。”王维笔下的边塞风光奇异、浩瀚、壮美，孤烟直上，落日浑圆，这是边塞独有的景色。

这样的奇异景象须要像香菱一样，细读细品，在脑海中想象其画面。

描写塞外的诗，除“风景之异”，还有“修辞之异”，试举例说一说。

二、修辞之异

大家来举例说一说修辞的不同吧。

举例：

忽如一夜春风来，千树万树梨花开。

——［唐］岑参《白雪歌送武判官归京》

诗人运用比喻的修辞手法，把边塞雪景描绘成江南春景，表现出一种奇异浪漫之美。

诗人运用拟人的修辞手法，生动形象地写出边塞之艰苦，展现一种苍凉悲壮之美。

举例：

塞外秋来风景异，衡阳雁去无留意。

——［宋］范仲淹《渔家傲·秋思》

三、立意之异

不同的诗人看到相同的景色，思考的内容也不同。这跟他们当时的心境有着密切的关系。大家思考这三首诗的立意“异”在何处？

醉卧沙场君莫笑，古来征战几人回。——［唐］王翰《凉州词》

但使龙城飞将在，不教胡马度阴山。——［唐］王昌龄《出塞》

月黑雁飞高，单于夜遁逃。——［唐］卢纶《和张仆射塞下曲（其三）》

王翰的《凉州词》突出了将士的“视死如归”。

王昌龄的《出塞》表现了将士的“豪情壮志”。

卢纶的《塞下曲》展现了将士的“辉煌战果”。

诗词创作讲究标“新”立“异”，不走寻常路。要让你的文章给读者印象深刻，请记住“三异”！

风景之异　　修辞之异　　立意之异

文正公，您好！您的这首《渔家傲·秋思》是一首不可多得的描写军旅生活的好词，是情景交融的典范之作。能介绍一下创作背景吗？

那是在庆历二年，夏去秋来，我为了严密防务，赴边防踏勘。在朔风摇曳中，我望着天空南飞的大雁，心中不禁产生无尽的感慨。回营之后，深夜失眠，便挑灯填词，写了这篇《渔家傲·秋思》。那时我任陕西经略副使兼延州知州，镇守西北边疆，已经整整三年的时间了，既思家，又思国，复杂的心情都写进了这篇词中。

此词意境雄浑开阔，气概苍凉悲壮。据说，您的后辈苏轼、辛弃疾所创的豪放派的词风，深受您的影响！

是吗？我写此词时，并非刻意为之，皆因我身在边关，所观之景、所见之物和以往大有不同而已。后来者能有豪放词风的出现，非我之功。

《渔家傲·秋思》上阕写边塞奇异之景，尤其是“千嶂里，长烟落日孤城闭”一句，不逊于唐代王维的“大漠孤烟直，长河落日圆”。您为何能写出这样与众不同的景色呢？

心中之境，决定眼中之景。

“画”说名人小故事

说起四格漫画，大家都不陌生吧？就是以四个画面分格来完成一个小故事的表现形式。下面是子曰创作的《一代名相范仲淹》，如果你对哪位大诗人有兴趣，也可以试着进行创作哟！

一代名相范仲淹

文 | 子曰

范仲淹在醴泉寺苦读三年后，为求取更多学问，他到当时称作南都的应天府学习。他依旧划粥割齑，昼夜苦读，夜里看书困了就用冷水洗脸。

有一天，真宗皇帝路过应天府，全城都轰动了，人们争先恐后地去看皇帝。范仲淹却连头也不抬，继续苦读。他说：“将来再见也不晚！”

范仲淹一生节俭。有一次，夫人曹氏告诉他，未过门的儿媳妇准备用丝绸做一顶帐子，范仲淹听后十分生气。

范仲淹从小立志为民，他把“先天下之忧而忧，后天下之乐而乐”作为自己的座右铭，不为利益所动，甚至把自己的俸禄用于接济他人。

单元学习任务

一、学会梳理

本单元共四首诗，描写了不同地域的风光，读一读，试着结合自己所了解的，说一说不同地域的特点。

古诗	地域	特点
《江村即事》		
《正月十五夜》		
《钱塘湖春行》		
《渔家傲·秋思》		

二、学会探究

古诗词博大精深，蕴含万事万物，请选择一个研究方向进行探究，并形成个性化的研究成果。

古诗词研究选题		
序号	研究方向	成果形式
1	古诗词中的美食	手绘古诗词中的美食菜谱
2	古诗词中的节日文化	制作 PPT
3	跟着古诗词游中国	绘制古诗词旅游地图

三、学会表达

请从下列四组词语中，任选一组，联系生活，想象画面，结合积累的古诗词，写一段话。

第一组：杏花 春雨 江南

第二组：骏马 秋风 塞北

第三组：牦牛 冰雪 高原

第四组：椰树 骄阳 海岛

第二单元 文化名楼

黄鹤飞走的地方
鹳雀飞来的地方
是生长故事的地方

王勃经过的地方
王之涣路过的地方
是生长诗歌的地方

诗因楼而生
楼因诗而名
诗和楼相互成全

——长辫子老师《唐诗里的文化名楼》

黄鹤楼
“典故”与“风光”
——崔颢《黄鹤楼》
哇！这就是传说中的黄鹤楼，这么高啊！
这是1985年以清代“同治楼”为原型建成的。
那崔颢笔下的黄鹤楼长什么样子呢？
那我们去找崔颢问问吧！

有故事的黄鹤楼

关于黄鹤楼，故事可多了。

相传有一天，李白伫立在黄鹤楼上，凭栏远眺，诗兴大发。他铺纸磨墨，准备写诗，忽然发现墙上已经有了一首《黄鹤楼》，署名崔颢。李白逐字推敲着，觉得这首诗写得实在太好了，便由衷赞道“眼前有景道不得，崔颢题诗在上头”，然后便搁笔而去。

这首《黄鹤楼》到底好在哪儿，让李白如此推崇？原因在于：这首诗一气呵成，从头到尾，用最浅白的语言，娓娓道来，没有一点做作，这就是崔颢的《黄鹤楼》最大的特点。

有人说：天下好山水，必有楼台收。山水与楼台，又须文字留。正是文坛佳话和优美的诗文，让黄鹤楼闻名遐迩。然而，这座因诗闻名的古楼，最开始建造的时候并不是为了游玩与观赏，它是做什么用的呢？

据说，在纷争不断的三国时期。吴国的孙权扼守湖北鄂城，也就是今天的武汉市武昌区。这一日，孙权来到江边巡视，他看到这里背山面江，易守难攻，是军事要地，便决定依山筑城。所以这里实际上是地形险要的军事堡垒。孙权还在城西南的黄鹤矶上，建起高高的黄鹤楼，作为瞭望的哨楼。只是随着历史的演变，黄鹤楼逐渐失去它的军事价值，成为旅游胜地。

黄鹤楼因山得名，因诗闻名。

崔颢用一首诗，成就一座楼。

huáng hè lóu
黄鹤楼

táng cuī hào
[唐] 崔颢

xī rén yǐ chéng huáng hè qù cǐ dì kōng yú huáng hè lóu
昔人已乘黄鹤去，此地空余黄鹤楼。
huáng hè yí qù bú fù fǎn bái yún qiān zǎi kōng yōu yōu
黄鹤一去不复返，白云千载空悠悠。
qíng chuān lì lì hàn yáng shù fāng cǎo qī qī yīng wǔ zhōu
晴川历历汉阳树，芳草萋萋鹦鹉洲。
rì mù xiāng guān hé chù shì yān bō jiāng shàng shǐ rén chóu
日暮乡关何处是？烟波江上使人愁。

首联巧用典故由仙人乘鹤归去引出黄鹤楼。

颔联紧承首联，说自从仙人离去，黄鹤楼已经历经千百年之久。

黄鹤楼[1]

[唐]崔颢[2]

昔人已乘黄鹤去，此地空余黄鹤楼。

黄鹤一去不复返，白云千载空悠悠。

晴川历历[3]汉阳[4]树，芳草萋萋[5]鹦鹉洲。

日暮乡关[6]何处是？烟波江上使人愁。

颈联诗意一转，进入景物描写，写晴日在黄鹤楼所见之景。

尾联以“日暮怀归”之情作结，和首联呼应。

---

①黄鹤楼：故址在湖北省武汉市武昌区。

②崔颢（704—754），唐代诗人，汴州（今河南开封）人。

③历历：清晰可数。

④汉阳：地名，现在湖北省武汉市汉阳区，与黄鹤楼隔江相望。

⑤萋萋：形容草木茂盛。

⑥乡关：故乡家园。

典故在文章中的妙用

中华民族有灿烂悠久的文明史，勤劳聪慧的先辈遗留下了丰富的典故：神话故事、成语故事、民间故事、诗歌故事、历史故事……

这些故事，同学们只会读和背还不够，如果能将它灵活地引用到自己的作文中，就会让你的作文魅力大增。下面是几位同学的作文，大家一起来欣赏。

一、引入古代故事，增加文章传奇性

晓语在暑假去了一趟蓬莱阁，回来后，她写了一篇日记《游蓬莱阁》，她在日记的开篇写道：

7 月 20 日　星期三　（晴）

今天，我终于来到了举世闻名的蓬莱阁。

传说八仙去给王母娘娘拜寿途中，在蓬莱阁上喝醉了酒，为显示自己的本领，相约都不乘船，而以自己的法器做渡海工具。铁拐李乘葫芦，钟离权坐扇子，张果老坐纸驴，吕洞宾踏宝剑，曹国舅站云板，韩湘子乘洞箫，何仙姑坐荷花，蓝采和则坐在花篮中，飘洋过海。“八仙过海，各显其能”的典故即源于此。在山脚下，还有八仙出海时留下的脚印。这些文章和故事，使蓬莱阁“人间仙境”的美名远传。

用这样一段神话故事开篇，增加了蓬莱阁的神秘色彩，让读者迫不及待地想往下阅读。

二、引入古代故事，增添叙述生动性

晓文的老家在武汉，她去过几次黄鹤楼，对每一处景点都了如指掌，她在《黄鹤楼游记》一文中引用了“搁笔亭的传说”：

在黄鹤楼公园的东边有一个亭子，叫“搁笔亭”，亭名的来源就是“崔颢题诗，李白搁笔”这一典故。其实我觉得李白是真的很喜欢也很佩服崔颢的这首《黄鹤楼》，因为李白后来的《鹦鹉洲》和《登金陵凤凰台》这两首诗中都有崔颢《黄鹤楼》的痕迹。

三、引入古代故事，增强历史纵深感

文章中引用古代故事，可以使读者在欣赏美景的同时，产生一种历史纵深感，为我们祖国如此多娇的江山和悠久的文化感到自豪。刘白羽的《长江三日》中，不仅引用了神女峰的传说，还引用了屈原的故事。

十一点十五分到秭（zǐ）归。据袁崧《宜都山川记》载：秭归是屈原故乡，是楚子熊绎建国之地。后来屈原被流放到汨罗江，死在那里。民间流传着：屈大夫死日，有人在汨罗江畔，看见他峨冠博带，美髯白皙，骑一匹白马飘然而去。又传说：屈原死后，被一大鱼驮回秭归，终于从流放之地回归楚国。这一切初听起来过于神奇怪诞，却正反映了人民对屈原的无限怀念之情。

您好！您就是让诗仙李白搁笔的崔颢老师？

承蒙诗仙抬爱，受宠若惊啊！

李白爱极了您的这首诗，他有两首诗，都有《黄鹤楼》的影子：

在《鹦鹉洲》中，李白写道："鹦鹉东过吴江水，江上洲传鹦鹉名。鹦鹉西飞陇山去，芳洲之树何青青。"

在《登金陵凤凰台》一诗中，李白写道："凤凰台上凤凰游，凤去台空江自流，吴宫花草埋幽径，晋代衣冠成古丘。"

太感动了！是诗仙的夸奖让大家记住了我，记住了黄鹤楼。

人生中能遇见这样一位知音，何其幸运。

大家来写导游词

今天的创意写作课，长辫子老师组织了一场有趣的“黄鹤楼导游词”写作比赛，同学们热情很高，晓语率先交上了她的导游词，我们一起来欣赏吧！

各位游客：

大家好！我是晓语，很荣幸今天由我担当黄鹤楼小导游。

请大家看这幅《白云黄鹤图》，它取材于驾鹤登仙的神话。

相传，有个姓辛的人在黄鹤山头卖酒度日。一天，有个衣衫褴褛的老者蹒跚而来，向他讨酒喝，辛氏慷慨应允。以后，老道每日必来，辛氏则有求必应。有一天老者忽然来告别说：“每日饮酒无以为酬，只有黄鹤一只可借，聊表谢意。”说罢，他在墙上画了一只黄鹤，对辛氏说：“只要你拍手相招，黄鹤便会下来跳舞，为游客助兴。”说完后老者就不见了。辛氏拍手一试，黄鹤果然一跃而下，翩翩起舞。消息传开后，吸引了众多游客，辛氏也生意兴隆。后来有一天，老者突然再次出现在酒店，他取下随身携带的笛子，对着墙上的黄鹤吹起一支奇妙的曲子，黄鹤闻声而下，载着老者飞走了。

听完这个传说，请大家继续跟着我一起上二楼观赏吧。这幅题为《孙权筑城》的壁画，再现了当年修建黄鹤楼时的历史背景。孙权在长江边上筑夏口城，并在城头黄鹤矶上建楼作观察瞭望之用，这便是最初的黄鹤楼。

关于黄鹤楼的故事我就介绍到这里，下面请各位游客自行参观。谢谢聆听！

晓语的黄鹤楼导游词，侧重介绍了黄鹤楼的神话传说，你可以选择其他内容来介绍，比如：书画文物、名楼建筑、名人轶事等。期待你的精彩演绎！

围绕中心词选材

——王勃《滕王阁诗》

一场惊心动魄的赛诗会

心中无诗的人，面对落日，只会说："哇，好美！"

心中有诗的人，面对落日，则会说："落霞与孤鹜齐飞，秋水共长天一色。"

天才少年王勃，便是这千古名句的原创作者。

这则千古名句出自《滕王阁序》，说起它的创作背景，竟然是一个偶然。王勃偶然经过滕王阁，偶然蹭了一顿饭，竟然用一首诗和一篇文章，让一座城火了千年。

675 年，时任南昌故郡洪州都督的阎伯屿，重修了滕王阁，定于重阳节在那里宴请文人雅士吟诗唱和。王勃因去探望被贬到交趾的父亲途经此地，故也受到邀请。宴会上阎都督有个私心，他的女婿吴子章颇有才华，阎都督命其事先精心准备好一篇序文，以便在宴席上展示。不料年轻气盛的王勃却当场挥毫而就，文惊四座。阎都督也被王勃的文采折服，赞其为天才。

故事到此，本该结束。有意思的是，又出现另一个高潮。阎都督女婿被王勃抢了风头，意不能平，竟指责王勃的序文乃抄袭先贤之作。紧接着，他凭借过目不忘的神功，居然把王勃的作文流利地背了出来。客人们交头接耳，也起了疑心。王勃却不慌不忙鼓起了掌："吴兄记性真好，佩服！佩服！不过这文章末尾还有一首诗，你知道吗？"言罢，起身挥毫，写下《滕王阁诗》。

这首诗境界远大，文笔优美，实非一般诗可比，吴子章羞愧而退。

téngwáng gé shī
滕王阁诗

táng wáng bó
[唐]王勃

téng wáng gāo gé lín jiāng zhǔ pèi yù míng luán bà gē wǔ
滕王高阁临江渚，佩玉鸣鸾罢歌舞。
huà dòng zhāo fēi nán pǔ yún zhū lián mù juǎn xī shān yǔ
画栋朝飞南浦云，珠帘暮卷西山雨。
xián yún tán yǐng rì yōu yōu wù huàn xīng yí jǐ dù qiū
闲云潭影日悠悠，物换星移几度秋。
gé zhōng dì zǐ jīn hé zài jiàn wài cháng jiāng kōng zì liú
阁中帝子今何在？槛外长江空自流。

滕王阁诗

［唐］王勃①

滕王高阁临江渚②，佩玉鸣鸾③罢歌舞。

画栋④朝飞南浦⑤云，珠帘暮⑥卷西山雨。

闲云潭影日悠悠，物换星移⑦几度秋。

阁中帝子⑧今何在？槛外长江空自流。

- 首联从时空上描绘滕王阁，寥寥两句，使读者产生盛衰无常的感觉。
- 首句开门见山，从空间上点明滕王阁的高峻。
- 颔联情景交融，从“画栋飞绕着南浦的云”写出了滕王阁的居高；从“珠帘卷来了西山的雨”写出了滕王阁的临江。
- 颈联再次从时空上，写出滕王阁今日的空阔、寂寞。
- “闲云”在天空，“潭影”在地上，一仰一俯，扩大了空间感。
- “日悠悠”和“几度秋”，又使时间无限延长。
- 尾联采用设问的方式，从时间转入空间，指出物要换，星要移，帝子要死去，而槛外的长江之水，却是永恒地东流无尽。
- “槛”和“江”呼应首句的“高阁临江”，完美收尾。

---

①王勃（649—676），字子安，古绛州龙门（今山西河津县）人。
②渚：水中小块陆地。
③鸣鸾：马脖子上挂着的响铃。
④画栋：有着华丽彩绘的建筑物。
⑤浦：水边，江河与支流的汇合处。
⑥暮：傍晚。
⑦物换星移：形容时间的变化，万物的变幻。
⑧帝子：指建这座阁楼的滕王。

怎样围绕中心词选材

今天的创意写作课，长辫子老师首先给大家讲一个故事《一字千金》。故事的主人公还是王勃，事情还是与他创作的《滕王阁诗》有关。

一字千金

相传，王勃写到最后一句时，故意空了一个字，于是原诗句变成“槛外长江□自流”，他写完后，站起身，拂袖而去。

众人开始传阅他的这首《滕王阁诗》，读到最后发现少了一个字，纷纷发表高见，有人说，这里应该填“水”字，有人说，这里应该填“独”字，但终觉不满意。阁都督遂命人追上王勃，请他把空处的字补上。

待来人追上王勃，王勃轻轻一笑，说：“一字千金！”来人将此话转告阁都督，都督连忙命人备好银两，把王勃请回。

王勃呵呵一笑，并未接过银两，而是说：“晚生为都督作诗，岂敢空字？空者，空也。阁中帝子今何在？槛外长江空自流。”众人听后，齐声称妙。

听完这个故事，你是不是已经发现，这个“空”字，就是整首诗的“中心词”——即“诗眼”，也就是说，整首诗都是围绕“空”字来写的，生动地展现了盛衰无常的主题思想。

由此可见，选材能否围绕中心词，是作文能否出彩的一个重要因素。很多同学的作文立意正确，结构完整，层次清晰，语句通顺，但是评价不高。一个主要原因，就是选材不理想。

选材常见问题

1. 堆砌材料，不加选择。

表现在材料用得多，但不够典型。

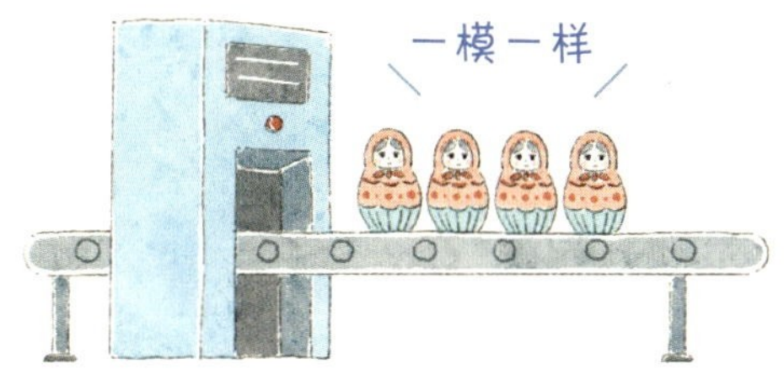

2. 千人一面，毫无新意。

表现在材料老套，无法吸引读者。

3. 缺少细节，不够生动。

表现在语言寡淡无味，泛泛而谈。

如何进行选材

①选典型的。

典型材料是指那些最能体现中心词的，最能反映事物本质的并能打动人心的，具有广泛代表性和强大说服力的材料。

②选新颖的。

所谓新颖，就是选择的材料要新颖别致，不落俗套。要反映时代特色，要能代表时代精神。

③选具体的。

选择的材料要具体，要注意细节刻画，融叙事、描写、抒情于一体，我笔写我心，抒发真情实感。

再读一读《滕王阁诗》，对照上述三点，加深体会。

您好！王勃先生，您能先为我们介绍一下您当时是如何写下《滕王阁序》吗？

说来话长，其实当时我正要去看望我的父亲，路过南昌时，赶上都督阎伯屿修成新滕王阁，重阳日在滕王阁大宴宾客。后面的事我想你们应该已经知道了……

您的另外一首诗《送杜少府之任蜀州》中的“海内存知己，天涯若比邻”也是脍炙人口，您在创作这首诗时是怎样想的呢？

我当时送别好朋友，为了宽慰他，即兴而作。在我看来，真正的好朋友，即使相隔再远也能做到就像在身旁那样倍感亲切。

最后一个问题：对于别人称您、杨炯、卢照邻和骆宾王为“初唐四杰”，您有什么看法呢？

我们四人皆年少成名，对诗歌创作都有一种十分明确的审美追求：反对浮艳诗风，提倡刚健骨气。

佳句扩写

王勃的“落霞与孤鹜齐飞，秋水共长天一色”是千古佳句，长辫子老师让大家根据自己的理解，对诗句进行扩写。看看晓语和晓文的作品，你决定把“最佳扩写奖”的奖颁给谁？

这是一幅“秋江暮色图”，背景是水波浩渺的江面。夕阳像一个熟透的柿子，装在天空的大碗里。绚丽的晚霞映红了天幕，并映照在碧绿的江水中，呈现出“半江瑟瑟半江红”的美丽景象。江渚之上，一只野鸭掠过水面，扑棱棱飞上天空，不知它是沉醉于秋江晚景不愿栖息，还是在“嘎嘎”的叫唤声中别有期待。

晚霞是夕阳的红妆，映红傍晚的天空。野鸭兀自飞过天空，在夕阳映衬中，留下一道美丽的剪影。明静的秋水也被霞光映红，分不出哪是水，哪是天。天地安详，微风不惊，野鸭将在下一刻归巢，夕阳将在下一刻沉入江中，星光将在下一刻照亮天空。那是夜晚再续的诗篇，是大自然说也说不完的语言。

我想把“最佳扩写奖”颁给＿＿＿＿，因为＿＿＿＿

＿＿＿＿＿＿＿＿＿＿＿＿＿＿＿＿

＿＿＿＿＿＿＿＿＿＿＿＿＿＿＿＿

＿＿＿＿＿＿＿＿＿＿＿＿＿＿＿＿

＿＿＿＿＿＿＿＿＿＿＿＿＿＿＿＿。

作者的胸襟决定文章境界
——杜甫《登岳阳楼》
岳陽樓
我们这次算是把江南三大名楼都游遍了！
我们拜访过的范仲淹，他写过《岳阳楼记》。
唐代大诗人杜甫也写过《登岳阳楼》！
你们说的都没错，我们今天就来比较一下这两篇诗词吧！

登高诗的不同心境

说起杜甫，很多人对他的刻板印象是：忧心忡忡、沉重愁苦。如果读一读他青年时期的作品，你也许会对他的印象有新的认知。

青年时期，二十多岁的杜甫参加科考落榜后，给自己安排了一场全国自助游。在途经泰山时，留下了著名的《望岳》，诗的最后两句“会当凌绝顶，一览众山小”是千古励志名句，也是学生写作文时经常引用的名人名言。

晚年时期，五十多岁的杜甫，处境艰难，又年老体衰。当他一路漂泊，途经岳阳时，终于登上神往已久的岳阳楼。他凭轩远眺，感慨万千，思考如何在一首诗的空间里，高度概括洞庭湖的雄伟气势。这就像一次高考命题作文，难度很大。要知道，在杜甫之前，孟浩然已在《望洞庭湖赠张丞相》一诗中写下“气蒸云梦泽，波撼岳阳城”的名句。这就有点像崔颢写了《黄鹤楼》，李白只能慨叹一句“眼前有景道不得，崔颢题诗在上头”，便搁笔而去。

杜甫没有搁笔，而是大笔一挥，写下：“吴楚东南坼，乾坤日夜浮。”意思是：洞庭湖汪洋万顷，把吴楚两地分隔开，太阳和月亮好像就在湖里升降出没。

杜甫的胸襟气度，决定了诗歌思想境界的高度。也正因为如此，虽然诗的五、六两句“亲朋无一字，老病有孤舟”，写的是自身当下处境，但他并没有顾影自怜，而是话锋一转，虑及北方边关战事又起，国家仍然动荡不安。

“戎马关山北，凭栏涕泗流。”原来，让诗人泪流满面的不仅是对自己青年时凌云壮志无从实现的感叹，更多的是对国家与人民的深切同情。

源自肺腑，故能扣人心弦。

dēng yuè yáng lóu
登岳阳楼

táng dù fǔ
[唐]杜甫

xī wén dòng tíng shuǐ jīn shàng yuè yáng lóu
昔闻洞庭水，今上岳阳楼。
wú chǔ dōng nán chè qián kūn rì yè fú
吴楚东南坼，乾坤日夜浮。
qīn péng wú yí zì lǎo bìng yǒu gū zhōu
亲朋无一字，老病有孤舟。
róng mǎ guān shān běi píng xuān tì sì liú
戎马关山北，凭轩涕泗流。

登岳阳楼

[唐] 杜甫[①]

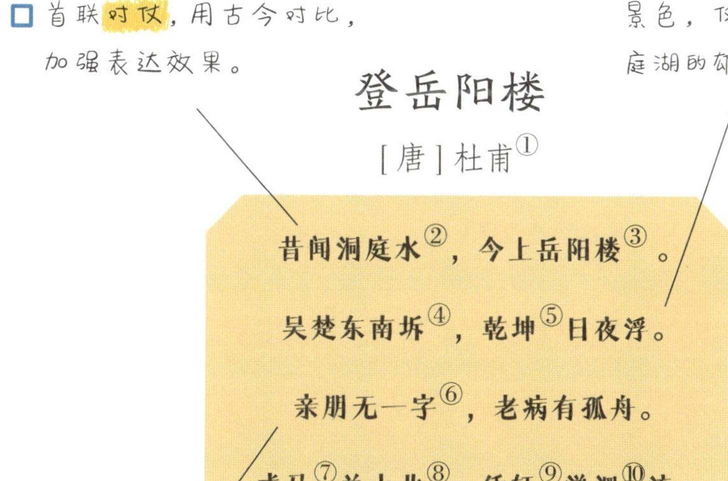

昔闻洞庭水[②]，今上岳阳楼[③]。
吴楚东南坼[④]，乾坤[⑤]日夜浮。
亲朋无一字[⑥]，老病有孤舟。
戎马[⑦]关山北[⑧]，凭轩[⑨]涕泗[⑩]流。

---

①杜甫（712—770），字子美，自号少陵野老，唐代伟大的现实主义诗人，人称“诗圣”，与李白合称“李杜”。

②洞庭水：即洞庭湖，在今湖南北部，长江南岸，是中国第二大淡水湖。

③岳阳楼：即岳阳城西门楼，在湖南省岳阳市，下临洞庭湖，为游览胜地。

④坼：分裂。

⑤乾坤：指天、地。

⑥无一字：音讯全无。字：这里指书信。

⑦戎马：这里指战争。

⑧关山北：北方边境。

⑨凭轩：靠着窗户。凭：靠着。

⑩涕泗：眼泪和鼻涕。

作文立意的三重境界

作文是有境界的，一个人思维品质的高下决定了他作文境界的高下。

由此可见，立意是作文之魂，立意低了，哪怕文章的结构再精巧，语言再精美，也掩盖不了他思想的苍白与贫弱。

为此，长辫子老师建议大家把杜甫的《登岳阳楼》和范仲淹的《岳阳楼记》对比阅读，感受作文立意的境界。

两篇的中间都描写了壮阔之景。

《登岳阳楼》中的“亲朋无一字，老病有孤舟”，写的是作者的亲身经历，《岳阳楼记》先写阴雨、晴明的景色，情由景生。

唐代杜甫与宋代范仲淹，是两位不同时代的人。他们用不同的表现形式（诗、文），大致相同的结构（述因——写景——抒怀），写同一对象（岳阳楼），表达了大致相同的思想境界——爱国爱民。

从两位大诗人的诗文不难看出，一篇好文章必须具备三重境界：

第一重境界——文风要明

作文最容易犯的毛病是空泛、虚假和做作。端正文风的好办法有三条，你做到了吗？

1. 语言要正确、准确。
2. 文词要生动、简洁。
3. 句式要规范、合理。

第二重境界——文词要大气

文词的大气非一朝一夕可以养成，靠的是词汇储备与熟练的运用。只有多读、多看，把积累的词汇内化成自己的语言词库，待到写作时，才会喷薄而出。

衔远山，吞长江，浩浩汤汤，横无际涯，朝晖夕阴，气象万千，此则岳阳楼之大观也……

至若春和景明，波澜不惊，上下天光，一碧万顷，沙鸥翔集，锦鳞游泳，岸芷汀兰，郁郁青青……

第三重境界——文义要高

作文的立意一定要健康、明亮、向上。杜甫和范仲淹的诗文为什么被世人传诵，主要原因是诗文中浓烈的爱国、爱民情怀。

戎马关山北，凭轩涕泗流。——［唐］杜甫《登岳阳楼》
先天下之忧而忧，后天下之乐而乐。——［宋］范仲淹《岳阳楼记》

您好，子美先生！读了您的“会当凌绝顶，一览众山小”，真是气吞山河啊！

那是我年轻的时候，想着一展宏图，为国尽力。当我步入中年后，心境发生了变化，诗作风格也与年轻时不甚相同了。

我曾读过你的《登高》，与《望岳》一诗中的雄心与气概确实不同，但感情层次更为复杂，后代学者赞其为“古今七律第一”！

大概这首诗在格律和对仗上，确实工整。但是人外有人，我们大唐还有不写律诗的李白呢！他可是盛唐时期大家心中的“白月光”啊！

李白天马行空，您忧国忧民，一个“诗仙”，一个“诗圣”，都令我们后人景仰！

给杜甫的一封信

杜甫的诗歌被称为“诗史”，杜甫本人被尊为“诗圣”。杜甫的“圣”体现在他一直扎根在大唐的土地上，一直关注着现实社会。他的伟大之处恰恰在于他无论身处何种境地，自身遭遇怎样困苦，始终心怀家国天下，心忧黎民百姓。 拿起创意纸笔，试着给他写一封信吧！

尊敬的杜甫：

您好！

我读过您的很多文章诗文，如：……………………………………

……………………………………………………………………

我最喜欢的一篇诗文是……………………………………

因为……………………………………………………

……………………………………………………………………

谢谢您，因为……………………………………………

……………………………………………………………………

此致

敬礼！

……………………（署名）

……………………（日期）

让结尾更上一层楼

——王之涣《登鹳雀楼》

最浅的语言，最深的道理

王之涣，盛唐时期谜一样的诗人。

他是躲在诗歌后面的男人，史书上关于他的记载很少，流传下来的诗词也很少，但其中两首却人尽皆知，那就是《凉州词》和《登鹳雀楼》。

这两首诗千百年来被世人传诵，主要有两个原因：其一，诗歌语言浅白，读起来朗朗上口，容易理解并记住；其二，浅浅的语言，壮阔的风光，深刻的思想，颇为励志。

他与岑参、高适、王昌龄并称唐代“四大边塞诗人”，但没有边塞生活经历，也没有去过前线。可这并不影响他写出著名的《凉州词》，成为边塞诗中的翘楚。

“凉州词”又名“出塞”，是当时最流行的曲调之一。这首诗写的是戍边士兵怀乡之情，同时也展现了西北边地广漠壮阔的风光。“黄河远上白云间”，仅七个字，祖国的壮丽山河便跃然纸上。

三十五岁那年，他登上鹳雀楼，写下千古名篇《登鹳雀楼》。诗作文字浅直，却大气磅礴，被誉为唐代五言诗的压卷之作。鹳雀楼也因此诗名扬千古。

傍晚，登上鹳雀楼。西边，白日依山尽。东边，黄河入海流。境界扩大，把宇宙都望穿了，诗人觉得还不过瘾，他还要欲穷千里目，更上一层楼。“欲穷”和“更上”两个词语中，包含了多少希望，多少憧憬。

这就是大唐气象——

用最浅白的语言，说最深刻的道理。

dēng guàn què lóu
登鹳雀楼

táng wáng zhī huàn
[唐]王之涣

bái rì yī shān jìn
白日依山尽，
huáng hé rù hǎi liú
黄河入海流。
yù qióng qiān lǐ mù
欲穷千里目，
gèng shàng yì céng lóu
更上一层楼。

□ 诗前两句写景，缩万里于咫尺，使咫尺有万里之势。

□ 这首诗在写法上还有一个特点：全篇对仗。

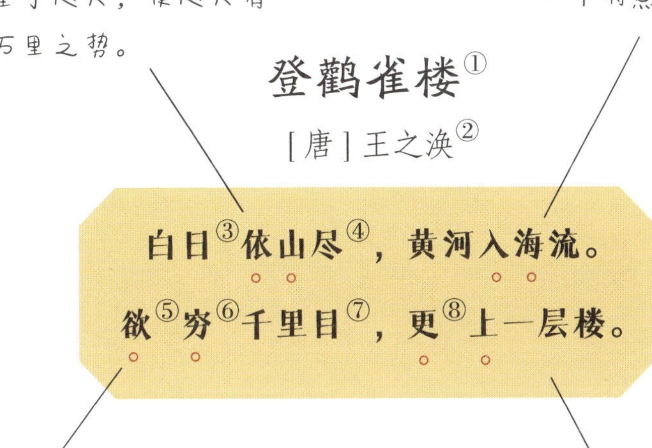

登鹳雀楼[①]

［唐］王之涣[②]

白日[③]依山尽[④]，黄河入海流。
欲[⑤]穷[⑥]千里目[⑦]，更[⑧]上一层楼。

□ 诗的后两句写意，把景物、哲理与情感融为一体。

□ 第三句，表层的意思：要想看到更远的地方。深层的意思：人的追求永无止境。

□ “千里”和“一层”都是虚指，是诗人想象中横向和纵向的空间。

□ 诗的收尾处用一“楼”字，起到了点题的作用，说明这是一首登楼诗。

---

①鹳雀楼：旧址在山西永济市，楼高三层，前对中条山，下临黄河。传说常有鹳雀在此停留，故有此名。

②王之涣（688—742），字秀凌，绛州（今山西新绛）人，盛唐时期的著名诗人。

③白日：太阳。

④尽：消失。

⑤欲：想要，希望。

⑥穷：尽，使达到极点。

⑦千里目：眼界宽阔。

⑧更：再。

文章结尾四法

俗话说："织衣织裤，贵在开头，编筐编篓，重在收口。"一篇好文章，除了有引人入胜的开头，还应该有耐人寻味的结尾。

那么，怎样写好文章的结尾呢？长辫子老师概括了四种常见的方法。

第一种：呼应式

结尾呼应标题或开头，巧妙点题，使文章结构完整，给读者留下整体之美。

标题 《思考，让生活更美好》

结尾 因为思考，萧瑟的秋日变得美好；因为思考，乏味的生活变得绚丽；因为思考，一首登楼之作，成为五言绝句的压卷之作。

第二种：总结式

在前文叙述、描写、论证、说明的基础上，对全文进行概括性的总结，使主题更加突出。

标题 《考试的滋味》

结尾 以前，说起考试的滋味，总是逃离不出酸、甜、苦、辣、咸这五种滋味。而现在，考试的形式和内容发生变化之后，考试又多出两种味道：趣和乐。

第三种：抒情式

在文章结尾处直接抒发作者思想感情，通过作者真情实感的自然迸发，感动读者。

标题 《永远的长辫子老师》

结尾 因为有爱——

岁月，便无法伤害到她。

第四种：启迪式

在结尾处写出肺腑之言，或充满激情的呼吁，或富有理性的启迪，给人留下思考的余地。

标题 《记一次春游》

结尾 这真是一次不成功的春游，但我也从这次春游中悟出一个道理：人虽不能分三六九等，木却分花梨紫檀。相同名字的事物，也未必都一样。想象是美好的，现实往往不尽如人意。

哇！您就是“旗亭画壁”的主角之一，王之涣先生！幸会！

哈哈！另外两位主角：王昌龄、高适，他们都是我的好朋友。我们经常在一起喝酒、赛诗、舞剑。

很多人觉得您是盛唐的一个谜，史书上少有您的记载。

我就是素人一枚，当然记载很少。这和我的个性有关，我喜欢闲云野鹤般的生活，不喜欢被关注。

您不喜欢被关注，但还是被世人记住了。有人说您是一位“侠义”诗人。

我从小就有一个侠客梦，有着强烈的社会责任感，忧国忧民，伸张正义。

诗品即人品。从您绝句诗中的豪迈气势，以及结交的好友群，我们可以品味到您侠义的人格。

学画思维导图

长辫子老师和好朋友一起，根据“知诗人——明诗意——悟诗情——学写作”四大板块内容，为王之涣的《登鹳雀楼》画了一幅思维导图。

这是一种很有意思的学习方式，增加了古诗学习的情趣和理趣，一起来欣赏一下吧！

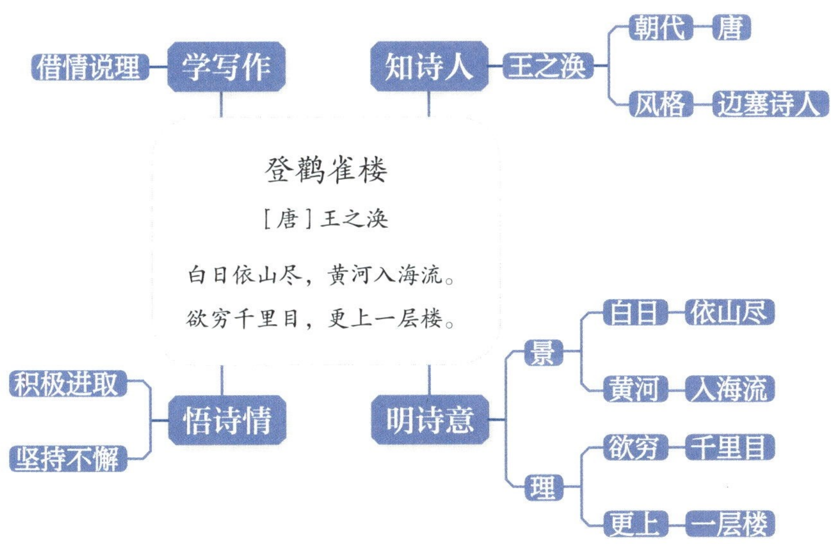

请你选择自己喜欢的一首古诗，也试着画一幅思维导图！

单元学习任务

一、学会梳理

本单元共四首诗，介绍了我国四座古代名楼。请分别写出诗歌作者，以及四座名楼所在地。

古诗	作者	所在地
《黄鹤楼》		
《滕王阁诗》		
《登岳阳楼》		
《登鹳雀楼》		

二、学会探究

古诗中的名楼很多，除了本单元提到的四座，还有山东蓬莱阁、云南昆明大观楼、湖南长沙天心阁、江苏南京阅江楼、陕西西安钟鼓楼、浙江宁波天一阁……请选择你最感兴趣的一座楼，查找有关这座楼的古诗和故事，并试着记录下来。

阅江楼记

［明］宋濂

登览之顷，万象森列，

千载之秘，一旦轩露。

现在的阅江楼是 2001 年所建。明朝时期朱元璋想在狮子山上建一个楼阁，楼阁还没有建，朱元璋已经为楼阁想好名字，就是“阅江楼”这个名字，同时又让朝中的文臣各写一篇《阅江楼记》。动工后的阅江楼只打了地基，就再也没有动过。成为中国历史上唯一的一个“有记无楼”的“楼”。

三、学会表达

以班级为单位，组织一场“古诗中的文化名楼”介绍活动，选出若干位小导游，由他们逐一登台介绍。

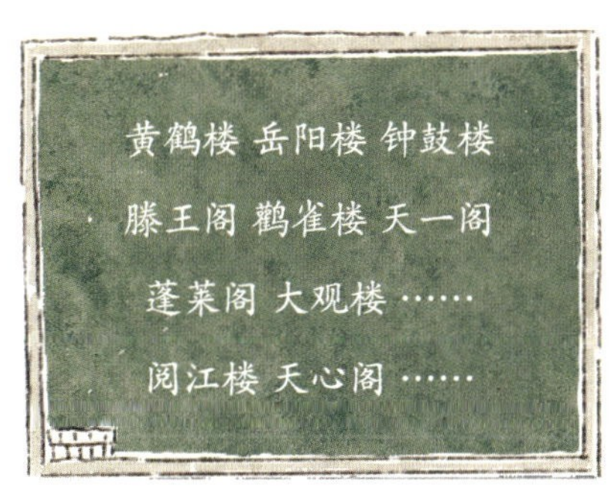

第三单元 山川瀑塘

童年寇準
手指华山
吟出一首五言绝句
惊艳了时光

青年杜甫
仰望泰山
吟出一首七言律诗
抒发了志向

无论春江月夜
还是飞瀑池塘
都深藏着
诗人们的思想

在隐逸与繁华之间
自然起落
不论红尘过往
从此风轻云淡

——长辫子老师《山水，即人生》

古诗"改写"的秘密
——寇準《咏华山》
马上就能伸手碰到天空了！
我实在是爬不动了！
这话我怎么听着这么耳熟？
华山真的太高了！
浩奇说得真好！我们去看看古人怎么写山高的。

寇準罢宴

今天长辫子老师要和大家聊一聊《咏华山》的作者——寇準。十九岁那年，寇準中了进士，成了令人惊叹的天子门生。

之所以说是天子门生，主要是因为，当时宋太宗信奉守旧之风，选择的进士绝大多数是年纪大、老成持重的人。为了得到皇帝青睐，许多人会故意报高自己的年龄。寇準却没有这么做，他站在皇帝面前，直接说自己只有十九岁。

宋太宗很久没遇见如此坦率的年轻人了，惊讶之余对其格外青睐，将他提升为参知政事。不久，太宗又为寇準主婚，让皇姨宋娥与他成亲。宋娥是赵匡胤宋皇后的幼妹、邢国公宋准的幼女，不仅长得漂亮，还很有才华。

寇準和宋娥成亲之后，家中日日酒宴，歌舞升平。有一天，寇準与宋娥又在欢宴，忽听门官来报："相爷，大门外有个老汉，说是相爷的乡里，非要见相爷不可。"一听是家乡人，寇準忙说："快请进来！"不一会，门官领来一个老汉，寇準一看，原来是舅舅赵午，便忙拉着宋娥一起上前拜见。

寇準邀请舅舅入席用餐，老汉却两眼发呆，哀声长叹。原来，家乡正值大旱，闹起饥荒，饿死很多人。老人一想到此就心痛无比，又怎么吃得下眼前的山珍海味呢？寇準听后，如芒在背，顿感自己失职，愧对乡里。他随即安排舅舅住下，又命人撤掉宴席，并以此为戒，永不夜宴。

第二天，寇準将故里旱情上奏朝廷，关中的赋税得以免征三年。同时，寇準坚决改掉了奢靡的习惯，保持着勤俭朴素的美德。

yǒng huà shān
咏华山

sòng kòu zhǔn
[宋]寇準

zhǐ yǒu tiān zài shàng
只有天在上，
gèng wú shān yǔ qí
更无山与齐。
jǔ tóu hóng rì jìn
举头红日近，
huí shǒu bái yún dī
回首白云低。

参照物一：天。

参照物二：山。

"只有"：意为仅有，极言华山之高。

"更无"：意为再没有，说明华山是唯一最高的山峰。

咏华山

[宋]寇準①

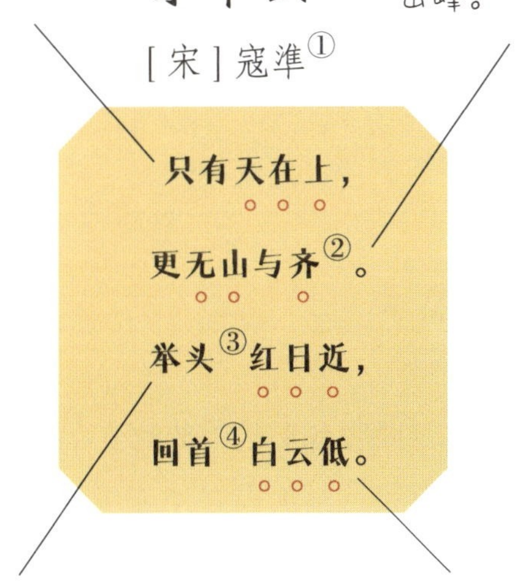

只有天在上，
更无山与齐②。
举头③红日近，
回首④白云低。

参照物三：红日。

参照物四：白云。

三、四两句对仗工整，和诗仙李白"举头望明月，低头思故乡"颇为相似。

"白云低"三字，再次说明华山之高。

---

①寇準（962—1023），字平仲，华州下邽（今陕西渭南）人，北宋政治家、诗人。

②与齐：与之齐的省略，即没有山和华山齐平。

③举头：抬起头。

④回首：这里作低头，与"举头"相对应。

古诗改写"三要"

古诗改写一般定义

改写是一种根据原文的内容，改变表达方式的习作练习。改写古诗词就是把古诗词的内容与意境用典雅的现代语言描写出来，形成文章。

改写		
改体裁	改人称	改结构

古诗改写基本要求

一要：把握古诗原意

任何一种改写，无论内容或形式上的改变，都必须忠实于原文的主要内容和中心思想，否则就不是改写而是另外创作了。若想对古诗词进行真实而艺术的改写，再现原诗的意境，必先把握原诗的内容。

以寇準的《咏华山》为例：

1. 诗中的基本内容不能变：在诗人眼中华山是最高的，其余细节可以自由发挥；
2. 主人公：寇準不能变，次要人物可根据改写需要，自由增添。
3. 场景：可以想象他和骆宾王一样，是亲朋好友对早慧儿童的一次即兴命题测试，写出这首诗；也可以想象是家长或老师带着他登华山，即景生情写出这首诗。

二要：完善画面意境

古人写诗讲究"炼字"：三句两年得，一吟双泪流；吟安一个字，拈断数茎须。改写则是要通过精准详细的描写，让诗歌的内容变得饱满丰厚。这就需要运用多种描写手段，例如比喻、拟人、排比等。

以李白的《静夜思》为例：

静夜思 [唐]李白 床前明月光，疑是地上霜。 举头望明月，低头思故乡。	夜深了，一轮皎洁的明月如一颗璀璨的珍珠镶嵌在黑丝绒幕布上，银白的月光铺在床边、铺在窗台、铺在我身上，似一层薄薄的轻纱，又似一层雪白的秋霜。不知故乡那绵延起伏的山岭是否依旧青翠？不知那条波涛汹涌的河流是否依旧奔腾不息？不知门前的池塘是否还蛙鸣如旧？不知年迈的母亲身体还硬朗健康？

三要：充实人物活动

以叶绍翁《游园不值》为例：

游园不值 [宋]叶绍翁 应怜屐齿印苍苔，小扣柴扉久不开。 春色满园关不住，一枝红杏出墙来。	改写不是单纯地诗句翻译，要根据诗意想象人物活动，揣测人物的语言、动作、神态、心理活动等，不仅让诗中的场景跃然纸上，还要听到诗中人物的对话、心声。

围绕“久不开”可以设计出三次敲门的动作，并对应三次不同内心活动：	
一次：“咚咚咚”无人应答	怎么回事？家里没人？
二次：再次无人应答	奇怪？没听见？
三次：继续敲门	哦，大概是园子的主人爱惜苍苔，怕“我”的木底鞋在上面留下脚印吧。

先生好！您十九岁考中进士，这样的经历，放在任何时候都是令人敬佩的，可是您的好友张咏却说您“不学无术”，这是为何？

张咏和我同年考中进士，同年为官，我俩交情深厚。我被罢相之时，他对我说：“《霍光传》不可不读，不要做霍光那样不学无术的人。”

为什么张咏说您不学无术，您还哈哈大笑？

读成语故事不能只知其表面意思，一定要了解这个典故的来龙去脉。霍光并非等闲之辈，这里的“不学无术”不是说霍光没有学问，而是说他在官场上的行事之道还有欠缺。

我听说您为人正直、真诚，在一次打仗的时候，您不仅自己坚持抵抗敌军，还建议皇帝亲征，最终打了胜仗。但在皇帝回朝之后，有大臣暗示皇帝，您并没有将帝王的性命放在第一位，致使您被罢相。

正所谓“良药苦口利于病，忠言逆耳利于行”，现在你明白了吧？好友张咏让我读《霍光传》，就是在提醒我，并不是有一颗正直的心就一定能把事办好，他希望我能在人际关系和管理能力方面多多学习。

一诗多改

今天的创意写作课热闹非凡，原来大家正在进行《清明》一诗的创意改写。快看看大家的作品吧！

我来改成剧本。

时间： 清明时节

布景： 雨（纷纷）

地点： 路上

人物： 行人（欲断魂）、牧童

情节： 行人借问：酒家何处有？

牧童遥指：杏花村。

我来改成三言诗。

清明节，雨纷纷。路上人，欲断魂。

问酒家，何处有？牧童指，杏花村。

以上这些改编，独具匠心，新意迭出，读后回味无穷。我们还可以对古诗进行各种创意改编，请你也来试试吧！

作文中的“虚写”引入

——张若虚《春江花月夜》

有一位诗人描写的大江非常好，你们知道是谁吗？
钱塘江的潮水泛起的浪花竟然比海浪还大！
我都被江水打湿了。
我知道！张若虚。长辫子老师，快带我们去找他吧！

张若虚的“虚”与“实”

“张若虚”这三个字，仿佛是对他人生最好的概括。

他就像谜一样，具体的生卒年不详，家庭背景更是无从查起。至于他曾做过兖州兵曹，也是《旧唐书·贺知章传》中仅提到的一句话“若虚，兖州兵曹”而已。

为什么神秘小伙儿张若虚能够蹭进贺知章的传记里？这是因为在唐玄宗时期，张若虚与贺知章、张旭和包融，深受读者喜爱，又因为四人都是江浙一代人，故被称为“吴中四士”。

这个团里，最出名的要数老大哥贺知章了。他实力强、学习好，还有公务员经历，再加上朋友圈中大咖云集，还时不时和诗仙李白搞出“金龟换酒”的重磅新闻，所以他声名远扬。相比较而言，张若虚诗比人红，他的一首《春江花月夜》，赢得“孤篇压全唐”的盛誉。

全诗共三十六句，四句一换韵，共换九韵。这种语言与韵味的变化随着心情的变化而起伏，流风回雪，美不胜收。然字里行间所蕴含的那份平和、深沉、静谧、永恒、婉转与禅意，把我们带入到对宇宙万物、人生万象的无限遐想之中。

看到诗题，我的耳畔立刻响起意境深邃悠远的古曲；我的眼前，立即浮现一个缓慢展开的卷轴——我仿佛看到戏台上一个青衣出场，水袖一摆，一字一顿地吐出：“春……江……花……月……夜……”这五个字，仿佛一首乐曲的五个乐章，既相互独立，又交相辉映。

这首诗从月升写到月落，把现实的情景和诗中人物的梦境结合在一起，虚实相间，情理相融。

它的出现，标志着唐诗全盛时期的到来。

一起读古诗

chūnjiāng huā yuè yè jié xuǎn

春江花月夜（节选）

táng zhāng ruò xū

[唐]张若虚

chūn jiāng cháo shuǐ lián hǎi píng hǎi shàng míng yuè gòng cháo shēng
春江潮水连海平，海上明月共潮生。
yàn yàn suí bō qiān wàn lǐ hé chù chūn jiāng wú yuè míng
滟滟随波千万里，何处春江无月明！
jiāng liú wǎn zhuǎn rào fāng diàn yuè zhào huā lín jiē sì xiàn
江流宛转绕芳甸，月照花林皆似霰；
kōng lǐ liú shuāng bù jué fēi tīng shàng bái shā kàn bú jiàn
空里流霜不觉飞，汀上白沙看不见。
jiāng tiān yí sè wú xiān chén jiǎo jiǎo kōng zhōng gū yuè lún
江天一色无纤尘，皎皎空中孤月轮。
jiāng pàn hé rén chū jiàn yuè jiāng yuè hé nián chū zhào rén
江畔何人初见月？江月何年初照人？
rén shēng dài dài wú qióng yǐ jiāng yuè nián nián zhǐ xiāng sì
人生代代无穷已，江月年年只相似。
bù zhī jiāng yuè dài hé rén dàn jiàn cháng jiāng sòng liú shuǐ
不知江月待何人，但见长江送流水。

前八句写出眼前这幅春江花月夜如神话般的美妙境界。

由大到小，由近到远。

江为实，海为虚。从春江联想到广阔的大海，写出壮阔的景象。

春江花月夜（节选）

［唐］张若虚①

春江潮水连海平，海上明月共潮生。

滟滟②随波千万里，何处春江无月明！

江流宛转绕芳甸③，月照花林皆似霰④；

空里流霜不觉飞，汀上白沙看不见。

江天一色无纤尘，皎皎空中孤月轮。

江畔何人初见月？江月何年初照人？

人生代代无穷已，江月年年只相似。

不知江月待何人，但见长江送流水。

两个句问体现了诗人的辩证思想。

由实转虚，由景到情。人生为实，时光为虚。

①张若虚，江苏扬州人，与贺知章、张旭、包融并称“吴中四士”。

②滟滟：波光荡漾的样子。

③芳甸：开满花草的郊野。

④霰：白色的小冰粒，此处形容春花晶莹洁白。

虚写的“四种”引入方式

虚实结合是古典诗歌中常用的艺术手法之一。诗歌中所谓的“实”是指客观世界中存在的实象、实事、实境，它们可以通过视觉、听觉、触觉等具体感受观察到，是真实的描绘；所谓“虚”则是主观、抽象、想象和未知之景。

客观为实，主观为虚；
具体为实，抽象为虚；
当前为实，想象为虚；
已知为实，未知为虚。

我们写作文时，可以采用“虚写”的引入方式，这样可以让你的作文意境更加深远，有个更吸引读者的开头。

方式一：插叙、回忆

例如鲁迅的《故乡》，作者在和母亲交谈的过程中，回忆起三十年前的闰土，与眼前的中年闰土形成鲜明对比，突出故乡每况愈下的变化，反映了旧社会农村人民日趋贫困的黑暗现实。

这时候，我的脑里忽然闪出一幅神异的图画来：深蓝的天空中挂着一轮金黄的圆月，下面是海边的沙地，都种着一望无际的碧绿的西瓜，其间有一个十一二岁的少年，项带银圈，手捏一柄钢叉，向一匹猹尽力的刺去，那猹却将身一扭，反从他的胯下逃走了。

这少年便是闰土。我认识他时，也不过十多岁，离现在将有三十年了……

方式二：联想、想象

春江花月夜（节选）

［唐］张若虚

可怜楼上月裴回，应照离人妆镜台。
玉户帘中卷不去，捣衣砧上拂还来。

诗中，月光照楼是实景，由此联想到“离人对镜惆怅”“漫卷珠帘”“捣衣石上的月影徘徊”都是诗人的联想与想象，这是虚景。虚实相映，更加突出离别的惆怅与痛苦。

方式三：多种修辞

朱自清的《荷塘月色》里，作者运用多种修辞手法，把荷塘写活了：

曲曲折折的荷塘上面，弥望的是田田的叶子。

①比喻▶	①叶子出水很高，像亭亭的舞女的裙。
②比喻▶	②层层的叶子中间，零星地点缀着些白花，有袅娜地开着的，有羞涩地打着朵儿的；
③比喻、排比▶	③正如一粒粒的明珠，又如碧天里的星星，又如刚出浴的美人。
④通感▶	④微风过处，送来缕缕清香，仿佛远处高楼上渺茫的歌声似的。

方式四：心理活动

苏轼的《水调歌头·明月几时有》里的心理活动描写，表达出苏轼内心的矛盾，他对月宫仙境产生的向往和疑虑，寄寓着作者出世、入世的矛盾心理。

水调歌头·明月几时有

［宋］苏轼

丙辰中秋，欢饮达旦，大醉，作此篇，兼怀子由。

明月几时有？把酒问青天。不知天上宫阙，今夕是何年。我欲乘风归去，又恐琼楼玉宇，高处不胜寒。起舞弄清影，何似在人间。

转朱阁，低绮户，照无眠。不应有恨，何事长向别时圆？人有悲欢离合，月有阴晴圆缺，此事古难全。但愿人长久，千里共婵娟。

若虚先生好！想当年，在长安刮起一阵最炫吴越风，您便是“吴中四士”中的一位。

他们仨都比我强太多！张旭不仅诗写得好，书法更是一流；包融和两个儿子，并称“三包”；至于贺知章，那就更不用说了。

据说贺知章八十六岁告老还乡，皇太子带领百官饯送，每人还为他写了一首送别诗，后来共有三十九首诗汇编成册，玄宗亲题名书名《送贺秘监归会稽诗》，这样的殊荣，在玄宗时期也算是独一份了。

贺知章是一个“传奇”，他不仅德高寿长，而且创作力爆棚。就在他八十六岁回到家乡后，还写下一首家喻户晓的名篇——《回乡偶书》。

您虽然作品不多，流传下来的仅两首，却凭着《春江花月夜》力压全唐。

这实在有些言过其实。唐朝是诗人的黄金时代，各路大咖如夏日繁星，传世之作更是不胜枚举。

若虚先生不必自谦。您“诗红人不红”，却有代表作传世，这就足够啦！

戏剧舞台上的“虚”与“实”

中国戏剧博大精深，以戏剧《秋江》为例：舞台上既没有水，也没有船，凭借艄翁手中那只划船的木桨，以实代虚，以形传神，让观众感到人在船上，船在江中，白发红颜，青山绿水，有诗的美、画的美。

京剧里的“趟马”，是以舞蹈形式来表现人骑马行路的表演技巧。表演者用虚拟手法以鞭当马、并运用丰富多彩的舞蹈动作，来表现人在马上挥鞭，而马不停蹄飞奔疾驰的情景。请你试着为下面的“趟马”剧照设计场景写一段解说词。

写出流动的景色
——张九龄《湖口望庐山瀑布水》
形容瀑布的诗句可多了，我带你们去找张九龄请教一下！
瀑
看还有彩虹。
瀑布的声音
啊！我都
你们说

山水，即人生

说起庐山瀑布，我的脑海中立刻蹦出李白的《望庐山瀑布》。

不愧是天马行空的李白，他笔下的庐山瀑布，没有近景特写，只有远景全貌，但那种银河直落的冲击力，那种天马行空的想象力，历经一千多年，依旧在世世代代读者的脑海中轰鸣。

同样是写庐山瀑布，盛唐诗人朋友圈里的另一位“男神”——张九龄也曾写过一首，题目就是《湖口望庐山瀑布水》。

很显然，张九龄和李白一样，都是远望视角。李白把庐山瀑布比作千尺银河，张九龄则把庐山瀑布比作万丈红泉。长长的瀑流本来是透明无色的，但因为被缭绕的紫气映照着，呈现出一片令人振奋的红色。

古人用词颇具画面感，看到“杂树”一词，我就会想到南朝文学家丘迟的《与陈伯之书》，其中有一句：“暮春三月，江南草长，杂花生树，群莺乱飞。”想象一下吧！秀美的庐山，飞泻的瀑布，紫色的雾气，弥漫的水汽，构成了一幅壮阔、空灵的诗境。

这首诗大约作于张九龄出任洪州都督转桂州都督之时。其中的曲折不再赘述，但此时的张九龄分明从阴霾中走了出来，因自己的才华和德行获得皇帝的肯定而壮志满怀。

发现了没有？作为一名自由人，李白笔下的庐山瀑布既简练直白，又充满仙气。作为一朝宰相，张九龄笔下的庐山瀑布既有繁华之气，又很接地气。

在长辫子老师看来：李白的随意和洒脱，是张宰相比不了的。张宰相的胸怀天下，心系苍生，又是李白比不了的。

见山，见水，见众生。而这，正是盛唐气象。

hú kǒu wàng lú shān pù bù shuǐ
湖口望庐山瀑布水

táng zhāng jiǔ líng
[唐] 张九龄

wàn zhàng hóng quán luò, tiáo tiáo bàn zǐ fēn
万丈红泉落，迢迢半紫氛。
bēn liú xià zá shù, sǎ luò chū chóng yún
奔流下杂树，洒落出重云。
rì zhào hóng ní sì, tiān qīng fēng yǔ wén
日照虹霓似，天清风雨闻。
líng shān duō xiù sè, kōng shuǐ gòng yīn yūn
灵山多秀色，空水共氤氲。

□ “千”和“万”在古诗中多是夸张的说法，极言瀑布之高，瀑流之长。

□ 紫氛：写出画面的色彩氛围。

湖口[①]望庐山瀑布水

[唐]张九龄[②]

万丈红泉[③]落，迢迢半紫氛[④]。
奔流下杂树，洒落出重云。
日照虹霓[⑤]似，天清风雨闻。
灵山多秀色，空水[⑥]共氤氲[⑦]。

□ 杂树，重云显示出瀑布的壮阔。

□ 诗歌结构：细节→整体→细节→整体。

---

①湖口：即鄱阳湖口，当时归洪州大都督府管辖。湖口遥对庐山，能见山头云雾变幻及瀑布在日光映照下闪耀的色彩。
②张九龄（673或678—740），字寿，号博物，韶州曲江（今广东韶关）人。
③红泉：指阳光映照下的瀑布呈现出的景象。
④紫氛：紫色的水汽。
⑤虹霓：阳光射入窜的水珠，经过折射、反射形成的自然现象。
⑥空水：天空中的云雾和水汽。
⑦氤氲：形容水汽弥漫流动。

流动的景色，流动的视角

同学们在写景物时，往往抓不住特点，不能具体、形象地描绘出来，怎么办？请跟随长辫子老师，一起到瀑布跟前走一走。

第一步：用耳朵，听其声

“还没看见瀑布，先听见瀑布的声音，好像叠叠的浪涌上岸滩，又像阵阵的风吹过松林。”这是现代诗《瀑布》的第一段，它的作者就是大家熟悉的大作家、大教育家、大编辑家——叶圣陶。

瀑布声由远及近，要写出其中变化，可以这样描述：

刚一进入景区，就听到“哗哗”的水流声从远处飘来，像一首交响曲前奏。

瀑布声由小变大，要写出其中的变化，可以这样描述：

越走近瀑布，声音越大。刚刚还像一首交响曲的前奏，现在已进入曲目的高潮部分。那声音越来越响，犹如千军万马向我们迎面扑来。

第二步：用眼睛，观其形

瀑布从天而降，李白把它想象成九天银河，张九龄把它想象成奔腾的红泉、挂在山壁前的彩虹。我们还可把瀑布想象成什么呢？

例 1：瀑布像一匹银光闪闪的丝绸，飞快地落入潭中，又升起许多洁白的水柱，在水柱的顶端开出一朵朵“白莲花”，十分壮观。

例 2：瀑布从山崖上倾泻而下，撞击着悬崖上的岩石，溅起的水花随风飘散，就像天上的仙女在散花。

第三步：换角度，观变化

观察瀑布时，站在不同位置会看到不同的景象。当我们攀到山岩之上，再看瀑布，可以这样写：

攀到山岩之上，俯瞰脚下的瀑布，上端原来就是一条小溪，正在它顺坡奔流时，一道断崖折断了河床，溪水腾空飞下。它就像受惊的野马慌张无措地跳下悬崖，又像是一条翻江倒海的巨龙，从高空终身一跃，直扑岩底。那洁白的水流，撞在悬崖之上，立刻粉身碎骨，化作无数晶莹透明的水珠和缕缕白雾，在阳光的折射下，映射出绚丽夺目的光彩，形成一道斑斓迷人的彩虹。

您好！您就是唐代集学霸、诗人、名相于一身，被称为“岭南第一人”的张九龄先生吧？我非常喜欢您的诗，您的《望月怀远》我记忆犹新，尤其是开篇的“海上生明月，天涯共此时”，早已成为千古佳句！

长辫子老师过奖了！谢谢你喜欢我的诗！唐代会写诗的人太多，比如我朋友圈里的孟浩然，就曾写过一首《望洞庭湖赠张丞相》，其中有两句“气蒸云梦泽，波撼岳阳城”气度非凡。

听说您是朝廷的门面，不仅才学过人，而且举止优雅，惜才爱才，在盛唐诗人中颇具威信。“诗佛”王维一直视您为伯乐、恩人，在您被贬荆州时，写下了一首诗《寄荆州张丞相》。其中“举世无相识，终身思旧恩”，表达了对您的知遇之恩。你们之间的真挚友谊，令人动容。

过奖了！都是文学爱好者，都有一颗赤子之心，我当然希望有才华的人都有用武之地，都能为国尽力，这也是我写《湖口望庐山瀑布水》时的真实心情。

在您之后，李白也写过一首《望庐山瀑布》。您笔下的庐山瀑布高远多彩，呈现雍容华贵之气；诗仙笔下的庐山瀑布力猛气壮，表现随性洒脱之势。

心境决定诗境。盛唐气象万千，诗的风格自然也会千差万别。正因为如此，成就了唐诗的多彩和丰富。

走进一幅画

今天，长辫子老师为大家找来了《清明上河图》。大家仔细看看这幅画里的细节，看看能发现什么？如果你穿越到画里，会写出一个怎样的故事呢？

画里好热闹啊！沿街的店铺生意好好！

这里有人在送外卖呢！会是什么好吃的呢？

好想穿越到画里哦！

“听”出来的作文
——赵师秀《约客》
听！这只鸟的叫声真好听！
搭配柳枝“沙沙”的声音，真和谐啊。
你们说得真好。浩奇、晓文，你们想想春天还有什么声音？
还有春雨的声音。
长辫子老师，还有什么声音啊？快带我们去听听吧！

岁月清浅 一半清欢

一花一世界，一叶一追寻。

曾经读过这样一段话："生活里的那份落落大方的闲适，不是瞪着两眼看天的无所事事，也不是一场矫揉造作的不言不语，而是一种平和却乐观的信念，去接纳所有的经过。"再读赵师秀的这首《约客》，我便能感受到素日里的这份从容不迫，仿佛溪水潺潺，清浅而温暖。

黄梅时节乃是立夏之后，梅子由青转黄之时。江南多雨，俗称黄梅天。其时细雨绵绵，正所谓"自在飞花轻似梦，无边丝雨细如愁"。对于视觉，是一份诗意的迷离；对于听觉，则是一种低沉的安慰。

此时，雨敲在鳞鳞千瓣的瓦片上，由远而近，轻轻重重，汇成一股股细流，沿瓦槽与屋檐潺潺而下，各种敲击音与滑音密织成网，仿佛谁的千指百指在按摩耳廓，心情异常恬静安详。

我的注意力由霏霏细雨，自然而然地流转到远远近近的蛙声中。正是"青草池塘处处蛙"这七个字，把我瞬间带回童年。那时的我，最喜欢听青蛙此起彼伏的叫声，觉得青蛙一叫，整个世界就安静下来了。

此时，夜已过半，诗人还在等待朋友到来。试想倘是你我，当然不免焦虑。但这是"永嘉四灵"之一、人称"鬼才"的赵师秀。他虽寄身仕宦，却向往恬静淡泊的生活，常与僧道同游山水之间，甚至还想与陶渊明一样"归寻故园"。既如此，有约不至，皆为寻常。约客未至，雨还在下，诗人就在一边等待中一边漫不经心地敲着棋子。有人读出此时的失落，我却读出诗人内心的清欢。

岁月清浅，放弃执念，便可安之若素。

yuē kè
约客

sòng zhào shī xiù
[宋]赵师秀

huáng méi shí jié jiā jiā yǔ
黄梅时节家家雨，
qīng cǎo chí táng chù chù wā
青草池塘处处蛙。
yǒu yuē bù lái guò yè bàn
有约不来过夜半，
xián qiāo qí zǐ luò dēng huā
闲敲棋子落灯花。

□“黄梅时节”：指五月，正是江南梅子成熟的季节，天气大都是阴雨绵绵的，故又称“梅雨季节”。

□前两句通过景色描写，呈现出一幅江南下雨图。
一切景语皆情语，为下文的心情作铺垫。

□通过声音体现安静的环境和内心的落寞。

约客[1]

[宋]赵师秀[2]

黄梅时节家家雨，
青草池塘处处蛙。
有约不来过夜半，
闲敲棋子落灯花。

□用动词反衬内心。
“闲”：说明无聊。
“敲”：表现焦躁。

□“落灯花”：旧时以油灯照明，灯心烧残，落下来时好像一朵闪亮的小花。

①约客：邀请客人来相会。
②赵师秀（1170—1219），永嘉（今浙江温州）人，是“永嘉四灵”中较出色的诗人。

听，春天的声音

春天是从一滴雨出发的。所有关于春天的音符都在雨中，尽管微弱，尽管散碎。把它们擎到眼前细细端详，你可以看见每一滴雨珠上，都写着——春。来吧，请带上耳朵，跟着长辫子老师开启一段曼妙的创意写作旅程……

一、听，春雨如诗

听，春雨如约而至，它会落在哪里？像什么？

它落在小草上，像一只只透明的水晶蜗牛。

它落在花瓣上，像一颗颗闪亮的钻石。

它落在柳枝上，在柳枝上滑滑梯。

它落在池塘里，在池塘里画圈圈。

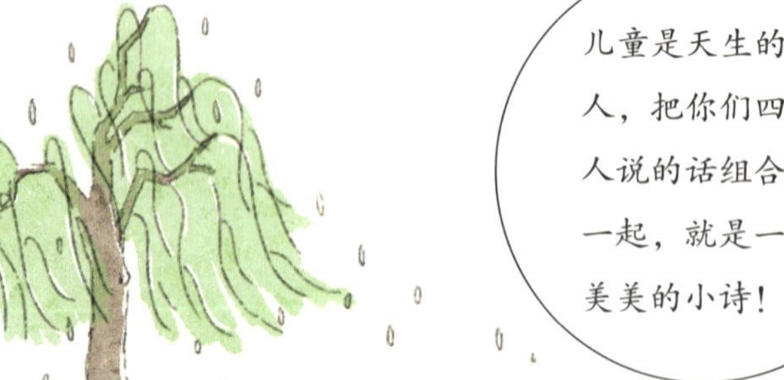

儿童是天生的诗人，把你们四个人说的话组合在一起，就是一首美美的小诗！

二、听，春风如画

春天的声音真多，人们春游时的谈笑声、春雨的滴答声、小鸟的闹春声……请你仔细去听！

我发现春风喜欢住在古诗中，“呼——”她吹绿一湖春水，“呼——”她吹开姹紫嫣红，“呼——”她吹来归家的燕子，“呼——”蚂蚁听到这个信号，赶紧垒土造新家。

春风是一个可爱的小妹妹，她喜欢用透明的梳子，帮长辫子老师梳头，她还会悄悄地摘一朵迎春花，送给长辫子老师做发卡。

听你这么一说，我感觉春风就像一幅美丽的画，画里有美丽的长辫子老师，还有可爱的春风妹妹。

三、听，春花如笑

春天的声音里充满了想象，这些声音反映出时间的流动、古今的变化、情感的传递……请你认真感受！

我听见了山茶花在笑，请你一定相信。春风妈妈给山茶花抹上了红色的胭脂，可真漂亮！

我听见了春天的园子在笑，请你一定相信。原来一座寂寞的园子，因为有了一场花与花之间的交谈，变得热闹非凡。

原来，每一朵花都有自己的话语；原来每一朵花都渴望和另一朵花交谈；原来，这个春天，我们不仅可以用耳朵阅读，还可以用耳朵写作！

赵秀师先生，您好！听说您是宋太祖赵匡胤的八世孙，是吗？

是又如何？无论什么身份，我内心一直向往隐逸生活。

正因为如此，您有一颗安静的心，能够注意观察幽微的日常生活。

正如你所言："岁月清浅，一半清欢。"这是中国人在精神上的另一种风范，也就是在入世与出世之间，能够做较为自由的精神选择。

自古以来，《游园不值》《寻隐者不遇》，包括您的"约而不至"，都是一种慢生活，也是一种诗意。

有一种不遇，胜过相逢。

"听"音乐写作

说到用耳朵写作，长辫子老师想到一个夏日的清晨，自己坐在露台上听音乐。芭蕉落下宽大的影子，栀子花的白色香味围绕身边，情不自禁地想落笔，想表达：

我听"诺拉·琼斯"

第一次邂逅诺拉·琼斯的歌声，惊为天籁。

Don't Know Why 这首歌里，歌手张口的瞬间，那空灵而具穿透力的声音，便款款而至，像涓涓的流水缓缓地淌过湿润的青石板。那种肆意的轻柔与婉转，那种与世无争的静谧与安详，那种午后漫步一样的舒缓与松弛，如寂寞的清风掠过无边的心底。

世事沉浮，远远近近。生命中，总有这样一些人，熟悉异常，却仿佛隔着千山万壑；也总有那样一些人，明明是陌生的，却仿佛相识百年。

聆听诺拉·琼斯的歌声，便有一种汹涌而至的感伤与怀旧。那种慵懒而忧郁的情绪，从那浅浅若深、淡淡若无的歌声中袅娜地绽放开来。这个时候，整个人似乎变成了一朵蓝盈盈的小花，软软地开在凄远缥缈的音乐中。

在这个世界上，除了流水般匆匆的时光，还有那些浅浅深深的感悟。

有时，哪怕只是一段音乐，也会让内心涟漪四起。

单元学习任务

一、学会梳理

本单元共四首诗，分别侧重描写了什么景物，表达了什么情感？

古诗	景物	情感
《咏华山》		
《春江花月夜》		
《湖口望庐山瀑布水》		
《约客》		

二、学会探究

五岳是中国五大名山的总称，它们景色各异，许多文人墨客留下大量诗文作品。选择自己感兴趣的一座名山，进行一次深度研究，并把研究成果做成汇报材料。

- 东岳 —— 泰山
- 南岳 —— 衡山
- 西岳 —— 华山
- 北岳 —— 恒山
- 中岳 —— 嵩山

三、学会表达

举办一次“五岳争奇秀”主题活动，全班分成五个小队，分别是：泰山队、衡山队、华山队、恒山队、嵩山队。各小组自选形式，进行汇报。最后，由全班同学投票决定那一队胜出。

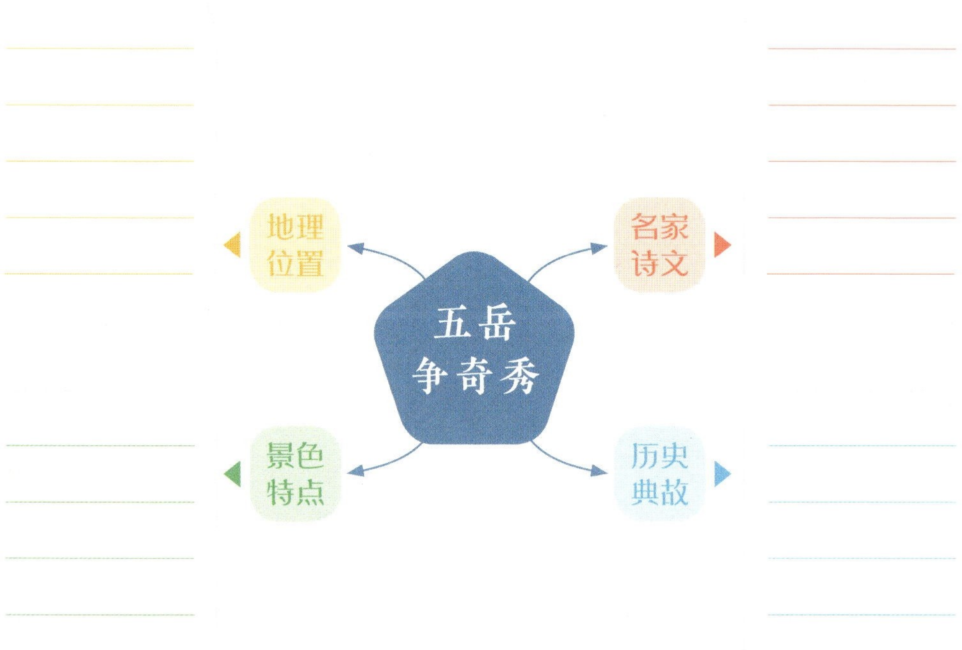

创意

让每一支笔都爱上写作

长辫子老师

诗词中的创意写作课

人间

郭学萍 著

中国致公出版社

长辫子老师——诗词中的创意写作课

袁浩

在我熟识的语文教师中，不少人都爱读经典古诗词，郭学萍——长辫子老师就是其中我最熟悉、印象最深的一位。

长辫子老师爱读诗，古典的、现代的、成人的、儿童的……她都视为珍宝。唐宋诗词更是她的至爱，那些让人怦然心动的文字，只要与她相遇，便能让她情思的花朵迸发出别样的精彩。

怎样引领学生走进古诗词世界，领悟诗词的精妙神韵呢？不仅要善于读，还要会联系创意写作，这便是长辫子老师这套《诗词中的创意写作课》带给读者的最新体验。

长辫子老师说，读古诗词不应只是满足于读读、背背，而是要穿越岁月的流光碎影，来到古典诗词的艺苑，和一位位古代大诗人“面对面”交谈，来到他们诗词创作的“现场”，体悟他们当年创作时的心境志趣。

在这套书中，她引导学生变身摄像师，像骆宾王一样，凝视一只鹅，捕捉白鹅的叫声、色彩、动态；变身国画大师，像唐寅一样，寓情于大公鸡，画出雄鸡的昂扬精神；读郑板桥的《潍县署中画竹呈年伯包大中丞括》，她领学生“拜访”时任知县的大诗人，了解百年罕遇的旱灾，体会诗人寝食难安、作画题诗、托竹言志、关心民间疾苦、一心为民的真情。

长辫子老师给学生解读古诗词，不是用现代白话文具体写出诗词文面的意思，而是常常把生活经历和阅读积累合到自己对古诗词的理解之中。她由自己父亲养鹦鹉，有一天鹦鹉趁父亲打开笼子喂食时“逃离”之事，联想到欧阳修《画眉鸟》中对“自由”的抒怀。她由孟郊的《游子吟》，想到母亲冒着酷暑给自己送油桃的事……一件件、一桩桩，娓娓道来，情真意切，令人动容。学生一边读古代诗词，一边听她讲自己的故事，亲切、温润、自然，很容易联系生活实际，产生精神共鸣。

长辫子老师还十分重视从学生言语发展实际出发，引导他们在古诗词阅读过程中，悉心体验，发现其中蕴藏的许多写作秘密，进行梳理、归纳。譬如，他们读苏轼的《猪肉颂》，惊喜领悟这是“吃”出来的佳作；读李白的《紫藤树》，从中发现植物观察的“五觉法”；读岑参的《白雪歌送武判官归京》，从中梳理出写雪“三法”；在杜甫的《登岳阳楼》中，体会到作者的胸襟决定文章境界；从陆游的《病起书怀》中，深深感悟爱国是最动人的主题……凡此种种，让人一看就明白，有助于广大读者在交流表达时学习、运用。

长辫子老师是小学创意写作发起人，在这套书中，她对如何将古诗词阅读体验和创意写作、跨学科学习进行有效结合、深度融合，进行了积极的探索。

在学习贺知章的《咏柳》之后，她引导学生自主编织“创意手工柳树”；学习了袁枚的《所见》，她启发学生创作出千姿百态的“开放式结尾”；她还别出心裁，让学生穿越时空，与北宋时期的欧阳修、苏轼、司马光、王安石齐聚一堂，开了一场各抒己见的“圆桌会议”……

朱光潜先生说“读诗就是再做诗”。长辫子老师这套新著表明，引导学生学习古诗词，既要重视“读”，从读中汲取思想和智慧，受到情感熏陶，享受审美乐趣，也可以从“读”中发现、领悟关于交流表达的常用的方法策略，密切联结学生个体语言经验和真实生活情境进行自主、自由、开放的创意写作，“让每一支笔都爱上写作！”（郭学萍语）

《诗词中的创意写作课》，是对中国古典文化的一种尊敬和坚守，是对文学体验和创意写作教学的一种探索和深化，创意地体现了新课改、新课标的核心精神。值得一读！

（袁浩：全国著名语文特级教师、江苏省中小学荣誉教授、江苏省人民教育家培养工程首批指导专家、江苏省教育学会小学语文专业委员会名誉理事长、中国教育学会小学语文专业委员会顾问。）

人物登场

长辫子老师

创意，让每一支笔都爱上写作！

特长 创意写作｜诗歌品鉴｜激发想象

▲“创意写作”领域深耕者

▲“古典文学”漫读者，“创意写作”推荐官

▲擅长针对不同写作困难症开出药到病除的创意良方

晓语

来吧，和诗歌一起回家！

特长 有时治愈 常常帮助 总是慰藉

▲“创意写作”种子成员 1 号

▲诗词讲解员

▲更多时候安静聆听，但发言往往能一语中的

晓文

天刚明，去有文气的地方！

特长 拉近与人的距离 共情感强

▲“创意写作”种子成员 2 号

▲诗词传唱人

▲擅长和不同的人以合适的方式相处和交流，得到写作需要的信息

浩奇

天才的灵感，往往来自好奇的第一步！

特长 发散思维 抓住好奇心深究

▲“创意写作”种子成员 3 号

▲诗词漫游者

▲对一切充满好奇，心中装满无穷无尽的问题

子曰

只要“曰”得多，总能有一句成为经典！

特长 会曰就多曰 行动力强

▲“创意写作”种子成员 4 号

▲诗词鉴赏家

▲勤勤恳恳充实自己，解决大家疑难的学霸一枚

目 录

第一单元 人间真情

一千多年过去了
母亲灯下缝衣的身影
早已定格成
爱的经典

满院菊花盛开时
你是否还记得
窗前——
那次脱口而出的约定

所有的美好都有期限
请在大雪到来前
把感激与希望
装满行囊

在这个浅浅的世界
总有一款深情
像一束光
落在洁净的稿纸上

——长辫子老师《我爱这多情的人间》

真情藏在细节里

——孟郊《游子吟》

我的母亲

每次读孟郊的《游子吟》，我都会想起母亲。

母亲不识字，却是干农活的一把好手。她身体不算好，但吃苦耐劳，像一头老黄牛，默默地为家庭奉献。

在我上小学四年级时，父亲从部队转业到地方乡政府工作，母亲便带着我们姐弟仨，随父亲一起住在乡政府家属院。当时乡政府家属院中有半亩池塘，池塘四周全是瓦砾、荒草。母亲每天起早贪黑，清走瓦砾，挖除荒草，翻地种菜。母亲就像一位高明的魔法师，除了糖果、饼干之类的小零食种不出来，其他我们想吃的东西，她似乎都能种出来。

弟弟喜欢吃玉米，母亲就真的种了十几株，还是那种奶黄色的嫩玉米，越嚼越香；妹妹喜欢吃杨花萝卜，母亲就真的种出一小片杨花萝卜，个个滴溜滚圆，拍碎后做成腌萝卜，酸脆可口。工作后，我想吃油桃，母亲就想方设法找来两棵油桃树苗，种在了池塘边上。

有一天上午，我刚下课就接到门卫电话，说有人找我。我一路小跑过去，看见母亲正站在校门口，满脸通红，手中提着一个大大的纸盒，她轻轻呼唤着我的小名，然后说："你喜欢的油桃熟了，这是今天早晨刚摘的，怕时间放长了不好吃，赶紧坐公交车送过来。"

母亲说话的时候，两道细汗顺着她的脸颊往下流。我接过母亲手中的大纸盒，心中百转千回，但一时又不知道说什么。

"我马上回家，家中没人可不行，你快去上班，好好工作！"母亲说完，转身就走。看着母亲瘦弱的背影，我的鼻子一酸，眼泪默然而下。

"谁言寸草心，报得三春晖"，这样的诗句像一根看不见的丝线，把我心口勒得生疼。

yóu zǐ yín
游子吟

táng mèng jiāo
[唐]孟郊

cí mǔ shǒu zhōng xiàn
慈母手中线，
yóu zǐ shēn shàng yī
游子身上衣。
lín xíng mì mì féng
临行密密缝，
yì kǒng chí chí guī
意恐迟迟归。
shuí yán cùn cǎo xīn
谁言寸草心，
bào dé sān chūn huī
报得三春晖？

诗的前两句中“线”和“衣”的关系非常密切，是说游子身上的衣服是母亲一针一线缝补出来的。

“密密缝”三字，饱含着母亲对儿子无尽的爱抚、担忧、祝愿、希望，以及不舍之情。

游子吟

[唐] 孟郊①

慈母手中线，游子身上衣。

临行密密缝，意恐迟迟归。

谁言寸草心，报得三春晖？

“寸草”，一寸长的小草，极言其微小。“三春”，指农历的正月、二月、三月，这三个月是春季，叫“三春”。“晖”，阳光。

“寸草心”和“三春晖”这两个通俗而形象的比喻，赞美了母爱的博大与温暖，寄托着诗人欲报母爱于万一的炽热的深情。

---

①孟郊（751—814），字东野，湖州武康（今浙江德清）人。因其诗作多写世态炎凉，民间苦难，故有“诗囚”之称，与贾岛并称“郊寒岛瘦”。

写好细节之处

一、选材必须是真实的一件事

以刻画亲情为例，我们可以看朱自清的《背影》一文。作者没有写感天动地的大事件，而是选取了与父亲短暂会面、父亲给自己买橘子的片段，尽管只是平常生活中一个片段，但足够真挚感人。这就是选材真实。

想想你最感动、记忆最深刻的一个画面，可以是和爸爸妈妈的一次旅行经历，一次触动心灵的交流，或者妈妈在露台上背诵古诗词的背影。

大家回忆一下印象深刻的画面是什么？

妈妈为了鼓励我背诵古诗文，她亲自和我一起背。早晨，我刚睁开眼睛，就看到妈妈站在露台上，手里拿着古诗词书，嘴里念念有词。我被她的努力感动，一跃下床，也拿起书背诵起来。

很棒，这就是你的写作素材。

二、注重细节的刻画

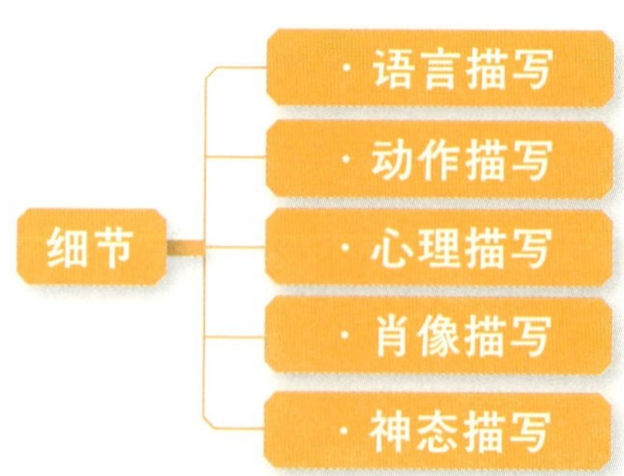

“特写镜头”把人物的一言一行放大，通过细致描绘，使读者有强烈的画面感和代入感，这就是细节描写。

以《背影》为例。

我看见他戴着黑布小帽，穿着黑布大马褂，深青布棉袍，蹒跚地走到铁道边，慢慢探身下去，尚不大难。可是他穿过铁道，要爬上那边月台，就不容易了。他用两手攀着上面，两脚再向上缩；他肥胖的身子向左微倾，显出努力的样子。这时我看见他的背影，我的泪很快地流下来了。我赶紧拭干了泪，怕他看见，也怕别人看见。

——朱自清《背影》

这一段分别从外貌和动作来描写父亲。作者用“探”“穿”“攀”“缩”“倾”等一系列动作描写的词，写出父亲穿过铁道、爬上月台、去买橘子的艰难情景。这些词点明了父亲身体肥胖、攀爬吃力，但为给儿子买橘子不辞辛苦，这是父亲对儿子爱的表达。

再看下面一个例子：

爸爸气极了，一把把我从床上拖起来，我的眼泪就流出来了。爸爸左看右看，结果从桌上抄起鸡毛掸子倒转来拿，藤鞭子在空中一抡，就发出咻咻的声音，我挨打了！爸爸把我从床头打到床角，从床上打到床下，外面的雨声混合着我的哭声。

——林海音《爸爸的花儿落了》

使用动作和心理描写，使得情节生动，真实可感，读起来不仅能体会到作者挨打的可怜，更能体会到“父爱”的严厉与深沉。

三、要使细节真实可信，还需要情感真挚

表达情感时，可以直白地抒发，比如我们写对妈妈的爱时，可以在文章末尾直接写：妈妈，我爱您！或者通过描写自己的实际动作表达对亲人的爱，如：这场风波以后，爸爸和我的手紧紧牵在一起，仿佛永远都不放开。

您好，东野先生，和您相关的成语可真多呀！比如“郊寒岛瘦”，这是形容您和贾岛的诗歌风格。

和我相关的成语还有很多呢！什么心如古井、尺水丈波、一帆风顺、走马观花、寸草春晖、再接再厉、春风得意等等。

我知道“寸草春晖”出自您的《游子吟》，我还知道“春风得意”和“走马观花”出自您的《登科后》。

说起《登科后》，那时我都快五十岁了，科考几十年，好不容易上榜，你说我能不激动吗？所以我写下了“春风得意马蹄疾，一日看尽长安花”。

正是这两句诗，让很多人对您有想法，认为这首诗先写曾经失意落拓的处境，后写现今考取功名的得意情境，觉得此非学者之范。

批评得有道理！人啊，失意时不失志，得意时不忘形，这才是真正的学者之范。

有创意的母亲节

母亲节这天，长辫子老师对大家说："我们可以用一种特殊的方式，表达我们对母亲的感恩。"

大家顿时来了兴趣。长辫子老师接着说："当然，我不会让你们每个人回家都给妈妈洗脚，太老套了。今天，我们来玩一点新的，有创意的！"

第一个环节："回忆杀"。请回忆一下这些年，老妈揍我们的神器。

第二个环节："暖心计"。请用特殊方式，表达对母亲的爱与理解。

第三个环节："金句吧"。请在创意作业纸上写下关于母爱的金句。

回忆杀	
暖心计	
金句吧	

那村，那人，那一次
——孟浩然《过故人庄》
大家的视角不同，有的是特写，有的是广角镜头，拍出来的照片就不一样。写作文也是这样，在古代，还有一个像摄影师的诗人呢！
我也要拍，看我的！
老师看我拍的这张！花瓣上的露珠都拍到啦！
大家看晓语拍的，把整个这一片都拍进照片里来了呢！

谈吃二三事

有人说，世界上最治愈的东西：第一是美食，第二是文字。当美食遇上诗人，山珍海味、一粥一饭，纷纷化身为诗。

唐代诗人杜甫一生颠沛流离，“吃”心不改。他吃过高档餐厅，也混过路边摊，时运不济时还四处蹭饭，于是他笔下的食物千变万化，丰富多样。他的《槐叶冷淘》，介绍的就是一种凉食，以面与槐叶、水等调和，切成饼、条、丝等形状，煮熟，用凉水冲过后食用。

北宋首席美食博主——苏东坡，长辫子老师和大家聊过他的《猪肉颂》，今天再提他的另一首《打油诗》：无竹令人俗，无肉使人瘦。不俗又不瘦，竹笋焖猪肉。这“竹笋焖猪肉”光听听名字，就令人垂涎。

南宋爱国诗人陆游，提起他的爱国诗篇《示儿》，无人不知。但你知道吗，他也是精通烹饪的美食专家呢！他写过一首诗《初冬绝句》：鲈肥菰脆调羹美，荞熟油新作饼香。自古达人轻富贵，例缘乡味忆还乡。在诗人笔下，美食的味道，承载着家乡的记忆。

当然，在这些吃货诗人中，别忘了爱吃胜过爱生命的孟浩然。对他而言，富贵功名于吃而言，不过浮云罢了。就连被农村朋友邀请吃个饭，也能写出一篇著名的诗篇，这就是孟浩然。他按照事情发展的顺序，从“邀”到“至”，最后“再约”，一气呵成，自然流畅。

一次普通的款待，诗人描写的都是眼前景、日常事，使用的也都是口语。如果你应邀去吃一顿饭，按照老孟这种写法，先写吃饭原因，接着写路途所见风景，再写用餐环境和谈话内容，最后写续约。

一篇有声有色、有滋有味的美文就有眉目了。

guò gù rén zhuāng
过故人庄

táng mèng hào rán
[唐]孟浩然

gù rén jù jī shǔ, yāo wǒ zhì tián jiā.
故人具鸡黍，邀我至田家。

lǜ shù cūn biān hé, qīng shān guō wài xié.
绿树村边合，青山郭外斜。

kāi xuān miàn cháng pǔ, bǎ jiǔ huà sāng má.
开轩面场圃，把酒话桑麻。

dài dào chóng yáng rì, huán lái jiù jú huā.
待到重阳日，还来就菊花。

首联平起，点明去故人庄的原因——应朋友之邀，去他的农庄做客。

颔联顺承，写沿途所见的风景。这是怎样一个乡村呢？绿树环绕，青山横斜，犹如一幅淡雅的水墨画。

过故人庄

[唐]孟浩然①

故人具鸡黍②，邀我至田家。

绿树村边合，青山郭外斜。

开轩面场圃，把酒话桑麻。

待到重阳日，还来就菊花。

颈联转为写人，主要写人的活动场景和谈话内容。

尾联写再约。期盼再次相聚。

①孟浩然（689—740），襄州襄阳（今湖北襄阳）人，唐代著名的山水田园派诗人，与盛唐另一山水诗人王维并称为“王孟”。

②具鸡黍：准备鸡和煮黄米饭，泛指待客的饭菜。具：准备。

记一次活动

今天我们用拍“微电影”的形式来写一次活动。在此之前，有没有同学能用《过故人庄》举个例子，讲讲去朋友家做客该怎么写。

我先说！“故人具鸡黍，邀我至田家”，先交代一下原因。

中间的部分，孟浩然好像一位摄影师，他先用“广角镜头”拍摄了村庄全景——“绿树村边合，青山郭外斜”，接着又用“特写镜头”重点拍摄了“开轩面场圃，把酒话桑麻”的场景。

对！村庄全景是大场面，话桑麻这部分是文章的主题部分，也是这次宴会的“重点场面”。两位老友坐在窗前，边喝酒边拉家常。从“话桑麻”三个字可以看出，老孟寄情于田园，活得通透潇洒。

“待到重阳日，还来就菊花”，这两个人相谈甚欢，相处很愉快啊。

这样的结尾，余音袅袅，让读者回味无穷。

这首诗写了诗人应邀前去友人家做客的情景，是一次短小的访友活动记录。那我们要记一次比较大型的活动时应该怎么做呢？

以拔河比赛为例，我们把整个活动分为几个阶段，从运动员入场，到站位、比赛开始、僵持不下，到最后分出胜负，是一个完整的过程。

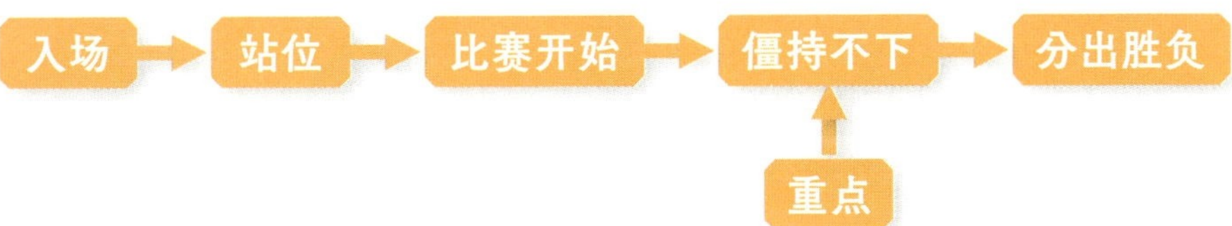

大家看，这个过程中最重要的过程是哪一步？

那当然是比赛过程非常激烈，最后我们夺冠军啊！

对！所以这部分重点阶段就要着重写。怎样表现比赛过程很激烈呢？

要表现活动竞争激烈，我们可以同时刻画运动员、啦啦队、班主任老师三种人的动作、语言和表情，其中，重点人员比如运动员的笔墨可以多一点，因为他们是核心人物，啦啦队和老师们少一点，因为他们是次要人物。

活动结束后，补充描写一下参与人员的心情，收尾时畅想下次活动的开始，一篇详略得当、精彩纷呈的活动作文就完成了。

总结一下，记录一次活动，分为以下几个步骤：

1. 捕捉整个场面。
2. 确定重点场面。
3. 捕捉人群和单人特写。
4. 畅谈结束后的心情。

您好，孟夫子！您仕途不得意，诗名却满天下，就连诗仙李白都是您的粉丝，他还特地写过一首诗《黄鹤楼送孟浩然之广陵》呢！

那是李白和我在江夏见面的时候写的，李白当时二十八岁，我四十岁。这是我们第一次见面。十多年后，我们第二次见面，李白又写了一首诗《赠孟浩然》，“吾爱孟夫子，风流天下闻”就出自这首诗。

我了解到，当时有一个很有名的人叫韩朝宗，李白曾在一首诗中写道：“生不用封万户侯，但愿一识韩荆州。”这个人有一个特点，特别喜欢推荐贤才。韩朝宗和您约好一起去长安。您却和朋友喝酒，连酒友都劝您赴约，您却把酒友骂了一顿，说都喝成这样了，还管他呢！韩朝宗等了半天，只好走了。失去了这么好一次被举荐的机会，您不后悔吗？

后悔啥？人生是用来体验的，不是用来演绎完美的。我出身于书香之家，从小就很好学，可是由于种种原因，一直到四十岁时，才离开家乡到京城长安应考，结果没考中，便回到家乡襄阳，过起了隐居生活。

虽然您科举失利，但您在京城里认识了一些诗坛大咖，如张九龄、王维，他们都很欣赏您的才华。

我科举失利，这是令人沮丧的。但回到家乡后，便写出了这首《过故人庄》。大家都很喜欢这首诗，这就是另一种幸运。

请拟一份“邀请函”

诗人们在一起，讲究风雅。你瞧，白居易在一个冬天的傍晚，想起老朋友了，就写了一首诗歌邀请函，邀请刘十九来喝新酿的酒，多有情调！

To 刘十九：

绿蚁新醅酒，
红泥小火炉。
晚来天欲雪，
能饮一杯无？

白居易

× 年 × 月 × 日

孟浩然也是受到老友的邀约，才去农庄赴宴的。如果你就是孟浩然的这位老友，你会如何写这份邀请函呢？试试吧！特别提醒，我们不用古诗形式，而是采用现代人的表达方式。

To 孟浩然：

×××（署名）

×××（日期）

哇！你们看天
上有一条白色
的飘带！
那是银河。
关于它还有一个动
人的传说呢。

没有如意的生活，只有看开的人生

很多人以为，秦观是翩翩一俊美少年。

想象中：他策马而立，微微而笑。眼波流转，似深潭里的微微湖光。抬手捋着耳边的长发，露出惊若天人的侧脸。虽是没有锦衣貂裘，却更显不落凡尘。现实中：秦观可不是弱冠缠绵的白面书生，而是长着络腮胡子、好读兵书的男子汉。朋友称他为“髯秦”。同为“苏门四学士”的黄庭坚曾说：“须髯多而疏秀者，命必贵。须髯泛短者，必神气不足。”

这话最好别让他的朋友贺铸听见。贺铸须发稀疏零落，听了会很伤心的。而且也最好也别让秦观听见，秦观年轻时就是听了太多这类“命必贵”的预言，害得他一生轻狂自负，最后什么功名也没有不说，还惹了一身麻烦。

当然，“胡须谈”纯属无稽之谈，但秦观和柳永很像。举进士不顺，考来考去总是落榜。柳永直到快五十岁才登第，秦观第三次考中进士时，也已是三十七岁的中年大叔，遭主流社会嫌弃。在命运的重重打击下，他把愁苦万般的情感全部倾注到笔下，写着写着，便写出了真正大师级的婉约词，成为婉约派一代词宗。秦观笔下的爱情，唯美而浪漫：描写一见钟情，他会说：“金风玉露一相逢，便胜却人间无数。”描写热恋，他会说：“两情若是久长时，又岂在朝朝暮暮。”描写相思断肠，他会说：“驿寄梅花，鱼传尺素。砌成此恨无重数。”描写离别惆怅，他会说：“自在飞花轻似梦，无边丝雨细如愁。”

秦观是苏轼的学生，比苏轼小十二岁。虽说是师徒，但他俩的词风迥异。苏轼用如椽大笔，把人生一次又一次低谷演绎成一段又一段激情燃烧的岁月。秦观却在不断贬谪的过程中，活成“千古伤心人”。

那些年轻时被嘲笑过的愁绪，如今看上去绝美如初。

鹊桥仙·纤云弄巧

[宋]秦观

纤云弄巧，飞星传恨，银汉迢迢暗度。
金风玉露一相逢，便胜却人间无数。
柔情似水，佳期如梦，忍顾鹊桥归路。
两情若是久长时，又岂在朝朝暮暮。

□ “鹊桥仙”是词牌名。这首词是根据牛郎织女的故事写的。

□ 首句一个“巧”字，是对“七夕节”的暗指，因为“七夕节”又叫“乞巧节”。“飞星”，是指牵牛、织女二星。

鹊桥仙·纤云弄巧

[宋]秦观①

纤云弄巧，飞星传恨，银汉迢迢暗度。

金风玉露一相逢，便胜却人间无数。

柔情似水，佳期如梦，忍顾②鹊桥归路。

两情若是久长时，又岂在朝朝暮暮。

□ “柔情似水，佳期如梦”，这是有情人之间，相聚相离时的一贯表现。

□ “两情若是久长时，又岂在朝朝暮暮”，在秦观看来，如果两个人真心相爱，即使因为种种原因，相见很难，相聚很短，都无法改变对爱情的那份执着与坚守。

---

①秦观（1049—1100），字太虚，又字少游，今江苏高邮人，号淮海居士。和黄庭坚、晁补之、张耒并称“苏门四学士”，被尊为婉约派一代词宗。

②忍顾：怎忍回视。

“引用”怎么用？

写文章时，引用其他相关的格言、成语、诗句、故事、寓言等，以表达自己的思想感情，这种手法就叫引用。在秦观的《鹊桥仙·纤云弄巧》中，作者将牛郎织女悲欢离合的故事暗含其中，讴歌了真挚、细腻、纯洁、坚贞的爱情，使得这首词婉转优美，充满了抒情性。

如何引用，才能给你的文章增色？长辫子老师教你几招。

第一招：先声夺人

在标题或开篇中引用经典，快速吸引眼球，先声夺人，营造气势。

书，是学习语文必不可少的，读书就是学习语文。读《上下五千年》，是学习深邃的语文。我为诸葛亮的神机妙算而倾倒；我为刘伯温的文韬武略而神往；我更为推动历史进程的王侯将相所激励。

大家看这篇考场作文，开篇引用了两个经典历史人物的故事，气势如虹，才气十足！

第二招：旧瓶新酒

在文章中引用名人名言，并给引文加上自己的注解，让引文为自己要表达的思想服务。

引用名言

冰心老人说：“爱在左，同情在右，走在生命的两旁，随时撒种，随时开花，将这一径长途，点缀得花香弥漫，使穿枝拂叶的行人，踏着荆棘，不觉得痛苦，有泪可落，却不是悲凉！”这不仅是冰心的名言，也是我对爱和人生的理解。在这个风雨飘摇的人间，唯有爱、悲悯与同情，是最弥足珍贵的感情。我愿意像冰心一样，提着那盏爱心制成的“小橘灯”，风里雨里，照亮人们的心。

表达思想

第三招：画龙点睛

在结尾中引用名句，强化文章主题，能起到画龙点睛的作用。

相反，只有那些有骨气的人，才能真正成为一个名垂青史、受人敬佩之人。如“安能摧眉折腰事权贵”的李白，“不为五斗米折腰”的陶渊明，“砍头不要紧，只要主义真”的夏明翰……他们都像文天祥一样，用自己的骨气书写出一曲曲的人间正气歌。做人就应该像他们那样，“调得身体软硬度，不要傲气要骨气”。

——作文《不要傲气要骨气》

这篇高分作文的结尾，作者引用名言，干脆利落，发人深省。

少游先生好！现代人把您和柳永、晏几道并称“三大情歌小王子”呢。

哪里是什么小王子，我只是一个中年忧郁大叔！我的心啊，比干脆面还脆。

在您笔下，飞花似梦，细雨如愁，真是太佩服您的想象力了！有人说如果把《鹊桥仙》这个词牌看作一次命题作文，您的《鹊桥仙·纤云弄巧》便是满分作文。

谢谢大家的认可与夸奖。我的老师苏轼却经常批评我，说我学柳七作词，还戏称我为“山抹微云秦学士”。

虽然您和苏轼的词风完全不同，但在“苏门四学士”中，苏轼对您格外欣赏，把您的诗句写在扇子上。

想当年我也心怀天下，攻读兵书，渴望驰骋边疆，建立不朽的奇功伟业。然世事难料，我屡考屡败，直到三十多岁才考中进士，四十多岁才在朝廷谋得一官半职，却一直被贬，一路南迁。

都说“仕途不幸诗家幸”，虽然您的仕途黯淡，但您的词作却响亮非凡。

学会引用“流行歌词”

今天的创意写作课，长辫子老师让大家听流行歌曲。长辫子老师笑着告诉大家：在我们平时的作文里，不仅可以引用名言警句、诗词歌赋，还可以引用流行歌词。接着，长辫子老师分别给大家听了三段歌词，问大家这些歌词分别适用于哪一类主题的文章，大家回答得可踊跃了。

小学篱笆旁的蒲公英，
是记忆里有味道的风景。
午睡操场传来蝉的声音，
多少年后也还是很好听。
将愿望折纸飞机寄成信，
因为我们等不到那流星。

——《蒲公英的约定》

适用于“怀念”“回忆”之类的作文主题。

适用于“挫折”“逆境”等作文主题。

去吗，配吗，这褴褛的披风。
战吗，战啊，以最卑微的梦。
致那黑夜中的呜咽与怒吼，
谁说站在光里的才算英雄。

——《孤勇者》

为梦而生，
一生为梦而活着，
我不要无所谓的存在过。
命运就像汪洋的海，
推着我们去未来。

——《为梦而生》

适用于“梦想”“追求”之类的作文主题。

除了上面的三首，你还想到哪些流行歌词，它又适用于哪一类主题的文章呢？

向古人学“炼字”

——贾岛《题李凝幽居》

为求一字稳，耐得半宵寒

我是一名语文老师，不仅爱读书，爱教书，更爱写书。因为白天要教书，所以，读书、写书的事都是在夜深人静之时。

我有一个习惯，凡是自己写过的文章，都会一遍又一遍大声朗读，再一遍又一遍反复修改。有时睡着了，在梦中还在修改自己的文章。早晨一睁眼，兴奋地一跃而起，直奔书房，打开电脑，把梦中的思考赶紧记下。

当我读到贾岛的《题诗后》中“两句三年得，一吟双泪流”时，为之深深触动，非常能理解这位苦吟诗人的努力与执着。

相传有一次，贾岛骑着毛驴走在长安街上。正是深秋时分，微风一吹，落叶飘飘，贾岛脱口而出“落叶满长安”，却怎么也想不出上句。这时，对面有个官人路过，不住地鸣锣开道，贾岛愣是没听见。那官员正是京兆尹，按今天的说法，就是北京市市长，名叫刘栖楚。贾岛不但毫无反应，还大叫一声“秋风生渭水”，把刘栖楚吓了一跳，以为贾岛是个疯子，叫人把他抓了起来，关了一夜。

吃了苦头的贾岛，并未长记性，没过多久，他又一次骑驴闯了官道。这次，他冲撞的官员不是别人，正是大诗人韩愈。韩愈问贾岛为什么如此鲁莽，贾岛就把自己拿不定主意是用“推”好还是用“敲”好的事说了一遍。韩愈听了，哈哈大笑，对贾岛说：“我看还是用‘敲’好，万一门是关着的，推怎样能推开呢？再者去别人家，又是晚上，还是敲门有礼貌呀！而且一个‘敲’字，使夜静更深之时，多了几分声响。静中有动，岂不活泼？”贾岛听了连连点头。他这回不但没受处罚，还和韩愈交上了朋友。

“推敲”一词，从此成为脍炙人口的常用词，用来比喻做文章或做事时，反复琢磨，反复斟酌。多少回的锤字炼句，才能成就一首经典啊。

tí lǐ níng yōu jū
题李凝幽居

táng jiǎ dǎo
[唐]贾岛

xián jū shǎo lín bìng, cǎo jìng rù huāng yuán.
闲居少邻并，草静入荒原。
niǎo sù chí biān shù, sēng qiāo yuè xià mén.
鸟宿池边树，僧敲月下门。
guò qiáo fēn yě sè, yí shí dòng yún gēn.
过桥分野色，移石动云根。
zàn qù hái lái cǐ, yōu qī bú fù yán.
暂去还来此，幽期不负言。

“闲”字，突出了诗人内心的怡然自得，呼应了诗题“幽居”。

“鸟宿”是静态，“僧敲”是动态，动静结合，更加凸显环境的宁静、祥和。

题李凝幽居

[唐]贾岛①

闲居少②邻并③，草静入荒原。

鸟宿池边树，僧④敲月下门。

过桥分野色⑤，移石动云根⑥。

暂去还来此，幽期⑦不负言⑧。

晚风轻拂，云脚飘移，仿佛山石在移动。这是写回归路上所见。这一切，又都笼罩着一层洁白如银的月色，更凸显出环境的自然恬淡，幽美迷人。

诗人以草径、荒园、宿鸟、池树、野色、云根等寻常景物，以及闲居、敲门、过桥、暂去等寻常行事，表达了作者对隐逸生活的向往之情。

---

①贾岛（779—843），字阆仙，自号碣石山人，河北道幽州范阳县（今河北涿州）人。人称“诗奴”。

②少：不多。

③邻并：邻居。

④僧：这里是作者自指。作者当时是和尚，法名无本。

⑤分野色：山野景色被桥分开。

⑥动云根：古人认为云生于石上，所以这样说。

⑦幽期：时间非常漫长。

⑧负言：食言，不履行诺言，失信的意思。

推敲字词

生动的词语能引起丰富的想象，让文章灵动而准确。写作文的时候应该怎样更好地推敲用语呢？

1. 利用动词的立体美

灵活运用动词，能增强语句的动态美。

例如：“红枝杏头春意闹”中的“闹”字，不仅使人觉得杏花绽放得热烈，甚至还使人联想到花丛中蜂蝶飞舞、鸟儿鸣啼，一派春意盎然、生机蓬勃的景色。

再看下面的例子：

> 它一下子冲进水里不见了。可是，没一会儿，它又飞出来了，红色的长嘴里衔着一条小鱼。它站在船头，一口把小鱼吞了下去。
>
> ——郭风《搭船的鸟》

一连串动词让一只聪敏灵动的翠鸟的形象浮现在读者面前，我们可以看到它的速度很快，而且还颇为自由自在。

2. 用有色彩的词语进行搭配

一起来看这句词：

> 流光容易把人抛，红了樱桃，绿了芭蕉。　　【色彩搭配】

表现植物的由红转绿，只用两个颜色，写出了岁月流逝之感。

野径云俱黑，江船火独明。

黑云压城城欲摧，甲光向日金鳞开。　　【明暗对比】

将大块暗色作底色，再用亮色点染，构成了明暗分明、大气磅礴的画面。

3. 巧用叠字

叠字能产生视觉上的韵律感，并渲染感情。

如李清照写的《声声慢》“寻寻觅觅，冷冷清清，凄凄惨惨戚戚”，表达了她那种冷清、凄清愁苦、百无聊赖的哀伤之情。大诗人陆游在《钗头凤》中，上下两阕各用三个叠字：“一杯愁绪，几年离索，错！错！错！”用“错”字形容生活愁苦；“山盟虽在，锦书难托。莫！莫！莫！”用“莫”字表达无可奈何、无限悔恨。

4. 贬词褒用

还记得我们在前文《给语言穿上幽默的衣裳》中举的例子吗？在《听潮》这篇文章中，作者写：“我喜欢海、溺爱着海，尤其是潮来的时候。”这里“溺爱”是贬义词，表示过分没有原则的爱，但在这里用作褒义，表达作者对大海的赞美之情。这就是贬词褒用。它能让文章的情感表达更浓烈，情绪更强。爸爸妈妈有时候喊我们“小鬼头！”“小滑头！”也是这个意思。看着是贬义词，其实在表达爱。

赏心悦目　得意扬扬　张牙舞爪　全神贯注

文质彬彬　处心积虑　画龙点睛　见风使舵

你能分别圈出上面的词语中的褒义词和贬义词吗？

贾岛先生好！我很好奇，您为什么总是骑着一头小毛驴？

长辫子老师好！我就是科举从未考上的寒门学子，是半僧半俗的诗人，是天天写诗忘乎所以的“诗奴”，用毛驴做代步工具最适合我。

穷人的孩子早当家，据说您小小年纪就帮父母做家务，而且非常聪明。十九岁出家，三十岁过后，遇见韩愈，他很看重您的诗才，劝您还俗。

是啊，我正是听了韩愈的话，兴冲冲参加科举，可一次也没考上。

听说您因此作了一首诗《剑客》：十年磨一剑，霜刃未曾试。今日把示君，谁有不平事？

我虽然考试成绩差，却是勤奋努力的好学生，写诗非常刻苦，常常为了诗中的一个字煞费苦心。

您的《题诗后》我记忆深刻：两句三年得，一吟双泪流。知音如不赏，归卧故山秋。谢谢您用勤奋与执着，把自己变成一束光，照亮了我们写作的路！

“闲”出来的创意

长辫子老师的创意写作课总是让人脑洞大开，今天的创意写作课就围绕“闲”字做文章。要求图文并茂，富有情趣。这可难不倒大家，看看他们的作品吧！

我爸爸是传说中的家庭“煮”夫，妈妈则是被宠坏的公主。每逢双休日，爸爸忙着打扫卫生，我忙着写作业，只有妈妈一边嗑瓜子一边看闲书，还美其名曰：“找灵感！”

要问我最喜欢的诗人是谁，答案是刘禹锡。我尤其喜欢他《秋词》中的两句话：“晴空一鹤排云上，便引诗情到碧霄。”我喜欢这种既闲适，又昂扬的心情。

欣赏了上面的两幅“作品”，你又有了哪些新的创意？也来展示一下吧！

单元学习任务

一、学会梳理

请结合本单元诗歌内容，写出每篇诗词表达的情感，以及可供借鉴的写作特色。

古诗	表达情感	写作借鉴
《游子吟》		
《过故人庄》		
《鹊桥仙·纤云弄巧》		
《题李凝幽居》		

二、学会探究

重团聚，怨别离，是中华民族的传统心理。千百年来，故国乡土之思、骨肉亲人之念、挚友离别之感……牵动人的心弦，请以“离别”为主题，自选研究对象，进行深度研究。

李白的送别诗

综述	李白的送别诗约一百六十首，约占李诗总数的六分之一。送别的对象有官宦、僧道、文人学士、妻子情人、亲戚朋友等，涉及求学、谋仕、从军戍边、行旅交游等各方面。					
送别时间	送别对象	送别地点	送别原因	诗作名称	表达情感	写作特色
745 年秋	杜甫	山东	李杜重逢，同游齐鲁，聚后送别。	《鲁郡东石门送杜二甫》	唱酒话别，写诗寄情。	突破传统送别诗的哀怨情调，融进盛唐时代精神，乐观豪迈。

三、学会表达

离别的原因千奇百怪，扑朔迷离；离别的仪式，或简单或隆重；而离别的结果只有一个——大家都奔着更好的未来，更大的追求，更远的前程。组织一场“千古诗词话别离”的主题诵读活动，展示大家的研究成果。

芙蓉楼送辛渐

［唐］王昌龄

洛阳亲友如相问，
一片冰心在玉壶。

送杜少府之任蜀州

［唐］王勃

海内存知己，
天涯若比邻。

别董大

［唐］高适

莫愁前路无知己，
天下谁人不识君。

送别

李叔同

长亭外，古道边，
芳草碧连天……

第二单元 童趣盎然

我想用柳笛
吹响创意写作的号角
让古诗词中的儿童
都来我这里报到

那个侧坐莓苔草映身的钓童
请把头发梳好
那个意欲捕鸣蝉的牧童
不要挽起裤脚

那个早归的学童
请把手中的风筝线捋捋好
那个起床的村童
你的勤快值得称道

还有许许多多儿童
我叫不出你们的名字
听到柳笛的号角
请赶紧过来坐坐好

长辫子老师的创意写作课
就要开始了

——长辫子老师《集合号已吹响》

用文字给儿童“画像”

——胡令能《小儿垂钓》

会写诗的“修补匠”

从前，人们吃饭的瓷碗破了，煮饭的锅底掉了，舀水的葫芦瓢摔烂了，装水的大缸裂开了……都会找专门的手艺人修补。

胡令能就是这样一个手艺人，他每天挑着工具箱，走村串户，以此谋生，人称“胡钉铰”。他的手艺还不错，谋个温饱没问题。当然，如果他只会修补锅碗瓢缸，也就不会有后面的故事了。

相传有一天，胡令能做了一个奇怪的梦，梦里看见一个白胡子仙人，他左手拄着一根仙杖，右手向胡令能胸前一指，一卷诗书从天而降，钻进胡令能胸前的衣襟里。白胡子仙人随后消失了。惊醒之后的胡令能，连忙摸摸胸前，并没有发现梦中的那卷诗书，便笑着安慰自己：“不过是一场梦而已。”于是，他像往常一样，挑着工具箱，去乡间找修补的活儿。

一路上，他还在回想着梦中从天而降的诗书，竟然不知不觉地走到了一个水塘边。“这是哪里呀？”他愣住了。就在这时，他瞅见池塘边的草丛里，坐着一个钓鱼的小孩子，便想上前询问。哪知道小孩冲着他一个劲儿地摆手，生怕惊动池塘中的鱼儿。

说来也怪，胡令能问路被拒，不但没有生气，反而笑眯眯地捋着胡须，吟出一首诗：“蓬头稚子学垂纶，侧坐莓苔草映身。路人借问遥招手，怕得鱼惊不应人。”

这首诗和“仙人赠书”的事，就像长了翅膀，为更多人知晓。大家都觉得胡令能一定是受了仙人指点，才从“胡钉铰”变成“胡诗人”。

“仙人赠书”故事自然不必当真，但这样一首千古名篇，竟然出自一个修补匠之手，确实令人惊叹。果然是——

自古英雄不问出处，腹有诗书能当师傅。

xiǎo ér chuí diào
小儿垂钓

táng hú lìng néng
[唐] 胡令能

péng tóu zhì zǐ xué chuí lún
蓬头稚子学垂纶，

cè zuò méi tái cǎo yìng shēn
侧坐莓苔草映身。

lù rén jiè wèn yáo zhāo shǒu
路人借问遥招手，

pà dé yú jīng bú yìng rén
怕得鱼惊不应人。

蓬头：头发蓬乱。稚子：年龄小的、懵懂的孩子。垂纶：钓鱼。纶：钓鱼用的丝线。

莓苔：青苔。映：遮映。

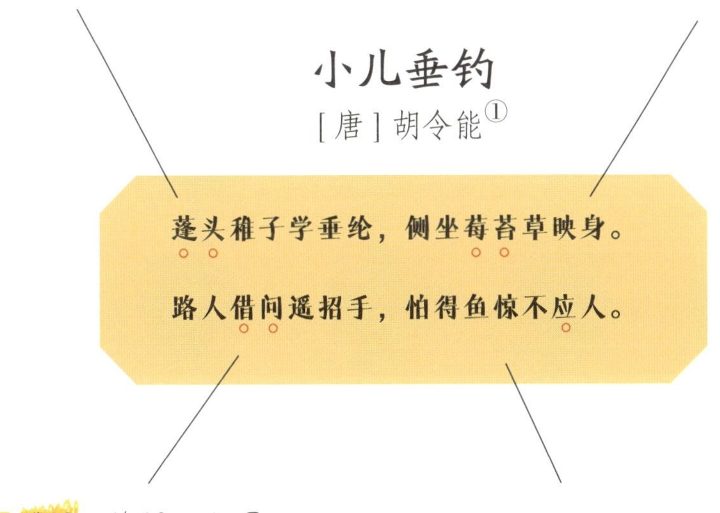

小儿垂钓

[唐] 胡令能[1]

蓬头稚子学垂纶，侧坐莓苔草映身。

路人借问遥招手，怕得鱼惊不应人。

借问：询问，打听。

应：回应，答应，理睬。

---

①胡令能（785—826），隐居莆田（今河南莆田）。家贫，年轻时以修补锅碗瓢盆缸为主，人称“胡钉铰”。

用文字画出“这一个”

诗人胡令能用一首小诗给钓童画像，仅二十八个字，就让钓童的形象跃然纸上。今天这节写作课，我们就来学习文字给儿童画像的技巧。

首先，抓住外貌特点进行描写

世界上没有两片长得完全一样的树叶，也不会有长得完全一样的两个人。长辫子老师曾经写过一篇文，大家读一读，说一说。

我就是我

长辫子老师

我的眼睛告诉大家：我是个喜爱看书的孩子。我喜欢《调皮的日子》中那个淘气的小沙，也喜欢《海底两万里》中梦幻般的旅行。

我的耳朵向大家反映：我是个善于倾听的孩子。“今夜偏知春气暖，虫声新透绿窗纱”“有约不来过夜半，闲敲棋子落灯花”，这些诗中的声音，你能像我一样听到心里去吗？

我的嘴巴向大家透露：我是个性格开朗的人。子曰：“人不知而不愠，不亦君子乎。”因为积极、乐观，所以我的朋友很多。

我的手向大家表明：我更是个自信的人。我很少抱怨自己这个不好，那个不行，我相信，我将会谱写出许多优美的篇章，甚至创造出更多的辉煌。

用文字给儿童“画像”，首先要抓住外貌特征。长辫子老师巧用五官，突出特点。

第一人称的表达方式，充满代入感。

其次，借用事例

用文字给儿童画像，不仅要抓住外貌特征，还要通过具体的事例，画出他的内在特点。下面我们就以浩奇的文章为例，再来读一读，聊一聊。

我的“超能”哥哥

浩奇

哥哥浑身滚圆：滚圆的脑袋、滚圆的脸蛋、滚圆的肚子、滚圆的屁股，就连小腿肚都是滚圆的，我觉得这都是“超能吃”惹的祸。每天，他都要吃很多东西：炸鸡翅、冰激凌、巧克力、威化饼干……为了躲避妈妈的搜身，他甚至把薯片贴身藏在衣服里，以至于他的身上一年四季都能闻到薯片的味道。

哥哥除了“超能吃”，还“超能睡”。每天晚上，他总是早早地躺在床上，前一秒钟还在和我说《哪吒之魔童降世》，后一秒钟双眼已经闭上。过不了五分钟，就会打起呼噜，好像家里装了个鼓风机似的。

哥哥平时住校，只有周末才回家。每逢周末下午，他就会自动开启“超能干”模式，用超能吸尘器开始家庭大扫除。我非常喜欢我的“超能”哥哥。

小作者通过三件典型事例，写出了我的哥哥“超能吃”“超能睡”和“超能干”这三大特点。

鲜明的个性特点，确实是“超能”哥哥。

最后，凸显细节

请大家以《小儿垂钓》为例，分析一下诗中的细节描写。

诗人描写了一个小孩子学钓鱼的情景，表现了儿童的认真、天真。因为是钓鱼，不能说话，否则会惊动鱼儿，所以作者没有写稚子的语言，而是通过“蓬头”这样的“形”，再通过“侧坐”和“遥招手”这样的动作神态，形神兼具，跃然纸上。

先生好！我很好奇，为什么有人称呼您"胡钉铰"。

哈哈！我其实就是一个修补匠，而且修的都是锅碗瓢盆之类的，所以别人这么称呼我。

难怪有人说："大师在流浪！"能聊聊您的代表作《小儿垂钓》的创作经历吗？

有一次我到农村寻找一个朋友，向一位钓童问路，那个小孩子却无声地回绝了。回来后，我有感而发，写下了这首诗。

我发现您特别善于描摹儿童，您的《喜韩少府见访》我也很喜欢！"忽闻梅福来相访，笑着荷衣出草堂。儿童不惯见车马，走入芦花深处藏"，乡野孩童，遇见生人怕羞，被您写"活"了！

儿童是千姿百态的，只要细心观察，就能发现他们的千差万别。

用心观察，精准描绘，这是我从您诗中学到的给人物"画像"的技巧，谢谢您！

歌谣里的童年

每个人留住童年的方式不一样，胡令能用诗歌记住，长辫子老师则用歌谣和图画的方式记住。

小时候

长辫子老师

小时候，我们都有一个好听的名字——孩子。

小时候，我和大多数孩子一样，好像不怕冷。在冬天，我喜欢和小伙伴们一起玩“挤油渣”游戏。我们按人数平均分成两队，倚墙而立，互相推挤。一边挤一边唱：“挤油挤油渣渣，挤出油来炕粑粑。”不用多久，大家便会感觉浑身热乎乎的，忘记了严冬的寒冷。

小时候，我和大多数孩子一样，喜欢“垒城堡”。有一次，天空忽然下起太阳雨，我们一只手举着泡桐叶当雨伞，另一只手继续刨沙土，垒城堡。一边垒一边唱：“千条线，万条线，落到水里看不见。”等到城堡里装满雨水，雨就停了，我们开心得又蹦又跳。

无论岁月如何流转，童年在每个人的记忆中熠熠生辉。你用什么方式记住童年呢？

成为叙事高手
——袁枚《所见》
长辫子老师，这个“抽卡片，讲故事”的游戏也太难了吧！
走，带你们去找个叙事高手来讲！
我抽到的是……额，额，这该怎么讲……
哇！我抽到的是柳枝、票根和帐篷！哈哈哈！我的夏天是外出露营的故事。
我的是小竹床、自行车和大西瓜！哈哈，我的夏天是在外婆家的故事。

放牛记

清代大诗人袁枚，是一个热爱生活的人，他爱美食，爱旅游，爱作诗。他喜欢观察幽微的生活，一粒苔花，一株小草，一个牧童，都会被他记录诗中。

“苔花如米小，也学牡丹开”（《苔》），看似清浅，却耐人寻味。“儿童不知春，问草何故绿”（《偶作五绝句》），写出儿童的稚气可爱。“意欲捕鸣蝉，忽然闭口立”（《所见》），写出牧童的天真可爱。

说到袁枚笔下牧童捉知了的事，我不禁想起自己小时候放牛的种种趣事。我小时候可野啦！虽然人没牛高，但胆子特大。

别看放牛简单，却是个技术活。每天早晨，我都要早早起床，牵着牛沿着纵横交错的田埂，寻找最好的“草源”。那种经常有人走，已经被踩出一条光滑路径的田埂不能去，上面的草早被别人家的牛啃过多次。

也许你会说：“就这样一个人牵着牛，陪着它边吃边走，也太乏味了吧？”那是你不知道，牛在吃草的时候，我的眼睛可没闲着，我会在田埂边四处打量，寻找我最喜欢吃的甜刺薹、茅针和斗篷果子。

放牛时，像袁枚《所见》中“意欲捕鸣蝉”这样的事，我没有做过，但是捉蝴蝶、逮蚂蚱之类事我可没有少干过。有的时候，我和村里其他放牛娃遇到一起，还会寻找一片青草茂盛的小树林，把牛拴在大树上。然后我们聚在牛的附近玩游戏。等牛吃饱了，再解开绳子，把它牵回家。

而现在，我早已离开乡村，像袁枚笔下“牧童骑黄牛，歌声振林樾”的景象，我已经不可能见到。至于雷震《村晚》中“牧童归去横牛背，短笛无腔信口吹”的景象，也只能存在于想象中。

我和城市里的孩童，都被困在各种忙碌中。

suǒ jiàn
所见

qīng yuán méi
[清]袁枚

mù tóng qí huáng niú
牧童骑黄牛，
gē shēng zhèn lín yuè
歌声振林樾。
yì yù bǔ míng chán
意欲捕鸣蝉，
hū rán bì kǒu lì
忽然闭口立。

首句平平而起，不着痕迹。一个“骑”字直接写出了牧童的姿势。

“振”字，不仅突出牧童歌声之嘹亮，还可以想象其内心的快乐。

所见

[清]袁枚①

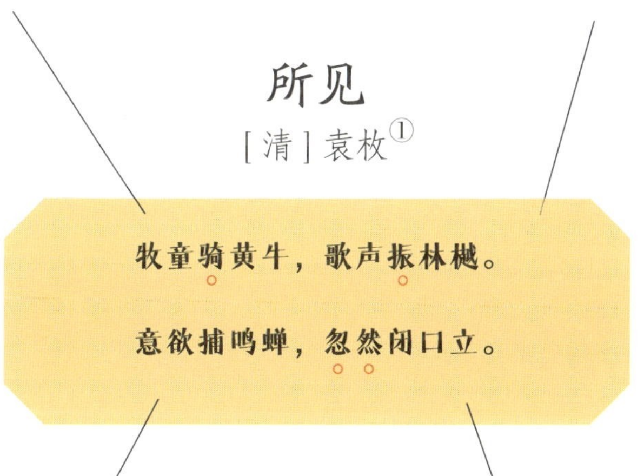

牧童骑黄牛，歌声振林樾。

意欲捕鸣蝉，忽然闭口立。

第三句是过渡句，写出牧童的心理活动，交代了他“闭口立”的原因，也是全诗的转折点。

“忽然”一词，把牧童发现树上鸣蝉时的惊喜心情和机警性格栩栩如生地表现了出来。

“闭”和“立”两个动词，把这个牧童天真的神态和孩子式的机智刻画得淋漓尽致。

---

①袁枚（1716—1798），字子才，号简斋，晚年自号仓山居士、随园主人、随园老人，钱塘（今浙江杭州）人。清朝乾嘉时期诗人、散文家、文学评论家、美食家。

神奇的“5W+1H”写作公式

今天要给大家介绍一种叙事公式，就是“5W+1H”，它既是阅读手杖，也是写作支架。下面我们就来具体聊一聊。

1.When 时间

写作的时候，一定要交代时间。这里的时间不仅指自然的春夏秋冬、早晚午夜，还包括大的时代特征，体现在建筑风格、衣食住行、风土人情等方面。比如胡令能《小儿垂钓》中“蓬头稚子学垂纶”，要想准确地描绘出这个钓童的头发究竟是怎样一种乱蓬蓬的情景，就得知道唐代儿童的衣饰、发型特点，我们对人物的外貌描述要符合当时的现况，这对你平时的阅读积累是一次考验。

2.Where 地点

一方水土养一方人，你的地点设定在哪儿，你必须在文章中有所交代。比如苏味道《正月十五夜》中“火树银花合，星桥铁锁开”，描绘的是正月十五夜灯火辉煌的城市盛景。孟浩然《过故人庄》中“绿树村边合，青山郭外斜”，描绘的是乡村田园的景象。所以，叙事时一定要交代地点，才能让读者身临其境。

3.Who 人物

独特的人物是故事的灵魂，也是增加故事吸引力的法宝，人物写活，通篇皆活。例如胡令能诗中既天真又认真的钓童形象，袁枚诗中既专注又可爱的牧童形象，每一个都很鲜明、呼之欲出。

两位诗人通过对动作的细节刻画，让人物的形象跃然纸上。

钓童：路人借问遥招手，怕得鱼惊不应人。

牧童：意欲捕鸣蝉，忽然闭口立。

你会怎样设计人物形象呢？他们的长相、语言、动作等都不一样，在描写的时候，一定要注意区别哦！

4.Why 起因

事件发生了，但它为什么会发生呢？是必然的还是偶然的，你需要有个交代。“意欲捕鸣蝉”，这是牧童捕蝉的原因。他本来是骑在牛背上唱歌，被蝉声吸引，这才停止歌唱，想要捕蝉。诗人仅用五个字就把事情的原因交代清楚，实在高明。

5.What 经过

时间、地点、人物确定后，接下来就是文章的主体部分——经过。如何把事情的经过写清楚，大家想一想《三顾茅庐》《三打祝家庄》《三借芭蕉扇》《三打白骨精》这些经典故事，就会发现“一波三折”是让情节曲折动人的有效方法。

6.How 结果

事情发生了，总会有个结果，我们也会从结果中总结经验，悟出心得。结果部分往往需要呼应开头，点明主题，提炼中心。当然，也可以像诗人袁枚这样，采用“留白”的方式，戛然而止，余味无穷。

随园主人好！听说您从小天资聪慧，十二岁考取秀才，二十三岁金榜题名。可是您三十三岁就毅然辞官归隐，这需要巨大的决心和勇气。请问：您当时是怎么想的？

我辞官一方面是为了赡养母亲，另一方面是为了追求自己想要的生活。我在辞官前买下了一座位于金陵城郊的废旧庄园，经过修葺改造，更名为随园。

据说这个园子的前身就是《红楼梦》中的大观园，是您让这座当时已经破败荒芜的大观园重新焕发了生机。

我为此花了很大的代价：奇峰怪石、书画碑帖、古玩青铜都是我多年的收藏，至于里面的竹子也是我当年亲手栽植，总之，我把园林装修当作辞官后的重点工作。

您当时特有创意，拆掉随园的外墙，不仅让众多百姓免费参观，还吸引来众多文人雅士，从而带火了您的私厨。

是啊，这也算是我的投资策略吧！当我的园林和私厨都火了之后，我紧接着推出了《随园诗话》和《随园食单》两部作品，继续大火一把。

哈哈！您可是当时的头号美食博主呀！到了八十多岁，还在外面旅游，真正凭才学过上了自己想要的生活。

有趣的“开放式”结尾

随园主人袁枚可是叙事高手，他把自己在夏天看到的一件“儿童捕蝉”的小事，用二十个字，就生动、形象地记录下来。作为一件事，六要素是必不可少的：

《所见》六要素分析表	
When（时间）	盛夏
Where（地点）	树林
Who（人物）	牧童
Why（起因）	意欲捕鸣蝉
What（经过）	忽然闭口立
How（结果）	？

也许你会说，《所见》这件事叙述不完整。但这恰恰是诗人的高明之处，所谓“言尽而意不止”，诗人的高明之处就在于给读者无限的想象空间。

请你试着为《所见》设计两种不同的结尾。

结尾 1：

结尾 2：

送你两个“构思框”

——高鼎《村居》

春风吹处纸鸢高

人们对春的第一感受是色彩。度过漫漫冬夜，见惯了萧瑟与单调，突然有一天，一抹浅绿跃入我们的眼帘，心也随之敞亮起来——春来了！

在这些色彩中，起初让人着迷的，便是低头可见的小草。二月刚至，春草初生，那些刚刚钻出泥土的小草，顶着透亮的露珠。在阳光的照耀下，颜色深深浅浅，富于变化，正如唐代诗人韩愈诗中所云："草色遥看近却无。"

在这些色彩中，同样让我着迷的，是堤岸边的杨柳。"昔我往矣，杨柳依依；今我来兮，雨雪霏霏。"杨柳注定是生长在诗歌里的最美植物，也是最多情的植物。"渭城朝雨浥轻尘，客舍青青柳色新。"诗佛王维给雨后的杨柳，抹上一层微微的亮色。当然，最令人欣喜的还是高鼎笔下的杨柳，没有忧，更无愁，只有春风摇曳中的欣欣然。

在这些色彩中，还让我着迷的，是春风中翩然而舞的风筝。它们形态不同，色彩各异，因为有它们的加入，天空顿时变得活泼起来。你看呀！燕子、蜈蚣、老鹰、蝴蝶、兔子……它们绝不会你拥我挤，而是各自占据一片天空，各自驰骋。

在这些色彩中，最让我着迷的，是放风筝的学童。他们像春天里移动的小野花，一朵红，一朵蓝，一朵黄，一朵绿，奔跑在草地上，追逐着春风、追逐着春光、追逐着欢乐、追逐着希望。

此时的我，多么希望自己就是那一缕春风，托起孩子们手中的风筝，让它们飞得更高、更高、更高……

这就是我——

生长在这个春天的梦想。

cūn jū
村居

qīng gāo dǐng
[清] 高鼎

cǎo zhǎng yīng fēi èr yuè tiān
草长莺飞二月天，

fú dī yáng liǔ zuì chūn yān
拂堤杨柳醉春烟。

ér tóng sàn xué guī lái zǎo
儿童散学归来早，

máng chèn dōng fēng fàng zhǐ yuān
忙趁东风放纸鸢。

初春二月，小草萌发，黄莺轻吟，一派生机勃勃的景象。

“拂”和“醉”二字，把静止的杨柳人格化了，把明媚的春光也人格化了。

村居

[清]高鼎①

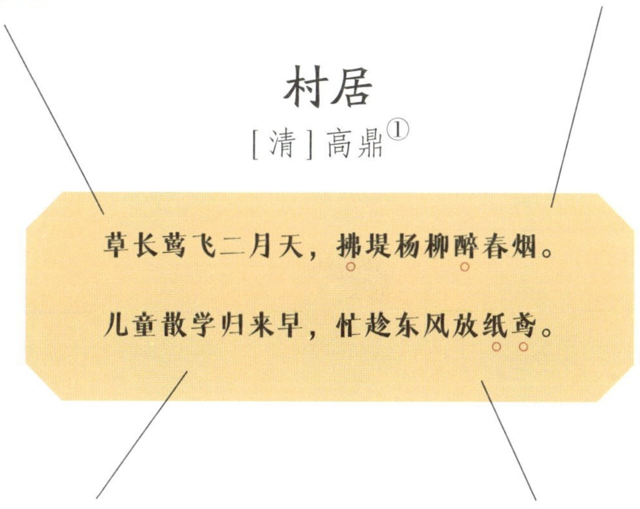

草长莺飞二月天，拂堤杨柳醉春烟。

儿童散学归来早，忙趁东风放纸鸢。

散学：放学。

鸢：老鹰。纸鸢：泛指风筝，它是一种纸做的形状像老鹰的风筝。

---

①高鼎（生卒不详），字象一，又字拙吾，仁和（今浙江杭州）人，清代后期诗人。

神奇的“构思框”

今天的写作课，长辫子老师带来一个神奇的方框。

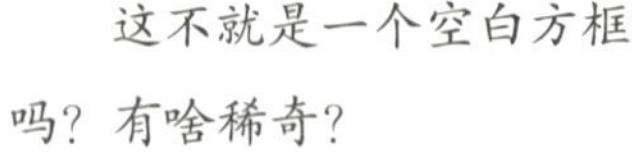

这不就是一个空白方框吗？有啥稀奇？

长辫子老师微微一笑，接着在空白框上轻轻一点，空白框里出现一首小诗。

透明男孩

谢尔·希尔弗斯坦

我们看见透明男孩
正玩耍在他透明的小屋
他把一块透明的奶酪
喂给一只透明的老鼠
喔，多么漂亮的图
你愿不愿意给我也画上一幅？

哇！原来，这是一个可以变出诗歌的方框！

不仅可以变出诗歌，还可以变出图画，接着看！

哇！这个方框好神奇，能变出诗歌，还能变出图画。

这就是我今天要送给大家的“构思框”！

什么，构思框？

当你在一幅图画左右两边各画一个空白框，这幅图画就“活”起来，有了起因、经过和结果。所以，这样两个“空白框”就是一种“构思框”。借助这两个“构思框”，能够帮助我们把事情叙述完整。

请大家根据中间这幅主图和左右两个“构思框”，发挥想象，把“放风筝”这件事完整地说一说。

放风筝

（时间）“草长莺飞二月天，拂堤杨柳醉春烟”，正是放风筝的好时节。

（地点）大青树下的小学附近，就是一个平缓的小山坡。阳光正好，小草迅速地从泥土里钻出来，给山坡铺上一层浅绿色的地毯。

（人物）一个周三下午，放学早，作业少，晓语、晓文、浩奇和子曰相约在山坡上放风筝。（起因）

浩奇高高举起手中的燕子风筝，子曰举着线轮逆风奔跑。燕子风筝摇摇晃晃，好像随时要往下掉的样子。浩奇扯着嗓门大喊：“快跑！快跑！”子曰跑得更快了，并且用右手有节奏地控制着手中的线。渐渐地，燕子风筝越飞越稳，越飞越高，仿佛要碰到天上的白云。

晓语手里拿着一只蝴蝶风筝，站在一旁看得入神，连站在远处的晓文喊她都没听见。（经过）

渐渐地，放风筝的孩子越来越多，天空中的风筝也越来越多，有“蜻蜓”，有“蜈蚣”，还有“卫星”……千姿百态，摇曳生姿，沉醉在温暖的春风里。（结果）

哈哈，有了神奇的“构思框”，看图写话再也难不倒我啦！

拙吾先生好！唐代诗人张若虚因为《春江花月夜》，被世人赞为“孤篇盖全唐”，您也因为一首《村居》，名扬天下。

因为一首诗而被大家记住，是诗人之大幸。谢谢你们的喜爱。

我也喜欢写诗，但不是古诗，而是现代诗。相比较而言，现代诗的语言表达形式更自由一些。

我看了你写的《村居》，有点像稼轩长短句，颇有点词的味道。

谢谢您的赞赏！现代诗的长短是完全自由的，不像“词”有固定的行数、字数及格式等那么严格的要求。

文学起源于人类的劳动实践和社会生活，文学样式的发展，也是为了适应人们的生活。

确实！“文章合为时而著”的背后是历代文人的历史使命感。

关于“村居”的现代诗

清代诗人高鼎写了一首《村居》的古诗，长辫子老师写了一首现代诗，题目也叫《村居》，一起来读读吧！

村居

长辫子老师

母亲的园子是一本诗集
母亲是这本诗集唯一的编辑
她会用锄头和铲子
种下郁郁葱葱的诗句
韭菜是母亲种下的一首古诗
格式工整，韵脚整齐
蝈蝈蹲在草叶上
一字一句读得陶醉欢喜
黄瓜是自由的长短句
青蛙蹲在荷叶上
把夏天这首抒情诗
读得最有韵律
只有土豆不动声色
把一串串写好的诗句
埋进——
深深的泥土里

你发现古诗和现代诗的区别了吗？

快看！燕子飞出来，把花瓣都抖落了！
晓语说出了一个写作文的秘诀，就是描写“动”与“静”。古代有个诗人，在这方面是行家！
那还等什么？一起去找他吧！
活泼的燕子，静静的桃树，真美！
“动”“静”总相宜
——范成大《晚春田园杂兴》

盼燕归

小时候，外婆对我说："燕子到家里筑巢是好事。"

于是我年年春天盼燕归，只要看到有燕子，便会唱起《小燕子》这首歌："小燕子，穿花衣，年年春天来这里。我问燕子你为啥来，燕子说，这里的春天最美丽。"这首歌曲表达了对新生活的热爱和赞扬。

燕子是一种益鸟，是人类的朋友。村里人不驱赶燕子，还有一种说法，燕子选择在哪家筑巢，是吉祥的象征，预示着将会有好事发生。虽然没有任何科学依据，但是哪户人家不希望自己家走好运呢？这种带有美好寓意的动物很多，如仙鹤、喜鹊、鸳鸯、鸽子等。

记忆中，外婆的老宅是红砖瓦房，坐北朝南，地面是土面，墙面用石灰水刷白。共三间，分为堂屋和两边的寝居，外婆带着我住东房，两个舅舅住西房。带石门槛的两扇木门对开，称为大门。门背后的木闩大而结实，门角靠墙放着小型农具，如锄头、耙子、扁担、竹梯等。

每年燕子来外婆家，都选择在堂屋的大梁上筑巢，用泥巴和树枝裹着，里面填满毛茸茸的翅羽。燕子一定很爱干净，因为我从未看到它们像麻雀那样在地上跳来跳去。长大后，我考到城市里上学、工作，再也没有见过燕子的踪迹，想来这里并不适合它们。

今天读到范成大的"童子开门放燕飞"，感觉无比亲切。记忆中，每天清晨，天蒙蒙亮，外婆便穿衣起床，先到堂屋，拉开大门的木闩，放走燕子，然后直奔前院厨房，用土灶给全家人烧稀饭。

在记忆中，即使下雨，外婆也从未有过"欹枕听莺啭"的闲情雅致。

而这，恰是诗人心中的田园牧歌。

wǎn chūn tián yuán zá xìng
晚春田园杂兴

sòng fàn chéng dà
[宋]范成大

yǔ hòu shān jiā qǐ jiào chí
雨后山家起较迟，
tiān chuāng xiǎo sè bàn xī wēi
天窗晓色半熹微。
lǎo wēng qī zhěn tīng yīng zhuàn
老翁欹枕听莺啭，
tóng zǐ kāi mén fàng yàn fēi
童子开门放燕飞。

□ 熹微：形容阳光不强、光线较弱的样子。次句从具体的时间对首句内容进行了补充，原来农人们的“迟”，也不过是太阳刚刚升起而已。

□ 首句从“雨”这个物象开篇，不仅从氛围方面起到了奠定作用，还形象地写出农人“起较迟”的原因。

晚春田园杂兴

[宋]范成大[①]

雨后山家起较迟，天窗晓色半熹微。

老翁欹枕听莺啭，童子开门放燕飞。

□ 欹枕：斜靠着枕头，斜倚着枕头。

□ 老人听莺，童子放燕，静中有动，动中有声，把最接地气、最纯粹美好的田园生活呈现出来，令人怦然心动。

---

①范成大(1126—1193)，字致能，号石湖居士，平江吴县（今江苏苏州）人，南宋名臣，文学家，著有《石湖居士诗集》，与杨万里、陆游、尤袤合称南宋“中兴四大诗人”。

作文中的“动”与“静”

一、什么是“动”

画家用色彩描绘“动”，如《万马奔腾图》。

音乐家用旋律表现“动”，如“月亮在白莲花般的云朵里穿行”。

诗人用语言赞美“动”，如“童子开门放燕飞”。

二、什么是“静”

眼睛看到的颜色、形状等，如“天窗晓色半熹微”的景象。

耳朵听到的声音，如“老翁欹枕听莺啭”的情景。

就是我们常说的用“五觉”感知到的事物特征。

三、“动”“静”结合的几种常见样态

（一）以“动”衬“静”

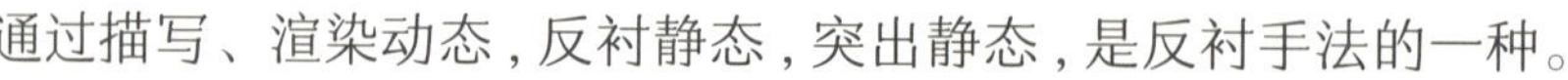

通过描写、渲染动态，反衬静态，突出静态，是反衬手法的一种。

入若耶溪

［南朝］王籍

蝉噪林逾静，
鸟鸣山更幽。

作用

诗人以“蝉噪”“鸟鸣”来反衬山林的幽静。这两句是千古传诵的名句，被誉为“文外独绝”。像唐代王维的“倚杖柴门外，临风听暮蝉”，杜甫的“春山无伴独相求，伐木丁丁山更幽”，都是用声响来衬托一种静的境界，而这种表现手法正是王籍的首创。

（二）化“静”为“动”

把静止的事物当作运动的事物来写，想象并描写出静态事物在运动时的形态和神态。

书湖阴先生壁 [宋] 王安石 一水护田将绿绕， 两山排闼送青来。	作用 湖阴先生的房屋与山距离很近，主人开门就会看见两座山峰。可如果写成开门见青山，就会索然无味，诗人换了个说法，把山拟人化，化静为动，既生机勃勃，又清静幽雅。既以自然景物的特征为基础，又与具体的生活内容相吻合，令人拍案叫绝。

（三）“动”“静”结合

运用“动”“静”结合的写作手法，可以在读者脑中形成画面感，给人一种置身其境的感觉。

晚春田园杂兴 [宋] 范成大 老翁欹枕听莺啭， 童子开门放燕飞。	作用 “听莺啭”“放燕飞”代表着老人和孩子“静”与“动”的两种样态。一场雨后，老人难得清闲，斜靠着枕头，静听黄莺婉转而啼。小孩子是睡不着的，早早爬起来，打开屋门，把在梁上燕窝边盘旋的燕子放了出去。这两句诗“动”中有“静”，“静”中有声，和谐美好，令人沉醉。与此同时，一个活泼天真的村童形象跃然纸上。

石湖居士好！听说您出身书香世家，更是田园诗派的扛把子。

世事难料，我1126年出生，1127年发生靖康之变，家道中落，让我早早踏入社会，我也因此对农村生活的艰辛有着深刻的体察与感悟。

难怪您写下了那么多描写农村生活景象的诗，我读过您的《大暑舟行含山道中》，印象比较深的句子是“不知忧稼穑，但解加餐饭。遥怜老农苦，敢厌游子倦？”

这首诗描绘了农民在大雨中劳作的情境，我虽饱受羁旅漂泊之苦，但对比农家的艰辛，深感自己不事生产而坐享其成的惭愧。

您二十八岁一举中第，是一生操劳国事的好官，曾凭着一腔孤勇，出使金国，您的威武不屈之志令人敬佩。

我经历了儿时的钟鸣鼎食，少年的困顿苦读，成年的宦海沉浮，最后在石湖度过了十年闲适优裕的晚年生活，并在此期间写下《四时田园杂兴》六十首。

“老翁欹枕听莺啭，童子开门放燕飞”，这些诗句把我带回纯真的童年，带回温暖的乡村。

有趣的“诗歌日记”

范成大在退隐石湖的十年中，写了许多田园诗，其中以《四时田园杂兴》最为著名。这组诗共六十首七言绝句，每十二首为一组，分咏春日、晚春、夏日、秋日和冬日的田园生活。这些诗就是诗人的日记，日记中的儿童令人难忘：

“儿童不解供耕织，也傍桑阴学种瓜。”诗人看到小孩子在桑树底下学着大人种瓜。

“老翁欹枕听莺啭，童子开门放燕飞。”下雨后，村民们无法下田干活，于是有了难得赖床的机会。娃娃们下床开门，把燕子放出去。

“青枝满地花狼藉，知是儿孙斗草来。”社日里村民们祭祀、喝酒，小孩子们在一起玩“斗草”游戏，地上到处都是丢弃的残枝败花。

长辫子老师也喜欢写“诗歌日记”，看看她笔下的现代儿童又是怎样？

遇见一个读书的小男孩

他穿着一件红蓝相间的夹克外套，
袖口上还镶着两条白边，
我看不清他的表情，
他只留给我一个低头读书的侧影。

四月的风托起金色的阳光，
空气中弥漫着柠檬的甜香，
我就这样，
被一个读书的小男孩深深打动。

单元学习任务

一、学会梳理

请结合本单元诗歌内容，照样子写出每首诗描写了什么样的儿童形象，他们分别有什么特点。

古诗	儿童形象	特点
《小儿垂钓》	钓童	认真、天真
《所见》		
《村居》		
《晚春田园杂兴》		

二、学会探究

古诗中的儿童形象可多了，试着自选一个主题进行研究。可以围绕古代儿童的游戏、生活、学习等各个方面展开；研究成果的表现形式不限，可以是研究报告、文字图标，也可以是绘画作品或其他。子曰的研究主题是《唐诗中的儿童称谓》，下面是他研究图表的节选。

唐诗中的儿童称谓		
序号	称谓	出处
1	稚子	蓬头稚子学垂纶（胡令能《小儿垂钓》）

续表

序号	称谓	出处
2	童子	松下问童子（贾岛《寻隐者不遇》）
3	小娃	小娃撑小艇（白居易《池上》）

三、学会表达

大漫画家丰子恺特别喜欢儿童，他的许多以儿童为形象的漫画作品，都是对经典古诗句的创意表达。请你根据下面这句诗，试试为它创作一幅漫画。

诗句：儿童不知春，问草何故绿。

诗句出处：袁枚《偶作五绝句》

诗意：小孩子不知道春天已经来了，便问青草为什么会长出绿芽。

第三单元 家国情怀

从病起书怀的放翁
到怒发冲冠的鹏举

从醉里挑灯看剑的稼轩
到对酒舞刀的鉴湖女侠

他们是刹那的火焰
照亮历史的天空

纵使梦想难以企及
依然要为其拼尽全力

春风八千里
每一朵花都记得他们的名字

在悬崖之上
他们，是离春天最近的人

——长辫子老师《离春天最近的人》

这是大诗人陆游的《病起书怀》。他的一生都在为自己的理想而奋斗，尽管遭受重重磨难，愿景不断破灭，但爱国之情至死不变。这首诗里还提到了一篇千古名作，你们能发现吗？
这幅书法里头有些字看不懂呢。
我知道！老师讲过是《出师表》！
让我们一起去找这位诗人吧。
“大情感”中的小秘诀
——陆游《病起书怀》

位卑未敢忘忧国

说起陆游，这个名字的来历还挺有趣呢！

据说陆游出身于江南的名门望族、藏书世家。他的父亲陆宰曾任地方主管运输事务的官员，在奉诏入朝述职时，于淮河船上喜得第三子，所以取名陆游。金兵南下攻破汴京后，北宋灭亡。陆宰只好带着家眷南迁到浙江绍兴。陆游五岁时，金军再次渡江南侵，宋高宗率一众大臣南逃，陆宰则举家改奔东阳。因为陆游出生在北宋和南宋两朝交替时代，成长在偏安一隅的南宋，民族的矛盾，国家的不幸，家庭的流离，给他幼小的心灵带来不可磨灭的印记。

二十九岁那年，陆游赴临安参加省试，名列前茅。第二年，他又参加礼部考试，名次在秦桧孙子秦埙（xūn）之前，这使得秦桧很恼火。更令这位奸臣恼火的是——陆游在考场作文中提及“北伐中原”的主张，这犯了秦桧之大忌，故被取消考试的名次。至此，直到秦桧死去，已经三十一岁的陆游才有机会出仕为官。

入仕后的陆游，虽然做过几任不大不小的官，但由于他主张抗金，受到权臣的嫉恨，所以一再遭到罢官的处分，始终没有得到朝廷的重用。

英雄无用武之地的他，只能把一腔爱国情怀倾注于一首首诗中。在他的《剑南诗稿》中，我们可以读到大量感人肺腑的作品，他也因此成为我国历代大诗人中写爱国主义题材诗篇最多的人。

陆游一生不忘祖国统一大业：生病的时候，他写下“位卑未敢忘忧国”的千古名句；临终之际，他写下“但悲不见九州同”的千古憾言。

毛泽东曾说过，陆游是南宋一位了不起的大诗人，年轻时就立志“上马击狂胡，下马草军书”，读放翁诗词，如遇知己。

陆游身上最闪光之处，就是心中时刻装着国家。

bìng qǐ shū huái
病起书怀

sòng lù yóu
[宋]陆游

bìng gǔ zhī lí shā mào kuān gū chén wàn lǐ kè jiāng gān
病骨支离纱帽宽，孤臣万里客江干。

wèi bēi wèi gǎn wàng yōu guó shì dìng yóu xū dài hé guān
位卑未敢忘忧国，事定犹须待阖棺。

tiān dì shén líng fú miào shè jīng huá fù lǎo wàng hé luán
天地神灵扶庙社，京华父老望和銮。

chū shī yì biǎo tōng jīn gǔ yè bàn tiǎo dēng gèng xì kàn
出师一表通今古，夜半挑灯更细看。

病起：病愈。病骨：指多病瘦弱的身躯。孤臣：孤立无助或不受重用的远臣。江干：江边，江岸。

阖棺：指死亡，诗中意指：盖棺论定。

病起书怀

[宋] 陆游①

病骨支离纱帽宽，孤臣万里客江干。

位卑未敢忘忧国，事定犹须待阖棺。

天地神灵扶庙社，京华父老望和銮。

出师一表通今古，夜半挑灯更细看。

庙社：宗庙和社稷，比喻国家。京华：京城之美称。因京城是文物、人才汇集之地，故称。和銮：同"和鸾"。古代车上的铃铛。挂在车前横木上称"和"，挂在轭首或车架上称"銮"。诗中代指"君主御驾亲征，收复祖国河山"的美好景象。

出师一表：指三国时期诸葛亮所作《出师表》。挑灯：拨亮灯火，点灯。亦指在灯下。

①陆游（1125—1210），字务观，号放翁，越州山阴（今浙江绍兴）人，南宋文学家、史学家、爱国诗人。

写“大情感”如何不空泛

一些大主题的作文应该怎样写才能不流于泛泛而谈？长辫子老师有一个秘诀——“大—小—大”原则。

就是说文章立意要从超越个人的视角出发，站得高才能看得远。

书中自有黄金屋。

——[宋]赵恒

VS

为中华之崛起而读书。

——周恩来

同样是说读书的目的和意义，赵恒和周恩来的立意相同吗？

赵恒劝大家读书，他认为多读书可以获取财富；周恩来劝大家读书，是为了振兴中华。

前者读书是为“小我”，后者读书是为“国家”，所以周恩来的立意高远。

“大我”和“小我”是相对的，陆游一生坚持抗金主张，尽管遭受重重磨难，愿景不断破灭，但爱国之情至死不变。他的一生都在为自己的理想而奋斗，我们基于集体、国家的利益，追求高远，这就是心中有“大我”。

指切入的角度要小，善于发现和观察那些生活中容易被忽视的细节。

写一件小物品

我站起来要走，她拉住我，一面极其敏捷地拿过穿着麻线的大针，把那小橘碗四周相对地穿起来，像一个小筐似的，用一根小竹棍挑着，又从窗台上拿了一段短短的洋蜡头，放在里面点起来，递给我说：“天黑了，路滑，这盏小橘灯照你上山吧！”

——冰心《小橘灯》

把对美好未来的期盼浓缩于这盏小橘灯里，象征着光明，驱走黑暗，给夜行的人照亮前方的路。

写一幅小画面

每一朵盛开的花就像是一个小小的张满了的帆，帆下带着尖底的舱，船舱鼓鼓的；又像一个忍俊不禁的笑容，就要绽开似的。那里装的是什么仙露琼浆？我凑上去，想摘一朵。但是我没有摘。我没有摘花的习惯。我只是伫立凝望，觉得这一条紫藤萝瀑布不只在我眼前，也在我心上缓缓流过。

——宗璞《紫藤萝瀑布》

人生是一个宏大的、宽泛的命题，作者由眼前茂盛的紫藤萝联想起十多年前的那株零落的紫藤萝，从而对人生这个大的命题有了深刻的感悟。

是指主题的升华。

我笔尖一动，流泻下一时的感受：信赖，往往创造出美好的境界。

冯骥才《珍珠鸟》

《珍珠鸟》一文中，作者讲述了自己养鸟的经过，小鸟依赖人，这种信赖创造出了美好的境界。从“养鸟”想到人与人的信任，升华了主题，使其具有哲理性。

您好，放翁先生！您“六十年间万首诗”，实属高产作家。我很好奇，您为什么自号“放翁”？

1176年4月，我被免官后病了二十多天，移居杜甫草堂附近的浣花溪畔，开辟了一个菜园，躬耕于蜀州，自号“放翁”。

您虽然自号“放翁”，表面上放荡不羁，可实际上您病愈之后仍为国担忧，挑灯夜读《出师表》。

是啊，希望能效法诸葛亮北伐，统一中国。

您不仅诗写得好，词也写得很棒，尤以《钗头凤》最为后人传诵。您和唐婉的爱情悲剧，让我想起乐府诗《孔雀东南飞》中的两个相爱的男女：焦仲卿和刘兰芝，还有阻隔他们相爱的焦母。有时觉得，历史就是一种不断地回放与重演。

谢谢长辫子老师的懂得！

写给爱国诗人的“颁奖词”

大家喜欢看《感动中国》这个节目吗?

我姥姥特别喜欢看,每次听到“年度人物颁奖词”,她都会泪流满面。

大家有没有想过,颁奖词虽寥寥数语,却能让人感动不已的原因是什么。

好的颁奖词具备以下特点:

案例真实、语言精练、充满艺术、兼具抒情

现在,长辫子老师要带着大家为陆游写颁奖词。是不是很有创意?子曰率先交出答卷,一起看看吧!

你是傲雪红梅,零落成泥碾作尘,香气依然如故;你是爱国诗人,位卑未敢忘忧国,病起夜读《出师表》;你志存高远,上马击狂胡,下马草军书。诗界千年靡靡风,兵魂销尽国魂空。集中十九从军乐,亘古男儿一放翁。

请试着给你最喜欢的一位爱国诗人,写一段“颁奖词”。

如何写英雄人物

——岳飞《小重山》

不灭的英雄梦

在解读这首词之前，不得不再翻一遍宋高宗的个人档案：

姓名：赵构

出生：大观元年（1107 年）

卒年：淳熙十四年（1187 年）

父亲：宋徽宗赵佶（被金人折磨致死）

继承人：宋孝宗赵昚（shèn）

最擅长：与金和战、偏安一隅

最秘密：千万不能让金人把徽宗（父亲）、钦宗（哥哥）放回来，否则我位何在！那个岳鹏举，居然一点儿也看不懂寡人的心思……

看了这段高宗赵构的小档案，就不难理解岳飞悲剧的源头——“靖康之耻”。

传说岳飞出生的那一天，他家的茅屋上有一只大鹏飞过，边飞边鸣，响彻云霄。所以父母为他取名“飞”，字“鹏举”。

1134 年，三十岁刚出头的岳飞，成为宋朝历史上最年轻的节度使。他带领岳家军，一路北上，所向披靡。可是，当时的宋高宗赵构和奸臣秦桧各怀心思，所以他们非但不让岳飞乘胜追击，还用十二道金牌把他强硬召回。

这种壮志难酬的悲愤之情，在南宋词人陆游、辛弃疾的作品中也经常可见。陆游“夜阑卧听风吹雨，铁马冰河入梦来”（《十一月四日风雨大作》）；辛弃疾“醉里挑灯看剑，梦回吹角连营”（《破阵子·为陈同甫赋壮词以寄之》）；岳飞“昨夜寒蛩不住鸣。惊回千里梦，已三更”（《小重山》）。

三位爱国词人的心中，都有一个英雄梦。

xiǎo chóng shān

小重山

sòng yuè fēi

[宋]岳飞

zuó yè hán qióng bú zhù míng jīng huí qiān lǐ mèng yǐ sān gēng
昨夜寒蛩不住鸣。惊回千里梦，已三更。
qǐ lái dú zì rào jiē xíng rén qiǎo qiǎo lián wài yuè lóng míng
起来独自绕阶行。人悄悄，帘外月胧明。

bái shǒu wèi gōng míng jiù shān sōng zhú lǎo zǔ guī chéng yù jiāng
白首为功名。旧山松竹老，阻归程。欲将
xīn shì fù yáo qín zhī yīn shǎo xián duàn yǒu shuí tīng
心事付瑶琴。知音少，弦断有谁听。

小重山：词牌名。

寒蛩：秋天的蟋蟀。

千里梦：指赴千里外杀敌报国的梦。

月胧明：月光朦胧。

小重山

[宋]岳飞①

昨夜寒蛩不住鸣。惊回千里梦，已三更。起来独自绕阶行。人悄悄，帘外月胧明。

白首为功名。旧山松竹老，阻归程。欲将心事付瑶琴。知音少，弦断有谁听。

旧山：指故乡。

瑶：美玉。瑶琴：琴的美称。

---

①岳飞（1103—1142），字鹏举，宋相州汤阴县（今河南汤阴）人，抗金名将，中国历史上著名军事家、战略家、书法家、诗人、抗金英雄。

怎样写身边的英雄

开头：选好主角

中间：选取典型的事例来写

结尾：升华主题，照应开头

第一步：选好典型人物

选定英雄人物是第一步。可以是大家熟知的英雄，如精忠报国的岳飞、做好事不留名的雷锋、登上太空的杨利伟等，他们的事迹感动了无数人。

平凡之中，孕育着伟大；普通之中，孕育着奇迹。英雄，可以是感天动地的超级大英雄，也可以是我们身边的普通人。比如奋不顾身、勇斗歹徒的警察；在火灾中，挺身而出的消防队员；有人落水时，勇于跳入水中救人的陌生人。

听您这么一说，我茅塞顿开，我可以选择身边的英雄人物作为歌颂的主角。

第二步：进行人物访谈

选定主角后，我们根据在老师的帮助下，联系身边的英雄，进行一次采访。在采访前，请以小组为单位写好访谈提纲。

访谈提纲　　　　______小组	
采访时间	
采访地点	
采访对象	

续表

采访人员及分工	采访—— 记录—— 采访工具准备——
采访主题	
问题设计	1. 英雄的读书经历。 2. 英雄在工作中是怎样对待困难的。 ……
采访记录	

第三步：选取典型素材

选定主角后，我们根据在老师的帮助下，联系身边的英雄，进行一次采访。在采访前，请以小组为单位写好访谈提纲。

怎样塑造人物形象呢？老师教你们着重从这几个角度来写：

第四步：结尾情感升华

结尾用概括性的文字对人物的英雄品质做高度评价，以升华主题。

岳帅您好！您是我们景仰的民族英雄，“岳母刺字”的故事感动了很多人。

这是小说中写的，越传越玄乎，其实我母亲并未在我后背刻过字，但“精忠报国”的确是我一生追求，也是母亲对我的要求。

您的官衔很多，能介绍几个吗？

我做过“太尉”，这是武官的最高级别；我也做过“开府仪同三司”，这是文散官的第一个等级；我还做过“枢密副使”。

我们还读过您的另一首词《满江红》，这首词是对您三十九年人生的高度总结，词中表现出的气节和气魄，震人心魂。

年复一年，我驰骋疆场，战袍上落满了灰尘。如今山河无恙，我也可以了然归去了。

摇滚版《满江红》海报

今天的创意写作课，长辫子老师给大家展示了一系列的乐器图片。有琵琶、唢呐、贝斯、电吉他等。大家都很好奇她接下来要做什么。

有一首词，名叫《满江红》。这首词，每个字里都透露着爱国情怀，可以现代音乐和民族音乐融合在一起，变成一种多元的音乐语言，创作出一种摇滚版的《满江红》，作为今年“读书节”的特别节目，会不会很期待？下面是长辫子老师做的节目海报，你能试着做出更有创意的节目海报吗？

满江红

琵琶：晓语

唢呐：子曰

贝斯：浩奇

吉他：晓文

键盘：晓语

架子鼓：长辫子老师

演唱：读书节全体成员

写文章要有“三气”
——辛弃疾《破阵子·为陈同甫赋壮词以寄之》
哈哈，这叫打太极！
哇！好想知道作文的“气”是什么！
听起来好神奇啊！
大爷这个舞蹈跳得好奇怪啊？
太极拳讲究一个气字。就是运用我们的身体来控制能量，调节呼吸。
写作文也有“气”哦！

彪悍的人生无须解释

早在2016年，我继“漫读唐诗”之后，又在《教师论坛》杂志上开辟专栏“漫读宋词”，我选择漫读的首篇就是辛弃疾的词，由此可见我对辛词的喜爱程度。

辛弃疾是创造名句的段子手，最著名的那句“众里寻他千百度，蓦然回首，那人却在，灯火阑珊处”，被王国维定义为读书的第三种境界。

为深度了解辛弃疾，我阅读了《辛弃疾世家》，从中得出的结论是：辛弃疾不是普通的儒雅文人，而是仗剑纵马走天涯的“真虎”。

提起唐宋文坛有剑侠之气的诗人，李白算一个，他写过一首《侠客行》。不过，若李白遇见辛弃疾，估计会自愧不如。因为辛弃疾词中的“醉里挑灯看剑，梦回吹角连营”，可不是书生的纸上谈兵，而是一名剑客在抚剑感慨刀光剑影的往事。

说起辛弃疾的高光时刻，那是1161年，辛弃疾加入耿京的义军，准备驱金救宋。于是耿京派遣辛弃疾南下，与南宋朝廷联络。可是，等辛弃疾返程回来，却发现耿京被叛将张安国杀害，正躲在金国大营，有五万金兵驻守。

辛弃疾分析道：“叛将乏勇、骄横，只要奇袭之，一定成功！”于是，他带领五十勇士，迅雷一般潜入金兵大营，捉住正在饮酒作乐的张安国。此事一出，南宋朝野一片喝彩，年纪轻轻的辛弃疾因此名声大噪。

传说有一天，好友陈亮拜访辛弃疾，纵谈天下事，气氛相当融洽。但夜里，陈亮冷静下来，想到辛弃疾一贯的“铁腕”做派，便心有余悸，于是偷了一匹马，连夜逃走。辛弃疾哭笑不得，次日便写下了这首《破阵子》表明心迹。

爱国，是这首词最深沉的底色。

pò zhèn zǐ wèi chén tóng fǔ fù zhuàng cí yǐ jì zhī

破阵子·为陈同甫赋壮词以寄之

sòng xīn qì jí

[宋]辛弃疾

zuì lǐ tiǎo dēng kàn jiàn mèng huí chuī jiǎo lián yíng bā bǎi lǐ fēn huī xià

醉里挑灯看剑，梦回吹角连营。八百里分麾下

zhì wǔ shí xián fān sài wài shēng shā chǎng qiū diǎn bīng

炙，五十弦翻塞外声，沙场秋点兵。

mǎ zuò dí lú fēi kuài gōng rú pī lì xián jīng liǎo què jūn wáng tiān xià

马作的卢飞快，弓如霹雳弦惊。了却君王天下

shì yíng dé shēng qián shēn hòu míng kě lián bái fà shēng

事，赢得生前身后名。可怜白发生！

赋：写。壮词：豪壮的言语。

八百里：一种牛的名字，泛指酒食。麾：军旗。麾下：部下。炙：烤肉。五十弦：本指瑟，泛指乐器。翻：演奏。

破阵子·为陈同甫赋壮词以寄之

[宋] 辛弃疾①

醉里挑灯看剑，梦回吹角连营。八百里分麾下炙，五十弦翻塞外声，沙场秋点兵。

马作的卢飞快，弓如霹雳弦惊。了却君王天下事，赢得生前身后名。可怜白发生！

作：像，如。的卢：骏马名。相传刘备曾骑着的卢马从水中一跃三丈，脱离险境。

下阕描写的是大战获胜，将军意气风发的昂扬之态。

---

①辛弃疾（1140—1207），字幼安，号稼轩，山东历城（今山东）人。南宋豪放派词人，与苏轼合称“苏辛”，有词集《稼轩长短句》等传世。

文章“三气”的修炼

文与气是相辅相成的，曹丕倡导“文以气为主”。这里的“气”，指作家个性、才能构成的精神气质。今天，长辫子老师就以辛弃疾为例，聊聊如何让自己的文章拥有大气、灵气和才气。

一、大气，靠的是——生活沉淀

我们都知道词的风格有两种：一种是婉约，一种是豪放。很显然，这首《破阵子·为陈同甫赋壮词以寄之》属于豪放词，读起来气吞山河。词中呈现出的大气，来自词人广阔的生活。

①雄壮的军营生活

八百里分麾下炙，五十弦翻塞外声。沙场秋点兵。

从分食烤肉、演奏军乐、检阅军队三个方面，描绘了军中的战斗生活，表现了官兵们的昂扬壮志。

②悲壮的战斗场面

马作的卢飞快，弓如霹雳弦惊。

从骑马、射箭两个方面，描绘了惊险壮烈的战斗场面，刻画出冲锋陷阵、杀敌报国的抗战英雄形象。

③豪壮的爱国热情

了却君王天下事，赢得生前身后名。

从完成大业、赢取功名两个方面，表达出自己的爱国热情和雄心壮志。

二、才气，靠的是——阅读积累

在我国文学史上，辛弃疾是最具才气的词人之一，也是历史上罕见的行伍出身却以文为业的诗词作家。辛弃疾词作中有一大特色，那就是广泛地引经据典，被戏称为“掉书袋”。

“掉书袋”不是贬义词吗？

从另一角度来看，说明辛弃疾学识渊博，看过的书多啊！

我知道《破阵子·为陈同甫赋壮词以寄之》中就有三处用典，分别是“八百里”“五十弦”和“的卢”。

三、灵气，靠的是观察与思考

辛弃疾虽然是豪放派词人代表，但他的婉约词作也很精彩，其中不乏传世经典，比如著名的《青玉案·元夕》。在这首词中，不仅有他对元宵节灯火、游人的细致观察与精准描写，还有他在此情此景之下的人生哲思：

众里寻他千百度，蓦然回首，那人却在，灯火阑珊处。

这样的词句，充满灵气。而这灵气，是在“昨夜西风凋碧树，独上高楼，望断天涯路”的苦苦寻觅中，是在“衣带渐宽终不悔，为伊消得人憔悴”的艰难求索中不经意间的偶然得之。

稼轩先生好！大家一直称您为“词中之龙”。

其实，我一辈子都想成为李广那样驰骋沙场的“飞将军”，却始终没有机会。

人生有得有失，您没有机会成为沙场“飞将军”，但您成就了“词坛飞将军”的美誉。我很好奇，您为什么自号“稼轩”？

那是因为去职后，我一直居住在上饶城北的带湖之滨。那里湖水清澈，灵山倒映其中，一排平房，面向稻田，高处筑有一室，取名“稼轩”。从此，我就把“稼轩”作为自己的别号。

您在闲居上饶的十年间，写了很多儿童题材的词句，如“最喜小儿无赖，溪头卧剥莲蓬”“西风梨枣山园，儿童偷把长竿”，令人印象深刻。

是啊，无论内心如何浩瀚奔涌、愁绪万千，当你看到朴素的茅屋、明亮的溪水、简单无忧的老农、天真无邪的孩童……在那一刻，会有一种真正的幸福。那幸福像春水一样，涨满心房。

是啊，儿童，是治愈世界的天使。

向作家学习给景物“提气”

什么，没听错吧，给景物“提气”？

对，没听错，看看下面几个例子你就明白了！

提气前：春天一到，山沟里便开满桃花。

提气后：春天一到，桃花便率领三军，浩浩荡荡，攻陷了山野，到处都是他们鲜艳的旗帜。

写作也是讲究气魄的，心中有三军，山野中怒放的桃花果然气势非凡，文字就有了“豪气”。

提气前：这里的水很清澈。

提气后：只有《诗经》里，才有这么干净的水吧。

普通的水，一旦联系到“关关雎鸠，在河之洲”，或者“有位佳人，在水一方”，文字就有了“生气”。

提气前：春天是野菜最丰盛的季节，妈妈带我去小树林边采野生薇菜。

提气后：清明时节，我跟着妈妈去小树林边采野生薇菜，这种植物曾是伯夷、叔齐的口粮。

普通的采薇活动，加入两位历史人物，把读者的思绪一下子就带到了三千多年前的商朝，文字就有了“底气”。

找一段自己曾经写过的风景，试着给它提提气。

提气前：

提气后：

妙用结构巧创意
——秋瑾《对酒》
这里是鉴湖女侠秋瑾的故居，人们为了纪念她的英勇事迹，在这里立了纪念碑。
给我们讲讲她的故事吧老师！
她不只是革命烈士，还是一代才女，文章写得逻辑严密，气象万千。你们不是很头疼文章写得散乱无章吗？参观完我们一起去找她请教请教！

生如夏花

有一段时间，我特别喜欢听《生如夏花》。

今天读秋瑾的七言绝句《对酒》，感觉《生如夏花》这首歌简直就是为她而写，忍不住又细读一遍这段歌词：

“我是这耀眼的瞬间 / 是划过天边的刹那火焰 / 我为你来看我不顾一切 / 我将熄灭永不能再回来 / 一路春光啊 / 一路荆棘呀 / 惊鸿一般短暂 / 如夏花一样绚烂 / 这是一个多美丽又遗憾的世界……”

秋瑾是美丽的，像夏花一样，容颜清丽。照片中的她，双眉如月，目光如炬，嘴唇微闭，若安心于相夫教子，则一生锦衣玉食，但她偏偏选择脱离家庭关系。其实是“自立志革命后，恐株连家庭，故有脱离家庭之举，乃借以掩人耳目。”

秋瑾是刚烈的，如火焰一样，划过天边。少女时代做了绝大多数女孩做不了的事——她跟哥哥一起在家塾念书，向舅舅和表兄学武术。结婚后的一天晚上，她见丈夫迟迟未归，一怒之下换上男装，束起长发，坐西式四轮马车到戏园子去看戏，可谓惊世骇俗。

秋瑾是无畏的，如闪电一样，照亮黑夜。她跨马携枪，志在革命，人称鉴湖女侠。同伴起义失败，很多人都劝她赶紧逃离，然而她却毅然选择从容赴死。“如果中国的革命需要流血的话，就让我流血吧！如果中国的人民需要唤醒的话，就让我来唤醒吧！”坚毅之词振聋发聩。

1907 年 7 月 15 日凌晨，秋瑾从容就义于绍兴轩亭口。就义前，她只留下了七个字——秋风秋雨愁煞人。

此时，正值夏日，风吹来一地落英，空气中弥散着隐约的忧伤。

秋瑾短暂的一生，光彩炽烈。

duì jiǔ
对酒

qīng qiū jǐn
[清]秋瑾

bù xī qiān jīn mǎi bǎo dāo
不惜千金买宝刀，

diāo qiú huàn jiǔ yě kān háo
貂裘换酒也堪豪。

yì qiāng rè xuè qín zhēn zhòng
一腔热血勤珍重，

sǎ qù yóu néng huà bì tāo
洒去犹能化碧涛。

“不惜”二字贯穿全诗，表达出一种强烈的自我牺牲精神。

堪：能够，可以。堪豪：足以称豪。

对酒

[清] 秋瑾①

不惜千金买宝刀，貂裘换酒也堪豪。

一腔热血勤珍重，洒去犹能化碧涛。

勤：常常，多。

碧：引用典故，后世多以碧血指烈士流的鲜血。

---

①秋瑾（1875—1907），字竞雄，号鉴湖女侠，浙江绍兴人，近代民主革命志士。

“三招”让作文结构更清晰

一篇优秀的文章，离不开逻辑清晰的组织结构。在最后一堂课上，长辫子老师专门介绍了三种常见的写作结构。

第一种：“楼梯式”结构——递进关系

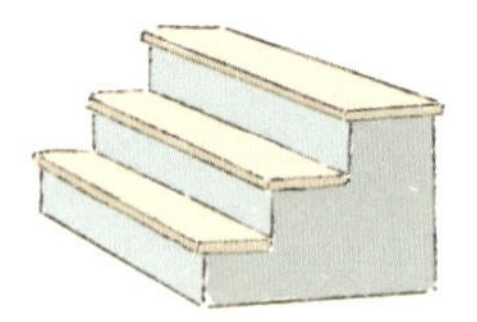

文章层层深入，步步推进，各层次的前后顺序有严格要求，不能随意改动。这样的结构，逻辑严谨，仿佛爬楼梯一样，一步步走向文章表达的主旨。

以秋瑾《对酒》为例图示说明：

一腔热血勤珍重
洒去犹能化碧涛

不惜性命
为了革命的理想、抱负

貂裘换酒也堪豪

不惜貂裘为了酒

不惜千金买宝刀

不惜千金为宝刀

秋瑾不仅是一名革命志士，更是一位优秀的诗人，《对酒》一诗，逐层递进，深化了主题：第一层，表达了诗人为了宝刀，不惜花费很多钱财；第二层，表达了诗人为了美酒，不惜置换珍贵的物品；第三层，表达了诗人为了革命的理想、抱负，不惜牺牲自己的生命。

第二种：“糖葫芦式”结构——并列关系

这种布局法一般适用于绝句，四句分别写四个事物或一个事物的四个方面。这样的结构，关系并列，用一根主线串起，使得主题尤为鲜明。

以杜甫《绝句》为例图示说明：

两个黄鹂鸣翠柳　一行白鹭上青天　窗含西岭千秋雪　门泊东吴万里船

杜甫将春天的不同景物并列描述，仿佛四幅绝妙的画面，虽然景致不同，但它们都受初春这个主题牵引。黄鹂相向而鸣，白鹭飞上青天，西岭的雪，门前的船，万物正从四面八方向春天集合。

第三种：“夹馍式”结构——夹叙夹议

夹馍，上下两层是面饼，中间夹放馅料。馅料层次越多，吃起来越美味。在“夹馍式”结构中，“叙述”部分就像面饼，“议论”部分就像馅料。只有“叙述”和“议论”相结合，才能使文章结构灵活多变，境界大开，立意深远。

以文天祥《过零丁洋》为例图示说明：

首联：辛苦遭逢起一经，干戈寥落四周星。

颔联：山河破碎风飘絮，身世浮沉雨打萍。

颈联：惶恐滩头说惶恐，零丁洋里叹零丁。

尾联：人生自古谁无死，留取丹心照汗青。

文天祥兵败被俘后，经过零丁洋时写下这首诗。首联回顾自己一生的主要经历，颔联抒写国破家亡的悲哀，颈联具体概括自己的抗元经历，尾联表明了诗人舍生取义的决心，充分体现了他的民族气节。全诗夹叙夹议，表现了诗人的忧国之痛和愿意以死明志、为国捐躯的豪情壮志。

鉴湖女侠好！听说您喜好诗文，常以花木兰自比，会骑马、舞剑。

我小时候生活在比较开明的家庭，父亲允许我和家兄在家塾读书，并让我跟着舅舅和表兄学习刀枪棍棒。

我去过您在绍兴的家，名叫“和畅堂”。那是一座典型的大户人家的宅子，前屋后院规模很大，小桥流水，鸟语花香。

但我后来还是听从父母之命，嫁给一个和我的思想追求完全不一样的人。

您后来为什么远渡重洋、选择颠沛的生活呢？

我舍家弃子去求学，为的是寻找革命真理。很遗憾，我们的行动失败了。其实在清军抓捕前，我已经得到消息，但我拒绝出逃，因为革命总是要有人流血牺牲的！

您舍生取义，令世人敬仰，今人评价您为“鉴湖女侠千古巾帼英雄”呢！

古诗微电影

微电影即微型电影，它的主要特点：影片时长短、制作周期短，播放平台不是电影院，而是互联网新媒体。

下面是子曰为古诗《玉仙馆》设计的微电影镜头脚本。

玉仙馆

［唐］张籍

长溪新雨色如泥，野水阴云尽向西。
楚客天南行渐远，山山树里鹧鸪啼。

《玉仙馆》镜头脚本设计	
景别	远景
摄法	从人物后面拍摄
整体画面	新雨后溪水湍急，浑浊如泥，天上阴云向西奔涌。"楚客"孤身一人，渐行渐远，在山林小径中留下一个模糊的背影。
配音	水流声、鼓声
预期效果	用声音、远景镜头从后面拍摄的方法，营造出悲凉氛围，表现出"楚客"思乡不得归的落寞、悲苦的心境。

照样子，试着为秋瑾的《对酒》诗设计脚本。

《对酒》镜头脚本设计	
景别	
摄法	
整体画面	
配音	
预期效果	

单元学习任务

一、学会梳理

请结合本单元诗歌内容，写出每篇诗词表达的情感，以及可供借鉴的写作特色。

古诗	表达情感	写作借鉴
《病起书怀》		
《满江红》		
《破阵子·为陈同甫赋壮词以寄之》		
《对酒》		

二、学会探究

诗歌中的人物形象有两种类别，一类是诗人自己，另一类是作品刻画的人物形象。鉴赏诗歌中的人物形象，就是分析诗中诗人所塑造的人物行为、神态、心理、性格、情感、观点、处境等内容，把握人物形象的个性特征。请根据下面表格提供的线索，做一次“古诗词中的爱国人物形象”研究。

古诗词中的爱国人物形象		
序号	人物形象	具体诗句
1	心系天下、忧国忧民的形象	

续表

序号	人物形象	具体诗句
2	矢志报国、征战沙场的形象	
3	慨然而歌、壮志难酬的形象	
4	救国救命、视死如归的形象	

三、学会表达

请以“家国情怀”为主题，举办一次主题演讲会。

图书在版编目（CIP）数据

诗词中的创意写作课 ： 全五册 / 郭学萍著. -- 北京 ： 中国致公出版社, 2023
ISBN 978-7-5145-2110-8

Ⅰ. ①诗… Ⅱ. ①郭… Ⅲ. ①小学语文课—教学参考资料 Ⅳ. ①G624.203

中国国家版本馆CIP数据核字(2023)第039776号

诗词中的创意写作课. 全五册 / 郭学萍 著
SHICI ZHONG DE CHUANGYI XIEZUO KE QUAN WU CE

出　　版　中国致公出版社
　　　　　（北京市朝阳区八里庄西里100号住邦2000大厦1号楼西区21层）
出　　品　湖北知音动漫有限公司
　　　　　（武汉市东湖路179号）
发　　行　中国致公出版社（010-66121708）
作品企划　知音动漫图书 · 文艺坊
责任编辑　胡梦怡
责任校对　魏志军
装帧设计　王　钰　秦天明　余璐杉
责任印制　程　磊
印　　刷　武汉精一佳印刷有限公司
版　　次　2023年6月第1版
印　　次　2023年6月第1次印刷
开　　本　710 mm × 1000 mm　1/16
印　　张　36.25
字　　数　550千字
书　　号　ISBN 978-7-5145-2110-8
定　　价　160.00元